AF559308

TOTENTANZ
am Col di Lana

AUTONOME PROVINZ BOZEN SÜDTIROL

PROVINCIA AUTONOMA DI BOLZANO ALTO ADIGE

Deutsche Kultur

Die Drucklegung dieses Buches wurde ermöglicht durch
die Südtiroler Landesregierung / Abteilung Deutsche Kultur.

Erik Durschmied

Totentanz
am Col di Lana

ATHESIA VERLAG

BENUTZERHINWEIS

Alle Angaben in diesem Roman wurden vom Autor sorgfältig recherchiert. Sollten Sie dennoch Unstimmigkeiten, insbesondere bei der Schreibweise der Namen bemerken, nimmt der Verlag Ihre Hinweise gerne entgegen (buchverlag@athesia.it).

BIBLIOGRAFISCHE INFORMATION DER DEUTSCHEN NATIONALBIBLIOTHEK

Die Deutsche Nationalbibliothek verzeichnet diese Publikation in der Deutschen Nationalbibliografie; detaillierte bibliografische Daten sind im Internet abrufbar: http://dnb.d-nb.de

Grafik Titel: Klaus Pobitzer, Schlanders / Wien,
Der Totentanz nach Albin Egger-Lienz
Design & Layout: Athesia-Tappeiner Verlag
Druck: Athesia Druck, Bozen

ISBN 978-88-6839-268-0

www.athesia-tappeiner.com
buchverlag@athesia.it

Inhalt

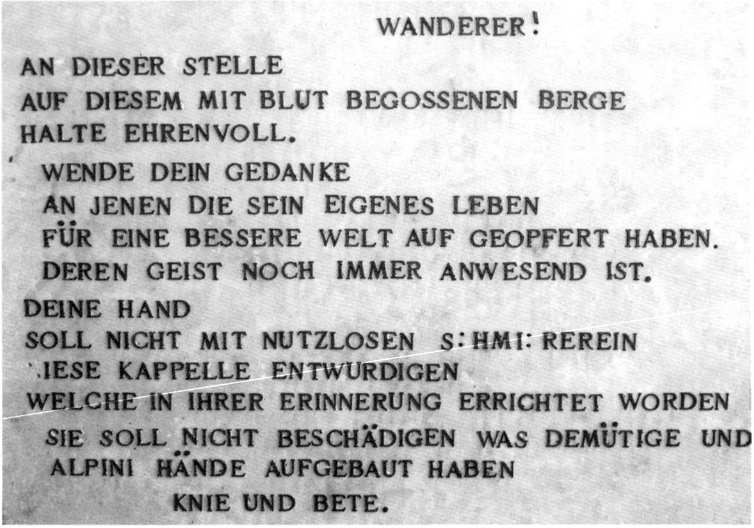

WANDERER!

AN DIESER STELLE
AUF DIESEM MIT BLUT BEGOSSENEN BERGE
HALTE EHRENVOLL.
WENDE DEIN GEDANKE
AN JENEN DIE SEIN EIGENES LEBEN
FÜR EINE BESSERE WELT AUF GEOPFERT HABEN.
DEREN GEIST NOCH IMMER ANWESEND IST.
DEINE HAND
SOLL NICHT MIT NUTZLOSEN S:HMI:REREIN
·IESE KAPPELLE ENTWURDIGEN
WELCHE IN IHRER ERINNERUNG ERRICHTET WORDEN
SIE SOLL NICHT BESCHÄDIGEN WAS DEMÜTIGE UND
ALPINI HÄNDE AUFGEBAUT HABEN
KNIE UND BETE.

Im Andenken an jene, die im Kampf um den Col di Lana ihr Leben gaben. Alla Memoria dei Militi Ignoti caduti sul Col di Lana.

Ein schroffer Felsen steht im Sturm, ein Gipfel von atemberaubender Schönheit. Seine Geschichte ist in Blut geschrieben. Die Angreifer verfluchten ihn als »Berg des Blutes« und die Verteidiger als »Berg des Eisens«.
Tausende gaben ihr Leben – für »mia Patria« oder für »mein Vaterland«.
Vergessen ist der Mut des Einzelnen. Jedoch die Legende vom heroischen Stand der 300 Tiroler Standschützen und dem ebenso heldenhaften Mut der Angreifer lebt weiter.

Col di Lana am 17. April 1916

Prolog

Südtiroler Dolomiten, Kaiserreich Österreich-Ungarn. Mitternacht des 18. Juni 1915.

… Der Bub mit dem silbernen Edelweiß auf seiner Feldkappe steht Wacht am Spielplatz des Todes. Seine Augen spielen ihm Streiche; jeder Schatten wird zum Feind, das leiseste Geräusch fordert seine Sinne. Aufgetürmte Felsbrocken schützen ihn vor der Kugel des Heckenschützen. Zumindest hofft er es. Er starrt hinauf ins Firmament zu den Tausenden leuchtender Sterne – jeder ein Kamerad von gestern. Seine besten Freunde warten auf ihn, an der Himmelstür – oder unten, wo das Feuer der Hölle lodert. Wann schlägt seine Stunde? Er kann nur beten: »Der Herrgott stehe mir bei …«

»Alter, sag's mir, wann kimmt der Welsche[1]?«, flüstert er in seinem Gadertaler Dialekt.

»Früher als uns allen liab ischt«, kommt die Antwort vom bärtigen Zangerl, seinem Patrouillenführer. Der Alte zieht an seiner Pfeife. Sein Gesicht ist geprägt vom harten Leben des Bergbauern mit seinen Gefahren: Kälte und Schnee, reißende Bergbäche, dann wieder Wassernot, Blitz und Waldbrände – und immer wieder diese verfluchten Lawinen; sie reißen den Wald nieder und verschütten die Häuser. Gegen die Macht der Natur ist der Mensch hilflos. Dennoch ist das harmlos im Vergleich zu diesem verdammten Krieg. Und jetzt fragt ihn dieses 15-jährige Kind, das gestern noch an der Mutterbrust lag, wann der Welsche kommt.

Der Bub Johann hat Schweißperlen auf der Stirn, und sie sind nicht von der Hitze. Seine Handflächen sind feucht, er wischt sie an der Hose ab. Es ist keine Schande, Furcht zu

---

1 Welsche oder auch Walsche, Italiener im Tiroler Dialekt

Erik Durschmied am Eingang zum San-Andrea-Stollen (Archiv Erik Durschmied)

zeigen. Eine Schande ist es nur, groß zu reden, und wenn es dann so weit ist und der Feind kriecht den Berg rauf, wegzurennen. Unabhängig von seinem angeborenen Patriotismus für die gerechte Sache zu streiten, schlummert tief in ihm der Urinstinkt jedes Menschen: der Selbsterhaltungstrieb. Denn ob Bauer, ob Soldat, jeder will wieder am Morgen die Sonne über den Bergen aufgehen sehen. Die Angst vor dem Tod, zusammen mit einem mächtigen Überlebenswillen, motiviert jeden. Ein Soldat stellt sich nie die Frage; er zielt und drückt ab. Denn sonst ist er verloren. Vielleicht – sollte er diesen Wahnsinn überleben –, vielleicht wird der junge Johann dann und Hunderte wie er von dieser stechenden Furcht um sein Leben erlöst.

Dazu braucht es Zeit, und die hat er nicht, hat keiner, hier oben, wo der Adler haust.

In diesem ersten Kriegsjahr, in dem Millionen in Flandern und Galizien für einen universellen Wahnsinn ihr Leben lassen, ist dieser Gipfel in Südtirol nur ein »strategisch unbedeutendes Beiwort«. Niemand berichtet darüber und niemand wird davon erfahren.

Das letzte Aufgebot

»Wie viele Männer stehen vor einem wütenden Löwen und haben dabei den Mut, ihm ins Gesicht zu schauen? Vier der Mutigsten, die einander nicht kennen, werden es niemals wagen, den Löwen anzugreifen. Dagegen vier weniger mutige Männer, die sich aber gut kennen und auf gegenseitige Hilfe zählen können, werden entschlossen und tapfer angreifen.«
Militärstratege Ardant du Picq, Etudes sur le combat 1860

1

»Vater, was ischt Krieg?«, fragt ihn der Sohn.

»Krieg ischt wia wann der Kirschbaumer-Lois und i über 'n Acker streiten und, anstatt miteinander z' reden, aufeinander schiaß'n. Nur ischt's anstatt mia und dem Kirschbaumer a Kaiser und a König, die si streiten, und wir sind's, die nachher aufeinander schiaß'n. Bis einer von den noblen Herrschaften ein' großen Wirbel macht und schreit, er hat g'wonnen. Dann packt er seine Soldaten ein und geht wiada z' Haus. Z'vor gibt's no a paar Schlachten, die dauern net lang, aber dafür lass'n an Haufen Tote herumliagen. Aber außer an Tag mit vül Lärm g'schicht net vül.«

Dies allerdings ist nicht der Fall im Tiroler Land anno 1915.

August 1914. »Dieser Krieg wird kurz und siegreich sein.« Diese Siegeseuphorie hält auch das Land Tirol in Bann. Es ist immer so. Generäle reden, Soldaten sterben.

Zu Beginn des 16. Jahrhunderts, sich voll bewusst, dass die Tiroler die beste Landesverteidigung gegen päpstliche Armeen und Schweizerhorden stellen, besiegelt Kaiser Maximilian mit seinem Landlibell von 1511 jedes Tirolers Freiheit. Seine Waffenpflicht ist nur dann gefordert, wenn es um die Verteidigung seines Heimatlandes Tirol geht. Dennoch werden im August 1914 alle Männer zwischen 21 und 43 Jahren zu den Waffen gerufen. Österreichs Gebirgseliten, die k.u.k. Tiroler Kaiserjäger, werden ins ferne polnische Galizien verfrachtet. Als die Männer an die russische Front marschieren, denken nur wenige an das kommende Unheil. In den Sümpfen Weißrusslands werden sie in knapp drei Wochen von russischen Maschinengewehren niedergemäht.

Jeden Tag nagelt Hochwürden mehr Namen an die Tür der Dorfkirche.

»Habt's scho g'hört«, flüstern die Frauen, »den Kallerer Schurli hat's erwischt ...«

Eine dunkle Wolke des Schweigens und der Trauer sinkt über Tirols Bergtäler. Niemand stellt sich vor, dass dies erst der Anfang ist und es noch viel schlimmer kommen soll.

2

Es geschieht an einem Frühlingstag im Mai 1915.

Der Schnee ist geschmolzen und frisches Gras bedeckt die Almen. Felsblöcke liegen wie geduckte Ungeheuer inmitten der grünen Matten. Ein strammer Bursch mit einem roten Haarschopf und einem breiten Grinsen im Gesicht hat das Vieh auf die hohe Weide getrieben. Eingewickelt in die abgetragene Jacke seines älteren Bruders Serafin liegt er auf dem Rücken im Gras, kaut an einem Grashalm und starrt auf die majestätischen Felstürme der Dolomiten ... »Hier oben bin ich der König der Berge. Adler und Hirsch sind meine Gefährten und der Wind mein Spielgeselle.« Hoch über ihm schwebt das freieste aller Wesen, ein Adler – das Hoheitszeichen von Tirol.

Johann Irschara, 15 Jahre alt, ist der Sohn eines Bergbauern. In dieser, von schroffen Wänden begrenzten Welt, liebt er nichts mehr als die Heimat – sein heilig Land Tirol! Die viele Hunderte Jahre alte Pilgerstraße durchs Gadertal zieht am Campidellhof, seinem Geburtshaus, vorbei; sie führt vom Pustertal über Bruneck auf den Valparolapass und dann hinunter ins Welschenland. Johann war schon oben am Valparola und einmal sogar in Bruneck; dort hat er die Eisenbahn, die mit viel Dampf an ihm vorbeifuhr, bestaunt. Hinter Vaters Gehöft fängt der dichte Wald an. Der Bub starrt auf den finsteren Wald; breithüftig stehen sie da, die Riesenzirben, am Tor zur tiefgrünen Finsternis. So alt sind sie, dass sie schon den seligen Andreas Hofer bei seinem Marsch gegen die Franzosen vorbeiziehen sahen. Das war anno 1809.

Was ist für diesen Jungen das Heimatland? Es bedeutet Schutz und Geborgenheit. In den schroffen Bergen kann ein Einzelner den Winter nicht überleben. Sicherheit bietet nur die Gemeinschaft, Hilfe nach Naturkatastrophen, Pflege bei einem Unfall, die Versorgung im hohen Alter. Dazu kommt noch der Schutzverband der Standschützen im Fall einer Invasion. Nicht zu vergessen: Tradition. Die ist heilig. Wer gegen diese Regeln verstößt, wird bestraft oder ausgestoßen.

In den knotigen Zirben hoch oben an der Baumgrenze wohnt der Nordsturm; er braust erbost ins Tal, stürzt Bäume um, peitscht Bergbäche zu Schaum. Dahinter liegen die schroffen Felsen, feuchtglänzend schimmern sie in der Morgensonne. Diese Wände kennen keine Gnade. Wie diese Geschichte mit diesen Stadtlern; in die Felsen stiegen sie ein und kamen nie mehr zurück. Auf sie wartete der Tod am Berg. Doch jetzt ist alles friedlich, kein Sturm und keine verrückten Bergkraxler: nur seine Kühe und der Adler hoch oben. Er ist das einzige Wesen weit und breit. Der König der Berge! Der Bub schließt die Augen …

… der Klang einer Glocke bricht die Stille. Und nicht irgendeine Glocke …

»Himmel Vatter – s' ischt die Sturmglock'n …«

Die Sturmglocke! Das Land ist in Gefahr! Ihr Geläut' ruft die Männer zum heiligen Schwur. Tiroler, dein Land ist in Gefahr!

Der junge Johann springt auf. Die Kühe müssen sich um sich selbst kümmern. Der Bauernbub rutscht auf seiner Hose den steilen Hang hinab und rennt ins Dorf. Von überall strömen die Dorfbewohner zur Kirche und hören dem Herrn Pfarrer zu, als er die Proklamation des Kaisers vorliest:

»An meine Völker!

Der König von Italien hat uns den Krieg erklärt …

Ich habe volles Vertrauen in mein Volk, sich zu erheben und für sein heiliges Recht zu kämpfen. Ich bete zum Allmächtigen, dass er unsere Fahnen segnet.

Franz Joseph I.«

Die Tiroler können es nicht fassen. Italien – gestern noch Österreichs Verbündeter – hat die Seite gewechselt!

»Der Welsche hat uns verraten!«

»Mit all uns'ren Mandern an der russischen Front, jetzt ham' an Hefen auf«, fluchen die Alten.

Der Friede in den Alpen ist eine Sache der Vergangenheit. Seit August 1914 hat sich der Konflikt weit von den Tälern Tirols abgespielt. So fern sind die Schauplätze der Kämpfe, dass sie kein Bub auf einer Schulkarte findet. Gegen Russland und Frankreich und England … und wie die Feinde alle heißen.

»Vater, was ischt Krieg?«, fragt der Bub, als sein Vater und Serafin, der älteste Bruder, nach Galizien abmarschieren. Das war zwei Monate, bevor der Briefträger die offizielle Nachricht über den Campidellbauern und seinen Sohn Serafin ins Haus bringt. Beide werden nie wieder in ihre Heimat zurückkehren. An diesem düsteren Tag zieht der Krieg in die Stube der Familie Irschara ein.

Jetzt läutet die Sturmglocke … und ein Bub ist sich eines bewusst: »Der Krieg und großes Leid kommen über den Berg auf uns zu …«

3

Die Sonne scheint. Ein geflochtener Distelkranz hängt am Zaun: Schutz gegen böse Geister. Eine Herde Kühe zieht mit Gebimmel durch die enge Dorfgasse, vorbei an der Kirche und dem Friedhof mit der hohen Steinmauer. Die Alpentäler und ihre Dörfer beidseitig der Dolomitenkette haben sich während Jahrhunderten kaum verändert. Die Natur hat damit zu tun. Tiefe Schluchten, schroffe Kalksteinwände, reißende Bäche und in den Himmel ragende Gipfel. Ein Postkartenland. Aber was wäre schon Tirol ohne sein gigantisches Bergpanorama? Es ist nicht nur eine idyllische Kulisse für Bergsteiger, die schroffen Felsen sind seit Jahrtausenden das Bollwerk gegen römische Legionen, plündernde Söldnerhorden und Napoleons Bataillone. Für die Eindringlinge waren die Berge zu hoch und die Schluchten zu finster und tief. So ist auch das Tiroler Bergbauernvolk. Tiefgründig und dunkel, mit dem Verlass auf nachbarliche Bruderschaft.

Inmitten dieser Felsentürme bewegt sich niemand in großer Hast, außer ein paar depperte Touristen, »die auf die Wänd' kraxeln und dann abifall'n und mir missn aufigehn und sie z'amklauben.« Oben auf den Höhen gibt es keine Schutzhütten, nur Steinringe mit Schieferplatten bedeckt, wo Hirten während der schneefreien Zeit Milch in Käse verwandeln, um dann im Herbst, bei Viehabtrieb, ihre Kühe mit den schweren gelben Käserädern zu beladen. Ein stilles Dorf, wo samstagabends das Mannsvolk zum »Postwirt« pilgert, denn dort gibt es Wein und Gaudi. Dort diskutieren sie über »mei Rindervieh, wia dem Krauthammer sei Heuboden vom Blitz 'troffen wurn ischt, und das Weib vom Resibauer mit einem Sommerfrischler durchbrennt ischt, nach Innsbruck, welch a Schand' fürs Dorf ...« Und wie das Wetter im nächsten Winter sein wird. Was wieder das Signal für den zahnlosen Köllerer-Anderl ist, der als lokales Wetterorakel verkündet, er kann es in den Knochen spüren, es wird ein langer und kalter Winter werden. Noch denkt niemand an einen feindlichen Einfall, zumindest nicht einen vom Süden her. Das »offene Wetterfenster« für eindringende Armeen ist bekanntlich kurz in den Bergen. Vier Monate schläft das Land unter einer weißen Decke. Stürme heulen und Lawinen blockieren die engen Passtäler. Und kommt dann die Schneeschmelze, so ist es wochenlang zu schlammig für Truppenbewegung und Tross. Ein wahrhaftig höllisches Terrain, um Krieg zu führen.

»Da kummt kaner durch. Unser seliger Hofer-Anderl hat's den Franzosen g'zeigt.«

»Recht wohl. Des war damals, aber des hier ischt a moderner Kriag ohne Ehr' und End'.«

Im Mai 1915 tritt das Land Tirol in seine düsterste Stunde. In den letzten Tagen vor dem offiziellen Kriegsbeginn mit dem Königreich Italien werden alle noch wehrfähigen Männer zu den Waffen gerufen. Die Alten, die Jungen, die Einäugigen. Alle, die imstande sind, ein Gewehr in ihren Fäusten zu halten – und dafür ist keine Altersgrenze gesetzt. Sie versammeln sich um ihre Schützenfahnen auf den Kirchplätzen von Bruneck, St. Kassian, Sankt Martin, Corvara, Andraz, Buchenstein. Jeder Standschütze bringt sein Gewehr, die Standard-Armeeausgabe M95-Steyr-Mannlicher, das gut geölt in jedem Tiroler Haus über dem Kamin seinen Ehrenplatz hat, gleich neben dem Geweih des gewilderten Steinbocks. Ein Gewehr zu tragen, ist das Erbe Kaiser Maximilians, das Zeichen des Bauernadels.

4

»Mander, 's ischt Zeit.«

Dieser feurige Aufruf des Tiroler Landeshelden Andreas Hofer, der anno 1809 die Bauern Tirols um den Roten Adler vereinigte, gilt auch diesmal. In Enneberg steht die versammelte Menge auf der Festwiese vor dem Dorf. Tiroler und Ladiner, alle in der Gadertaler oder Grödner Tracht mit bestickten Lodenjuppen, breitkrempigen Hüten und knielangen schwarzen Lederhosen. Sie machen sich miteinander vertraut, denn sie werden Seite an Seite gegen den Feind antreten.

»Mander, jetzt hört's mir guat zua. Ihr seid's das letzte Aufgebot, Tirols eiserne Faust. Denkt's d'ran, jetzt geht's um die Heimat, unser heilig Land Tirol. So wann da ein Welscher vur euch sei G'sicht zeigt, dann druckt's ab, bevur ers tuat. Denn er kennt keine Gnade. Für ihn geht's um nix und für uns geht's um alles!«, spricht ihr selbst gewählter Standschützenmajor, der Postwirt von Corvara, Franz Kostner. »Unsere Vorväter sind fest g'standen und haben mit ihrem Leben unser Land verteidigt. Dies ist die Pflicht und Würde, die uns der selige Kaiser Max vor 400 Jahren zuag'schrieben hat. Das macht aus uns, was wir sind. Bei'nander steh'n wir heut', wo unser Leben viel mehr wert ist als nur vor ein paar Wochen. So, Mander, passt guat auf. Da oben«, seine Hand zeigt auf die Bergspitzen, »da oben kann euch weder die Vertrautheit der Berge noch euer Mut beschützen. Ein Augenblick der Unachtsamkeit bringt's Verderben, nicht nur für dich und dich, auch für den Kameraden, der neben dir steht.«

Standschützenmajor Franz Kostner blickt über die murmelnde Menge. Der Postwirt versteht sein Geschäft, und er versteht die Psyche seiner Landsleute. Er geht breitspurig, steht breitspurig, und wie alle zünftigen Tiroler trägt er eine grüne Jacke, eine schwarze Lederhose und eine geflochtene Schützenschnur an der Brust – das Ehrenzeichen eines Mannes von Substanz. Im Wirtshaus wird er mit rauf- und sauflustigen Bauernburschen fertig. Die Dörfler von rundherum zeigen Vorliebe für diesen Wirt; erstens ist sein Wein gut, zweitens erzählt er lustige, wenn auch erlogene Wilderergeschichten. Noch dazu ist er einer der besten Schützen weitum. Man achtet ihn, und, sollte es je zum Streit kommen, stellen sich alle hinter ihn. Im Unterschied zu anderen Einheiten der österreichisch-ungarischen Armee haben die Tiroler Standschützen das Privileg, ihre Offiziere aus ihren Schießständen zu wählen. Kostner ist ein bekannter Bergführer und hatte seine Pflichtjahre bei den k. u. k. Kaiserjägern absolviert. Derselbige Postwirt von Corvara ist von nun an der von ihnen gewählte Standschützenmajor mit drei goldenen Sternen am Kragen und einem gelben »Quasterl« am Säbel.

Im Standschützenbataillon Enneberg hat er vier Kompanien unter seinem Kommando. Die 1. Kompanie aus Bruneck, St. Lorenzen, Pfalzen und Reischach, die 2. und 3. Kompanie sind Leute aus dem Gadertal, Sankt Martin, Untermoi, Abtei und Corvara, und in der 4. Kompanie sind die Buchensteiner zusammen mit ihren Ladiner Cousins aus Ampezzo und Cortina. Alles zusammen macht das 915 Mann mit 25 Offizieren, und alle bewaffnet mit Steyr-Mannlichern und deutschen Mauser-Gewehren. Artillerie haben sie keine.

Vor dem heiligen Fahneneid gibt er ihnen die Wahl: »Noch was will i euch sagen. Wenn einer von euch sich zu alt oder schwach fühlt, dann soll er's jetzt sagen und sich nicht schuldig fühlen. Z' Haus bleiben ist ka Schand – wegrennen, wenn der Welsche auf uns schiaßt, das ischt.« Sie sind sich der Gefahren voll bewusst, und der Tod zählt schwer darunter. Nicht einer zaudert. Hier sind ihre Berge, ihre Täler, und zum Teufel mit dem treulosen Welschen.

»I bin dabei«, schreit der Erste – und: »Ich auch«, verkünden sie mit einer Stimme.

»Kriag! Kriag!«, schreien die Jungen begeistert, ahnungslos was dahinter blüht. Auf ihren Schultern sitzt noch der knabenhafte Übermut. Andere mit krummen Rücken und nach vorne geneigten Schultern, auf deren Brust ihr grau-weißer Bart wie ein tiefer Graben ruht, heben ihre Hand. Stolz überkommt den Bataillonskommandeur der Enneberger Standschützen.

»Wenn der Welsche kimmt, und euch die Eier im Bauch z'sammschrumpfen, steht's alle z'samm. Denn nur der Mann neben dir kann dir helfen. Gott mit uns!«

»Gott mit uns!«, brüllen sie und stellen sich hintereinander in die Reihe.

»Der Nächste … Dei Namen? … Da, unterschreib …« Viele unterzeichnen mit einem gekratzelten X. Das ist auch keine Schande. Für einen Bergbauern ist ein prächtiges Vieh wichtiger als das Alphabet. »Schreib'n kann i net, schiaß'n aber scho' …«

5

Der Major der Enneberger Standschützen wirft einen Blick auf den Jungen vor ihm, der sein Bestes tut, um älter zu wirken. »Ja, Bua, wie alt bischt denn du wirkli?«

»Siebzehn, Herr Major«, antwortet der Junge. Er ist 15, aber sein Land zählt auf jedes Gewehr. Schießen kann er, und kämpfen will er für seine Heimat.

»Mit 'm Vater und dem Serafin scho' nimmer da, wer schaut denn nach eurem Hof?«

»Mei Bruda, der Zenz, der tuat's«, antwortet der Bub, wohlwissend, dass Vinzenz bereits vor ihm unterzeichnet hat. »I kann schiaß'n, und i kenn' die Berg wia mei Hosentaschl.«

»Hmh, kannst schreiben, Bua?«, fragt der Herr Major mit ernstem Gesicht und schiebt ihm das Buch über den Tisch.

»Natürli kann i des, Herr Major.«

»Guat. Dann setz dein' Namen auf die List'n.«

Der Junge bringt eine Reihe von Buchstaben zu Papier, so wie es ihm der Herr Lehrer gezeigt hat:
I R S C H A R A J O H A N N.

Daraufhin gibt ihm der Zugführer eine Feldkappe. Das Wichtigste daran ist das silberne Edelweiß, denn nur k. u. k. Kaiserjäger und Tiroler Standschützen dürfen solch eine Ehrennadel tragen. Nicht einmal im Bett wird er die Kappe abnehmen.

»Standschütz' Johann, stell di hier um fünfe in der Früh.«

»Jawohl, Herr Major.«

Als der frisch gebackene Standschütze Johann Irschara nach Hause kommt und seine Mutter die Feldkappe mit dem silbernen Edelweiß sieht, bricht sie in Tränen aus. »Honnes«, sagt sie, denn niemand redet ihn mit Johann an, »Honnes, was tuast denn du mit dem Kapperl?«

»I bin a Tiroler Standschütz'.«

»Du bischt ja no a Bua ...«

»Wohl, aber alt gnua, Muatter, um die Heimat z' verteidigen.«

Ihr 17-Jähriger, der Vinzenz, hat ihr schon gestanden, dass er am nächsten Morgen »auf' n Berg aufigeht.« Und jetzt zieht auch ihr Jüngster in den Krieg. Die Mutter starrt in die Gesichter ihrer Söhne. Groß sind sie, und fesch, ihre Buben. Aber was hat

Schönheit damit zu tun, wenn die Eltern der unverheirateten Maiden von Untermoi »a guate Partie« für ihre Töchter aushandeln. Und dafür sind die »Buam« vom Campidellhof, wie man so schön sagt, in der falschen Schublade. Ihr Mutterherz ist leer, ihr ist elend zumute, aber sie darf es nicht zeigen. Ihre Buben brauchen die Härte und Moral des Bergbauern – und die muss sie nun ihnen mit auf den hohen Berg geben.

Sie packt zwei Rucksäcke mit Wollsocken, einem gewaschenen Hemd, langen Unterhosen. Vinzenz gibt sie den gestrickten Pullover vom Vater, damit er keinen Schnupfen kriegt, denn oben bläst der Wind kalt. Johann gibt sie Serafins genagelte Bergschuhe, denn der k. u. k. Kaiserjäger Serafin Irschara, 23, hat dafür keine Verwendung; er liegt unter einem Holzkreuz in einem Ort mit unaussprechlichem polnischen Namen.

In dieser Nacht treffen sich die Jungrekruten im »Wirtshaus zur Post«. Bald sind sie sturzbetrunken; der Wirt schenkt kostenlos den Rotwein aus: »Für's Land Tirol!« Wein, Schnaps und Begeisterung feuert sie an. Der Zusammenprall mit den Italienern »wird a große Gaudi werden. Morg'n gemma Welsche schiaß'n ...«.

Der 17-jährige Emil Crazzolara springt auf den Tisch und schreit: »Trutz Tod, kumm her, i fürcht' di net ...«

Ein anderer schreit: »Hast recht, Emil, besser der Tod nimmt di, ansunsta schleppt di der Vater von der Trudi zum Herrn Pfarrer.« Es ist allgemein bekannt, dass seine Trudi mit 'm Kind ist. (Am 11. Juli 1915 fällt Emil Crazzolara am Col di Lana.)

»Honnes, sauf di net an, morgen in aller Früh muasst g'rade stehen und dein' Eid ablegen.« Rotwein und Schnaps sind gut. Nur hat der junge Irschara zu viel davon. Um Mitternacht ist ihm so schlecht, dass er sterben will, »und zur Höll' mit den Welschen«.

»Morgen gemma Welsche schiaß'n ...«, singen sie im Chor.

»Blut!«, murmelt der Alte in der Ecke in seinem Methusalembart. In seinen Gesichtszügen, wie aus harter Eiche geschnitzt, ballt sich das Elend der ganzen Welt. »Blut wird euch den Sand aus den Augen waschen. Ströme von Blut.«

6

»Wir sind die heil'ge G'meind und steh'n in Christi Huld …«

Mit der Mütze in der Hand stehen sie Spalier und singen ihre traditionelle Lobeshymne. Danach legt Standschützenmajor Franz Kostner seine Hand auf die Bibel, umklammert Tirols Rote-Adler-Fahne und spricht die Angelobung:

»Ich schwöre vor Gott, dem Allmächtigen, einen reinen und wahren Eid … gegen jeden Feind tapfer und mannhaft zu streiten …« Sie erheben ihre Hand und schwören, ihrem Eid treu zu bleiben, bis ihr Herz aufhört zu schlagen. Ein Ruf erhebt sich in den klaren Himmel: »Für Gott, Kaiser, und das heilige Land Tirol!«

Pater Alvera, der Pfarrer des Enneberger Bataillons segnet die Männer: »Der *Herr* blickt gnädig auf uns herunter. Wir glauben an Ihn, denn Er sieht nach unserem Heil.« Nach dem Fahneneid inspiziert ein Oberstleutnant die Verteidiger des Landes Tirol. Mit viel glitzerndem Messing an der Brust marschiert er entlang des Spaliers. Er kann es kaum glauben, was da so vor ihm steht. Dieser Bub könnte sein Enkel sein.

»Ist das alles, was es von euch gibt?«

»'s ischt wohl«, stottert der Irschara-Johann. Schließlich steht ein Herr Oberst vor ihm. »Wir sind alles, was noch im Dorf ist, Herr Oberst.«

Der Berufsoffizier starrt den Jungen an, in ein Gesicht ohne Stoppeln, und denkt, »… du, mein Kind, bist viel zu jung dafür. Herrgott, welch ein Risiko, die Arbeit eines Mannes den Jungen zu überlassen, auch wenn diese bereit sind, dafür zu sterben. Uns bleibt keine Wahl. Buben wie dieser sind bereit, ihrem heiligen Eid zu folgen. Und was Disziplin anbelangt, die werden sie durch Eifer und Treue ersetzen. Dann noch etwas: ein

Tiroler Bauer braucht keine Waffenausbildung und keine langen Erklärungen, um was es hier geht. Sein Haus ist die Front und der Kirchturm sein Mahnmal.«

Disziplin kommt auf dem Land immer etwas zäher. Bergbauern sind für ihre Dickschädel bekannt – stur wie der Stier. In Friedenszeiten haben sie ihren Anteil an faustdickem Streit: über eine Weide, den Zugang zum Wasser oder eine Jungfer im heiratsfähigen Alter, eine Wahl, die wenig mit Liebe und mehr mit der Größe der Rinderherde zu tun hat. All dies wird sich in einer Nacht ändern, denn nichts verbindet mehr als ein gemeinsamer Feind. Dies hier sind harte Bauern und mit besonderen Fähigkeiten. Oft geschieht dies auf eine Methode, die Berufsoffiziere als äußerst unkonventionell bezeichnen. Aber nicht dieser Bub, der vor ihm steht und versucht, alt zu erscheinen; dazu ist er zu jung und unschuldig.

»Standschütze, was einen guten Soldaten ausmacht, ist seine Bereitschaft, den Ehrenschwur zu halten.«

Der Bub fühlt sich unsterblich; er weiß noch nicht, was der Offizier damit meint. Er steht stramm und grinst: »Jawohl, Herr Oberst, des wer'n mia scho tuan.«

7

Die anrückende Streitmacht ist nicht die einzige Sorge des Enneberger Bataillonskommandanten. Um zu kämpfen, benötigt man mehr als Tapferkeit und Mut. Wie, zum Beispiel, Kugeln und Erdäpfel. Franz Kostner und seine Leutnants stellen eine Liste auf. Es ist eine lange Liste. Munition steht ganz oben darauf, Maschinengewehre und Handgranaten. Waffen allein geben keine Sicherheit, aber mit der Waffe in der Hand fühlt sich ein Mensch sicherer. Das zählt.

Ein Güterzug dampft in die Station Bruneck der Pustertalbahn, voll beladen mit Kisten; Kugeln, Granaten und Militärbekleidung. Kappen mit der Insignie der österreichischen Gebirgselite, dem silbernen Edelweiß. Die Uniformröcke und

Kappen sind zwar nicht neu; sie sind gewaschen und geflickt und kommen von jenen, die sie nicht mehr benötigen. Das Tragen einer Uniform macht den Dorfmilizen zum Soldaten, denn in Zivilkleidung ist er ein Freischärler und wird an der Friedhofsmauer erschossen. So ist das Kriegsgesetz.

Standschützenmajor Kostner präsentiert seine Wunschliste dem k. u. k. Quartiermeister.

»Was können S' meinen Männern zuteilen?«

»Mein lieber Herr Major, nicht viel«, antwortet der gestresste Verpflegungsoffizier, im Zivilleben ein kaiserlicher Stubenhocker im Kultusministerium. »Ihr Standschützenbataillon ist nicht das einzige in Tirol.«

Improvisation ist schon seit Cäsars Zeiten die Tugend eines Soldaten. Kostners Feldwebel ist der Dorfgendarm von Corvara. Als Hüter des Gesetzes hat er reichlich Erfahrung, wie es Diebe treiben. »Wenn dieser Knödelhauptmann nichts für uns tun will, dann mach' ich es halt auf die feine Art. Postwirt, kannst mir einen Wagen verschaffen?«

Eine Stunde vergeht, und der Gendarm kommt mit einem hoch beladenen Heuwagen zurück. Unter der Plane liegen stapelweise Holzkisten mit Munition; darauf sind Uniformen und Decken. Und ganz obendrauf ein Fass Schnaps.

»I hab nix anders als Beschwerer für die *Plache* g'fundn ...«

»Woher kommt das Zeug?«, fragt Kostner, obwohl er es gar nicht wissen will.

Der Gendarm schmunzelt: »Ischt vom an Lastwaggon g'fallen.«

Kostner klopft ihm auf die Schulter. »Guat so. Für unsere Mander, hab Dank.«

Die Szenen rund um die beladene Kutsche erinnern an die Bescherung unterm Weihnachtsbaum. Die Männer stehen herum, in langen Unterhosen und Laiberln, und probieren die neuen Hosen und Jacken an. Niemand fragt, wo dieser Geschenkkorb herkommt.

»Vom Waggon abig'fallen ...«, grinsen sie.

Der Gendarm dreht den Hahn zum Schnaps auf, und die Männer füllen ihre grün lackierten Feldflaschen. »Ein Hoch den Enneberger Standschützen.«

Noch eine letzte Inspektion, dann sind sie bereit, »kimm Höll oder der Teifi«.

8

Das letzte Aufgebot ist nicht perfekt – aber perfekt war nicht das am häufigsten verwendete Wort im Tiroler Dialekt. Allein beim Anblick des Paradespaliers kommt dem inspizierenden Berufsoffizier das Grausen. Kinder mit Gewehren und neben ihnen bärtige Alte. Dazu noch dieser von ihnen gewählte Zivilist, ein Gastwirt, den seine Soldaten respektlos mit »du« ansprechen. Wie kann ein Weinausschenker diesen Haufen als Einheit in den Kampf führen? Was der Berufsoffizier nicht versteht, ist der Unterschied zwischen einem Kleiderverkäufer oder Beamten aus der Stadt und einem listigen Wilddieb, Meister seiner Kunst. Die Hauptaufgabe für einen Soldaten ist, genau zu zielen und gerade zu schießen. Ein Wilddieb hat so etwas im Blut.

Dazu kam noch der feste Glauben an ihren Herrgott. Jeden Sonntag knieten sie in ihrer Dorfkirche und gelobten, die christlichen Tugenden zu wahren, darunter das Gebot: »Du sollst nicht töten.« Nachdem Hochwürden sie segnete, nahmen sie dann ihre Stutzen und wanderten zum Schießstand – daher der Name Standschützen – »denn über Schiaßn steht ja nix in der Bibel ... Und ist das Schwarze noch so klein, so muss ein jeder Schuss hinein ...« Ihr Ziel waren kunstvoll bemalte Holzscheiben ... und manchmal, nach Sonnenuntergang, traf ihre Kugel den strammen Gamsbock vom Herrn Baron – aus 400 Meter Entfernung! Ja, das Schießen war »a Gaudi«, und jeder Tiroler war ein Scharfschütze. Es gab im Tiroler Land keinen größeren Ruhm, als Schützenkönig des Jahres zu werden.

Seit 1511 hatte jeder Tiroler, ob Hofherr oder Knecht, das Bürgerrecht. Damit kam als erstes Gebot das Tragen einer

Waffe zur Landesverteidigung. Einst mit der Lanze konnte er im Einzelkampf einen Schweizer Spießknecht aufspießen, aber mit einem modernen Repetiergewehr das Zwanzigfache aus der Ferne abknallen. Und so war es jetzt. In den letzten Jahren des 19. Jahrhunderts wurde auf Anordnung des Kaisers Franz Joseph der Frontladerstutzen der Grenzbewohner gegen das moderne Armeegewehr ausgetauscht. Der 1888/1895-Steyr-Mannlicher-Repetierer, bekannt wegen seines unkomplizierten Aktionsbolzen als »Ruckzuck«, war für seine Zielpräzision bekannt und deshalb die Idealwaffe für eine Verzögerungstaktik in gebirgigem Gelände. Ein Gewehr ist nicht übermäßig kompliziert: ein langes Stahlrohr, ein Hahn und eine Kugel. Das Wichtigste aber ist ein Schütze, der das Schwarze trifft. Und darin waren Standschützen die Experten, seit dem Seitenwechsel der Italiener zudem »mit aner schiachen Wut im Bauch«. Das machte sie doppelt gefährlich. Bei Ausbruch der Feindseligkeiten gegen das Königreich Italien waren Tausende dieser modernen Steyr-Mannlichers in den Händen der Tiroler – und hinter jedem Gewehr ein Scharfschütze.

»Stell dir nur vor, Seppi, vor dir steht plötzli' der Bock des Herrn Baron. So, wenn dieser Bock an grünen Mantel anhat und a Rabenfeder am Huat, ziel guat und drück ab. Zuerst schiaßt – dann salutierst.« Denn: »Verlässt die Kugel erst den Lauf … hält sie kein Welschenkönig auf!« Die Kugel kennt nur eine Sprache. Diese Tatsache ignorierten Italiens taktische Kriegsplaner. Ja, die alten Tiroler gingen langsam – aber sie schossen präzise.

9

»Mander, 's ischt Zeit, so gemma wohl …«

Es ist ein schöner Morgen, es könnte fast der Ostersonntag sein, beim Kirchgang. Aber der ist schon vorbei, mit seiner rauen Kälte und Schneeluft … Heute ist Auferstehung … »Christ ist erstanden, freue dich, kleiner Mensch …« Die Uhr des Großvaters in der Stube schlägt zehn. Mutter Irschara steht in der

Hoftür. Ihre Augen sind feucht. Sie denkt an die Zeiten, als die Gnade Gottes über dem Säen und Ernten ruhte. An die friedvollen Weihnachten, als der Bauer das Schwein schlachtete, die Speckseiten im Rauch hingen und das duftende Schmalz die Steinguthäfen füllte. Nach dem festlichen Mahl in der Stube stapften sie durch kristallharten Schnee zur Mitternachtsmette in die mit Lichtern geschmückte Kirche. An solch einem Festtag kam ihr Vinzenz zur Welt. Er hatte dunkles Haar und blaue Augen. Mutter Irschara denkt an den Tag mit zwiespältigem Herzen, denn jetzt geht ihr Vinzenz weg, mit dem Patronengürtel um den Bauch und dem Gewehr über der Schulter. Neben ihm stapft ihr Jüngster, der Johann. Aus Mutter Irscharas groben Bauernbuben werden jetzt Männer, wie aus dem Kücken der Adler. Unzertrennlich und einig wie noch nie zeigen sich die Irscharabrüder. Der jüngere Johann blickt noch einmal zurück; er sieht den Campidellhof, Geburtsstätte von Generationen Irscharas. Er sieht die Mutter. Sie winkt ihren Buam nach. Eine Mutter begräbt ihre heimlichen Ängste … hoch oben am Berg grinst der Tod; er liebt besonders die Jungen und Reinen.

»Herrgott, hilf uns aus dieser Not. Ich flehe dich an, hilf uns allen.«

Ein Dorf zieht in den Krieg … allen voran, der Sensenmann, er führt sie an zum Tanz …

Die strahlenden Tage des Monats Mai

»Le radiose giornate di Maggio …«
Gabriele D'Annunzio, Dichter-Philosoph, am Tag der Kriegserklärung Italiens an Österreich am 23. Mai 1915.

1

Achttausend Meilen und zwölf Monate vor dem »Abmarsch des letzten Tiroler Aufgebots« saß ein 30-jähriger Mann im amerikanischen Bundesstaat Idaho am Fenster und hörte zu, wie der Regen auf das Blechdach trommelte. Er las eine Zeitung; sie war schon drei Wochen alt, und die Nachrichten über die Ereignisse in Europa waren nicht gut. Auf der ersten Seite stand etwas über die Ermordung des österreichischen Thronfolgers in einer obskuren Stadt auf dem Balkan und dass sich düstere Wolken über Europa ballten. Der Artikel schrieb von einem explosiven Gemisch von Interessen und Bündnissen, alle schlecht: Österreich gegen Serbien; Russland mit Serbien gegen Österreich; Deutschland mit Österreich gegen Russland; Russland mit Frankreich und England gegen Deutschland … In einer Welt, in der das Wort Barmherzigkeit und Mitgefühl allen Wert verloren hatte, und das Endergebnis Zerstörung und Tod waren, bedurfte es keiner übermäßigen Fantasie, um dieses Szenario in bittere Realität zu verwandeln …

*

Seit jenem heißen Sommertag, an dem ein bosnischer Anarchist den österreichischen Thronfolger erschoss, stolperte eine moribunde österreichisch-ungarische Monarchie blind in die Katastrophe. Der österreichische Generalstab drängte auf einen Vergeltungsschlag gegen Serbien. Dabei spielten sie Poker ohne Asse, denn sie wussten, dass ein Angriff auf Serbien deren russische Verbündete in den Konflikt ziehen musste. So geschah es auch. Wien stellte Belgrad ein Ultimatum – und die Russen stürmten ins österreichisch-polnische Galizien. In drei Wochen verlor Österreich ein Drittel seiner Armee. Nur die Inkompetenz russischer Generäle verhinderte Österreichs totalen Zusammenbruch. Das Fiasko in Galizien zeigte, dass Österreichs Strategen seit ihrer Niederlage bei Königgrätz (1866) nichts gelernt hatten und ihre strategischen Pläne in ein Militärmuseum gehörten.

Dann kam der 26. April 1915 und eine Verschiebung der internationalen Konstellation. Der Dreibund von 1882, der Italien mit Deutschland und Österreich verbündete, wich einem Londoner Geheimvertrag: Italien verbündete sich mit Frankreich, England, Russland. »Trento e Trieste!« Roms Preis waren territoriale Ansprüche: Dalmatien und Triest, dazu Südtirol bis zum Brenner. Italiens Konzept, seine Streitkräfte für einen politischen und territorialen Vorteil einzusetzen, war in ihren Augen völlig rational. In Galizien hatten die Österreicher fürchterlich gelitten. Somit war die Verteidigung der Alpengrenze Österreichs den lokalen Milizen überlassen. Von diesem untrainierten, undisziplinierten Bauernhaufen war kaum Widerstand zu erwarten. In diesem Sinne wurde der Strategieplan des Oberbefehlshabers der italienischen Armee, der Durchbruch über die Alpenpässe nach Innsbruck, als realistisch akzeptiert. Mit der Parole: »In zwei Wochen in Innsbruck …«

Die Italiener feierten schon den ruhmreichen Sieg der »radiose giornate di Maggio …«

*

Aber was ging all dies den Mann im Wilden Westen Amerikas an? Abenteuer hatte er jede Menge vor seiner Tür. Jeder Tag brachte neue Herausforderungen. Er war jung, er war reich, und das Leben als Teilhaber an einer Silbermine war mehr als befriedigend. Nun war dieser Mann aber ein Patriot von nobelster Abstammung. Er konnte nicht auf seinem Hintern sitzen und von Weitem zuschauen, wie die Welt brannte, und damit auch sein *Patria Italia*. Kurz entschlossen kehrte er in das Land seiner Ahnen zurück. Drei Monate später stieg *il Principe* Gelasio Caetani di Sermoneta in Genua vom Schiff und fand die Nationen Europas im wilden Streit miteinander. Nur sein Heimatland Italien stand noch an der Seitenlinie und verfolgte mit Interesse die Entwicklung des Krieges. Außer einer Handvoll Politiker in Rom war Niemandem bewusst, dass schon seit Monaten geheime Verhandlungen mit den Alliierten im Gange waren. Die Neutralität Italiens war nur noch eine Frage der Zeit.

Als Offiziersreservist im *Genio*, dem Pionierkorps der italienischen Armee, meldete Gelasio Caetani dem Kriegsministerium seine Rückkehr. Die Antwort ließ auf sich warten. Am 22. Februar 1915 kam seine Einberufung. Am 23. Mai 1915 griff Italien an.

2

Und während der Herzog von Sermoneta in seiner Ahnenburg auf einen Brief vom Kriegsministerium wartete, standen im fernen Galizien drei österreichische Offiziere vor ihrem Regimentskommandeur. An alle stellte der Oberst dieselbe Frage: »Was halten Sie von den Italienern?«

Zwei antworteten sofort: »Italien ist unser Verbündeter.« Korrekt. Italien war ein Teil einer zentraleuropäischen Dreierkoalition Deutschland – Österreich – Italien.

Der dritte, ein 27-jähriger Leutnant, ließ sich Zeit: »Herr Oberst, ich bin ein Südtiroler. Bei uns nennen wir sie die Welschen.«

Am selben Tag noch saß der junge Leutnant im Zug – abkommandiert nach Innsbruck. Er konnte sein Glück nicht fassen; für ihn schien es wie ein endloser Heimaturlaub. Toni, oder besser:

Anton von Tschurtschenthaler, der jüngste Sohn eines Bankiers, Weinhändlers und Vizebürgermeisters von Bozen, war Student an der Universität Innsbruck. Neben dem Studium hatte er nur eine Passion: Die Berge, je schroffer, je besser. Paternkofel, Tofana, Drei Zinnen, keine Wand war zu steil, kein Felsen zu hoch. Wie er es seinem besorgten Vater erklärte, muss man nur an sich selbst glauben, denn der Glaube allein macht selbst das Unmögliche möglich. Mit diesem Glauben stieg er in die Wand, manchmal zu zweit, manchmal allein. Auf dem Gipfel, im Bann seiner Leidenschaft, war er ein anderer Mensch. Hoch oben waren sein Königreich, seine Alpen, sein Tirol.

Manchmal, nachdem er von den Bergen heruntergestiegen war und im Wirtshaus seinen Durst löschte, hörte er den Einheimischen zu. So gerne die Bauern auf der Bierbank die Staatsgeschäfte auf ihre Art aufs Korn nahmen, von der Politik außerhalb ihres Tals verstanden sie nichts. Sie waren Tiroler, allenfalls kaisertreue Österreicher, mit einer engen Freundschaft zu ihren ladinischen Nachbarn. Jedoch mit einer scharfen Zurückhaltung gegenüber allem Welschen. »Denan da unten glaub' ma ka Wort ...«

Im August 1914 wurde Toni von Tschurtschenthaler zu den k. u. k. Kaiserjägern einberufen. Er zeigte bald seine Führungsqualitäten. Ein guter Offizier muss imstande sein, harte Entscheidungen zu treffen, und die Verantwortung für das Leben seiner Truppe übernehmen. Leutnant Toni besaß diese Qualitäten. Kurz nach seiner Versetzung nach Innsbruck wurde er zum Oberleutnant befördert und übernahm das Kommando der 6. Kompanie im 2. Bataillon des k. u. k. Tiroler Kaiserjäger-Regiments.

»Wie macht sich denn dieser junge von Tschurtschenthaler?«, fragte der Innsbrucker Regimentsoberst den Bataillonskommandeur.

»Eine gute Wahl, etwas rau vielleicht, aber er traut sich, von seiner Truppe mehr zu verlangen als die meisten anderen. Wenn das Glück ihn nicht verlässt, wird man von ihm noch hören.«

Der Regimentskommandeur notierte den Namen, und als die Frage für einen Kommandanten für den Abschnitt des Col di Lana aufkam, fiel die Wahl auf Anton von Tschurtschenthaler.

Das Schicksal wollte es, dass zwei der fähigsten Offiziere im Gebirgskrieg, der Sohn eines Bozner Weinhändlers und der Nachkomme eines Papstes, im Kampf um einen Berggipfel aufeinanderprallen sollten. Beide hatten vieles gemeinsam. Beide waren passionierte Bergsteiger, und beide waren von einem tief greifenden patriotischen Gefühl besessen.

Der Bozner Toni von Tschurtschenthaler und der Sermontese Gelasio Caetani.

3

Der österreichische Generalstab wusste, dass italienische Vorbereitungen für eine Offensive in Tirol im Gange waren. Die einst mächtige österreichische Armee, besonders die Bergelite der Kaiserjäger, fiel in Galizien. Mit den aufgebrauchten operativen Reserven war die Hoffnung geschwunden, Österreichs Südfront mit regulären Truppen zu stabilisieren. Der Kommandeur der Landesverteidigung von Tirol, Oberstleutnant *Rudolf Pfersmann* von Eichthal, bangte schon vor Italiens Kriegseintritt um die Sicherheit der alpinen Regionen. Er schrieb alarmierende Berichte nach Wien. Als Antwort erhielt er: »Mein lieber Oberst, haben S' keine Angst, die Italiener sind ein Volk, das theatralische Gesten liebt. Was Sie sehen, ist nichts als ein Militärmanöver, wo ein paar Generäle ihre Soldaten hin und her marschieren lassen. Sonst ist nix dahinter.« Und als Italiens wechselhafte Absichten klarer wurden: »Jegliche Unbesonnenheiten gegenüber Italien sind zu vermeiden.« In anderen Worten: »Tun Sie ja nichts, das die Italiener aufregt.«

Die Nachrichten aus Tirol wurden immer alarmierender. »Was geschieht, wenn die Italiener wirklich ...?«, fragten sich nun die Wiener Neinsager. »Na, des dürfen's ja net. Es ist ja gegen alle Abmachungen im Bündnisvertrag.« Durch solche Argumente fand sich die Südgrenze der Monarchie nahezu entblößt. Reguläre Truppen gab es nur wenige in Tirol – und dazu noch schlecht ausgerüstet. Ein paar veraltete Straßensperren mit antiken Vorderlader-Kanonen … »Alles z'samm halt a bisserl wenig …«

Nur auf die Tiroler Bauern war Verlass. Sie hingen mit religiöser Inbrunst am österreichischen Herrscherhaus. Loyaler als Kroaten, Tschechen oder Ungarn. Ohne auf Unterstützung von oben zu warten, organisierten die Bergbewohner das Aufgebot der Tiroler Standschützen. Eine Woche vor dem Einbruch italienischer Truppen in das Trentino schickte Oberstleutnant von Pfersmann, nun verantwortlich für den Tiroler Grenzschutz, eine scharfe Depesche an die imperiale Heeresleitung in Wien.

»Bezüglich ihrer Anweisung, was können wir tun? Aus nichts ist nichts zu machen. Wir sind ohne Offiziere, ohne Pferde und Kanonen. Wir sind ohne Kugeln für die Gewehre. Der Feind ist bereits im Anmarsch, warum bleibt das Oberste Kriegskommando immun auf unsere Hilferufe? Zwischen Mailand und Innsbruck stehen nur Bataillone von Buben und Greisen.«

Dieses Telegramm erzeugte in Wien den Effekt einer Bombe. Die halsstarrigen Absolventen der Militärakademien fanden plötzlich Grund zur Sorge. Mit einem Verbündeten als unerwartetem Feind, mit seiner Armee nur wenige Tagesmärsche von Tirols Hauptstadt entfernt – und zwischen ihm und der Katastrophe eine untrainierte, undisziplinierte Miliz aus Bauern, Holzfällern, Wilderern und Schmugglern … In Wien alles Männer mit Vorurteilen und persönlichen Eifersüchteleien; wo einem, der bei der Kommandantenwahl am lautesten schrie, der höchste Feldrang zuteil wurde; wo ein Grundbesitzer unter dem Befehl seines Knechts gestellt wurde und derjenige mit einem Onkel im Bürgermeisteramt die Aufsicht über Sardinendosen, 50 Kilometer hinter der Front, erhielt … »Der Onkel wird's schon richten …« Wie konnte dieser Haufen von Schuhplattlern ohne die taktische Führung von professionellen Offizieren gegen eine Armee mit modernen Kanonen und Maschinengewehren standhalten?

Zu Beginn der Feindseligkeiten passten sich die Tiroler an die spezifischen Umstände und das vorhandene Material an. Tirol musste mit dem klarkommen, was zur Hand war. Steine gab es in Unmengen. Die Notwendigkeit zwang sie zu Methoden, die auf keiner Offiziersakademie gelehrt wurden. Männern, die der Eigeninitiative und ihrer Schießkunst überlassen waren, militärischen Drill und Disziplin aufzuerlegen, war eine verlorene Sache. Während einer Divisionsbesprechung schnitt ein Stabsoffizier das heikle Thema der Disziplin an: »Herr Feldmarschallleutnant, ich frage gehorsamst ...«

Divisionskommandeur Feldmarschallleutnant Goiginger unterbrach den Oberst: »Meine Herren, Sie vergessen, vor uns ist der Feind – und hinter uns ist nichts. Diese Dörfler kennen ihre Berge. Mehr noch, sie kennen sich untereinander und vertrauen ihren Nachbarn. Auch ohne militärische Ausbildung oder zweifelhafte Disziplin, wie Sie bemerken, sind sie eine standfeste Mauer gegen den Feind.« Goigingers Hauptziel war es, dem Italiener den Einbruch nach Tirol zu verhindern. Dieser Aufgabe würde er mit allen verfügbaren Mitteln nachkommen. Er verstand die Mentalität der Standschützen: Sie waren Individualisten, die sich an den Feind heranpirschten wie an das kostbare Wild. Dieser Gamsbock war nun ein Welscher, und ein Tiroler der richtige Mann dafür. Eigensinnig, standhaft und bereit, sich mit jedem Eindringling zu streiten, denn für ihn waren Kampf oder Unterwerfung die einzigen Alternativen. In vielen historischen Konflikten hatten lokale Milizen eine feindliche Übermacht in Schach gehalten.[2]

2 Der letzte Beweis war 1900 der Erfolg der Buren gegen die englische Übermacht in Südafrika.

Gerade in einem alpinen Gelände, wo kein Ruhm zu gewinnen war und keine Heldengedichte in die Ewigkeit eingingen, war dies der Fall. Wenn eine Seite nicht über die Mittel für einen Angriff verfügt, ist Verteidigung die einzige Lösung. Dabei waren die Reichweite des Mannlicher-Gewehrs und die Zielgenauigkeit der Dorfmilizen ausschlaggebend. Wenn die Scharfschützen den Feind in respektvollem Abstand halten konnten, hatte die österreichische Verteidigungsstrategie eine Chance.

Strategie in Tirol ist vorerst von seinen geologischen Formationen bestimmt. Seit Beginn der Feindseligkeiten ist es eine Frage des »zuerst am Gipfel, immer am Gipfel«. Österreich besetzt und hält die Gipfel. Damit wird der Krieg zum Kampf um die Gipfel. Dazu kommt noch ein im Krieg häufig übersehener Faktor: Die Italiener kämpfen für die Ehre – und die Tiroler um ihr Leben. Dies verwandelt Bauern in Löwen.

In eisigen Höhen, wo bisher niemand an einen Krieg dachte, stehen Großvater und Enkel Seite an Seite und sterben Seite an Seite.

4

In den Jahren des späten 19. Jahrhunderts, einer Zeit ohne nennenswerte Konflikte, kamen die meisten Aspiranten zu ihren Generalssternen, indem sie den richtigen Leuten salutierten. Die wahre Prüfung ihrer Fähigkeiten kam am Tag, als die Schießerei losging. Da sie vom Gemetzel an der Front durch die Erfindung des Telefons abgeschirmt waren, hatte nun jede Armee eine Anzahl von Inkompetenten und Brutalen. Einer von ihnen, ein italienischer Oberbefehlshaber, ging ins Buch der Geschichte ein, weil er mehr seiner eigenen Leute erschießen ließ als irgendein anderer Weltkriegsgeneral.

General Luigi Graf Cadorna, ein 65-jähriger Mann aus dem Piemont, Sohn eines Generals aus der Zeit Garibaldis, war einer dieser Kommandeure, der nie die Vernichtungskraft der Waffen des 20. Jahrhunderts voll einzuschätzen wusste. Die technologischen Fortschritte in der Rüstungsindustrie hatten weitgehend die Strategie der Kriegsplaner überholt. Cadorna sah nicht die Notwendigkeit, seine strategischen Pläne daran anzupassen. Seine Strategie hatte ihre Grundlage in Julius Cäsars 2000 Jahre altem »Peninsula-Prinzip«: *ein Land, umgeben von Wasser an drei Seiten, muss sich nur um seine barbarische (nördliche) Grenze kümmern.* Damit war die Angriffsrichtung gegeben: ein Angriff über die kontinentale Wasserscheide der Alpen. Die Hindernisse waren die hohen Gipfel: vom Ortler (3905 m) mit der Königsspitze (3851 m) im Westen entlang der Dolomiten (2600 m) über die Marmolada (3343 m) und dann zu den Trentiner Alpen und den Karnischen Alpen im Osten. Ein Durchbruch nach Nordtirol würde das Kernland der Zentralmächte, einschließlich der bayerischen Hauptstadt München, schwerstens bedrohen. Ein solcher Dolchstoß in den Unterleib des deutschen Kaiserreichs könnte das Ende des Krieges herbeiführen. Das war der strategische Plan, ausgearbeitet und akzeptiert während des Londoner Abkommens. Es gab zwar Stimmen in Rom, die darauf hinwiesen, dass in der Vergangenheit große Armeen in den Alpen ausgeblutet waren und man sich auf kein Abenteuer in den Bergen einlassen sollte. Aber das waren eben Hohlköpfe, die von Cardonas großer Alpenstrategie nichts begriffen.

Der gerade Weg ins Herz von Österreich führte über den Brenner. Diese Route war durch ein mächtiges Bollwerk, die Franzensfeste am Eingang in das Eisacktal, blockiert. Diese Festung hatte die Feuerkraft, um eine Invasionsarmee in Gulasch zu verwandeln. Aber es gab noch eine Reihe weiterer Passagen über die Alpen, allerdings nur auf sekundären Schotterstraßen, die mit ihren Holzbrücken keine größeren Truppenbewegungen zuließen. Diese Pässe lagen in den Dolomiten und waren nicht besonders stark besetzt. Cadorna sah die klare Möglichkeit für einen schnellen Durchbruch über die Dolomiten ins Gadertal, zum Bahnknotenpunkt Bruneck, der Verpflegungslinie für die gesamte österreichische Alpenfront. Von dort nach Innsbruck war es »eine Sache von zwei Wochen ...«

»In 24 Stunden werdet ihr im Herzen von Tirol landen, und in einem Monat seid ihr wieder bei euch zu Hause«, verspricht Cadorna seiner wild jubelnden Truppe. Denn Generalissimo Cadorna rechnet nur in Zahlen, und seine Streitmacht ist zu gewaltig, um ernsthaft an einen Tiroler Widerstand zu denken. Beweis dafür war das untere Trentino; es wurde von seiner Truppe in der ersten Kriegswoche einkassiert, ohne dass ein Schuss fiel. Wie 1809 hatten sich die Tiroler aus dem flachen Talgebiet zurückgezogen. Dabei vergisst er, dass in einem modernen, mechanisierten Krieg nicht allein die Anzahl der Bataillone für einen Sieg ausreichen. Denn was machen diese von allen Teufeln besessenen Tiroler? Sie ziehen mit ihrem Bauernhaufen auf die Gipfel und knallen ihm das Tor vor der Nase zu. Schlimmer kann man doch einen General von der Statur eines Cadorna kaum demütigen. Da platzt ihm der Kragen. Denn er denkt, die Stärke seines Gegners zu kennen, und zählt darauf, mit seiner modernen Armee auf »barfüßige Bauern« mit Schrotflinten zu stoßen; er kalkuliert, seine *Bersaglieri* und *Alpini* werden im Laufschritt jeden beliebigen Pass in einer Stunde überschreiten. Dafür steht General Marini und dessen gesamtes 9. Armeekorps bereit. Diese Masse wird genügen, um die *Tirolesi* wie Hasen in die Flucht zu jagen. Das ist die Theorie. In der Praxis sieht es allerdings anders aus. Cadorna, ein Jünger der Strategie »Attaque à l'outrance« – Napoleons aufgepflanzte Bajonette und »Vorwärts! Hurra!« auf einem breitem Schlachtfeld – nimmt keine Rücksicht auf die Hindernisse, welche die Natur in den engen Bergtälern seinen Bataillonen stellt.

5

In Tagesberichten rühmt sich so mancher italienischer selbst für einen Weiler, den er den *Tirolesi* abgerungen hat. Dörfer in Trümmern zwar, wie Andraz und Buchenstein, aber immerhin Dörfer des Feindes. Es ist eine strategische Weisheit, dass eine

Talstraße für einen Anmarsch geeignet ist – aber wer hoch oben auf dem Berg steht, kann auf die unter ihm pissen. Und die Inbesitznahme dieser Höhen läuft Cadornas Zeitplan hinterher. Die Stimme des *Supremos* ist im ganzen Hauptquartier zu hören, als er seinen Korpskommandeur der Region Cortina-Falzarego, Generalleutnant Marini, am Telefon anschreit: »Ihre Aufgabe ist der Durchbruch über die Dolomitenpässe. Brechen Sie durch.«

Am Tag zuvor hatten diese verfluchten Politiker in Rom ihm zur Kenntnis gebracht, dass er den Hauptpunkt im London-Vertrag noch immer nicht erfüllt habe: Österreich aus dem Krieg treiben! Cadorna ist wütend. Er wird diesen neuen Verbündeten zeigen, dass eine Bauernhorde nie und niemals eine Armee aufhalten kann.

»*Generale* Marini, Verluste sind nicht zu berücksichtigen. *Ti basta?* Sie haben die nötigen Reserven, um Verluste zu ersetzen. Ich erwarte den Dolomitendurchbruch in den nächsten 48 Stunden.«

»*Capito, Signor Generale,* ich sehe kein Problem damit«, erwidert Marini. Übers Telefon klingt er von seinen Fähigkeiten eingenommen.

»Was ist Ihrer Einschätzung nach die *resistenza*?!«

»Widerstand? Ein Haufen von *Contadini* wird meinen *battaglioni* nicht den Weg verstellen. Wir blasen sie weg ...« Der Korpsgeneral sieht in der Tiroler *Paesani Milizia* eine untrainierte Horde, die beim ersten Schuss ihr Heil in der Flucht suchen wird. Sein Gedanke enthält eine bittere Wahrheit: Krieg ist kein Sonntagsausflug zur Schießbude, gefolgt von Bier und blutigen Nasen im Wirtshaus. Krieg ist brutal und für starre Disziplin bekannt. Ohne Führung und Disziplin ist ein Soldat nicht besser als ein Räuber in Uniform. Aber galt dies auch für einen undisziplinierten, sturen Tiroler Bauern?

Marinis Angriffsbefehl ging an Generalmajor und seine 17. Division. »Morgen greift das 9. Korps an. *Ci vediamo a Innsbruck* ... wir sehen uns in Innsbruck.«

Savieri teilt seine Division in drei Angriffsgruppen: Generalmajor Panicalis *Brigada Reggio* wird das Travenanzestal, die *Cima* Falzarego und die Sicherung des Falzaregopasses (2105 m) zugeteilt. Generalmajor Ferraris *Brigada Torino* soll den Siefsattel überlaufen. Savieris Formationen rücken entlang der Talsohle vor. In der allgemeinen Verwirrung der ersten Kriegswochen hofft General Marini auf stark reduzierte Aufmerksamkeit der Verteidiger. In der Tat, seine Truppen stoßen auf keinen Gegner. Nicht ein Schuss fällt, der Feind ist nirgendwo zu sehen. Bald geht das Gerücht herum, die *Austriaci* wären kampflos abgezogen. Die Italiener feiern dieses Gerücht wie einen Sieg.

Die Südtiroler haben sich nicht verdrückt. Sie haben sich in bessere Stellungen zurückgezogen. Dann handeln sie schneller, als Marini es vermutet. Sie sind entschlossen, auf den hohen Pässen standzuhalten. Ihre Lage ist keineswegs hoffnungslos, denn sie haben den Vorteil des Geländes. Aber sie dürfen nicht zaudern, denn die Welschen kommen rascher als erwartet.

6

Standschützenmajor Kostner erfährt von einem Boten, dass die Bevölkerung der Dörfer vor den hohen Pässen der Dolomitenkette zur Evakuierung aufgefordert ist. Das riecht nach allgemeinem Rückzug. Kostner, der »nette Wirt«, denkt wie ein Tiroler und nicht als Militär. Er überlegt nicht lange. Es ist Zeit, den Welschen zu zeigen, dass die Tiroler nie an einen Rückzug denken. Dennoch ist die Lage beschissen. Kostners Enneberger Bataillon besteht aus vier Milizkompanien. Drei davon halten den Campolongopass, entlang der gut asphaltierten Hauptstraße nach Corvara, und das allgemein erwartete Angriffsziel, als plötzlich die Italiener Richtung auf den Valparolapass nehmen. Dieser Pass, die natürliche Verlängerung der Falzaregopassstraße, wird nur von einer Standschützenkompanie gehalten. Die dort stationierten 200 Enneberger, jeder mit 20 Patronen, sind alles

Männer, die noch nie einen Feind gesehen haben. Dasselbe gilt allerdings auch für die feindlichen Truppen, im Großteil junge, unerfahrene Wehrpflichtige. Der große Unterschied liegt in der Zielgenauigkeit der Standschützen; 20 Kugeln pro Mann, multipliziert mit 200 Scharfschützen, wird große Löcher in die angreifenden italienischen Formationen reißen.

7

In General Graf Luigi Cadorna hatten die Italiener einen Oberkommandierenden, eitel und ehrgeizig, der sich in der vaterländischen Geschichte als Cäsars Wiedergeburt sah. An strategischer Sturheit und politischer Inkompetenz übertraf ihn allerdings der Führer der österreichischen Kriegspartei, General Franz Xaver Joseph Conrad von Hötzendorf. Dieser war von einem russischen Tunnelblick besessen; für ihn war der Russe der einzige Feind, und er scherte sich wenig um seine klaffende Südflanke. Als ihn die Situation dazu zwang und er am Ende doch reagierte, entsandte er Stabsoffiziere ohne die geringste Erfahrung in Gebirgskriegsführung oder Kenntnisse über die Mentalität der Tiroler Milizen.

»Diesen Zivilisten bringen wir schon Disziplin bei.« Hoch droben, wo der Gamsbock haust, war militärische Disziplin eine der weniger bekannten Tugenden. Für einen Tiroler ging es zuerst um sein Land, sein Dorf, und nicht ums fesche Salutieren. Die Bergbauern sahen in den Militärs bucklige Schreiberlinge vom Hofkriegsrat in Wien mit ihrem verflixten Leitspruch: »Da kann man halt nix machen!«

In der Gruppe um Oberbefehlshaber Generaloberst Viktor Graf Dankl von Krasnik, versammelt im Bahnhofswartesaal von Bruneck, waren Ludwig Goiginger, Kommandeur der Pustertaler Division, Oberst Maximilian Lauer vom 3. Tiroler Kaiserjäger-Regiment, Oberstbrigadier Heinrich Vonbank von der 96. Infanteriebrigade und Oberstbrigadier von Sparber, Kommandeur der 51. Gebirgsbrigade.

»Meine Herren, Sie kennen die Situation«, Dankl vergeudete keine Zeit an Formalitäten, »Cadorna zieht mit zwei Armeen gegen den Trentin, Leutnant General Roberto Brusatis 1. Armee und Leutnant General Navas 4. Armee. Uns bleibt keine Wahl. Wir geben die Täler vor dem Hauptkamm kampflos auf und verkürzen die Verteidigungslinie. Aber unter allen Umständen müssen wir die Pässe und Gipfel halten!« Dankl nahm einen fetten Rotstift und zog eine Linie über die Gipfel auf der Karte. Marmolada, Rosengartengruppe, Pordoijoch, Sellajoch. Settsass, Gran Lagazuoi, Hexenstein (Sass di Stria), Monte Sief, Berge entlang des Hauptkammes der Dolomiten und der Alpen. Nur ein Dolomitengipfel war nicht auf seiner Liste – der Col di Lana, denn die Bergpyramide lag fast einen Kilometer vor der Hauptgipfelverteidigungslinie.

»Hier ist unsere neue Front. Die Gipfellinie. Fragen?«

Es gab keine. »General Goiginger, Sie haben das Wort.«

»Zur Lage in den Dolomiten. Cadorna hat Leutnant General Ragni, 1. Rom-Korps, und Leutnant General Marini, 9. Milano-Korps, für den Dolomitensektor abkommandiert. Sie sind uns zehn zu eins überlegen. Jedoch die Geografie arbeitet für uns, und die kann selbst ein Papst nicht ändern. Eine hohe Bergkette mit einigen engen Passübergängen zwingt den Feind, seine Truppenmasse auf eine relativ schmale Angriffsfront zu konzentrieren. Er kann also keine allzu große, zahlenmäßige Überzahl aufstellen.« Goiginger hielt für einen Moment der Reflexion inne. »Wir beziehen unsere Stellungen an den Passstraßen. Cadorna wird uns voraussichtlich hier angreifen …«

Goiginger umkreiste auf der Landkarte mit dem Zeigefinger den Campolongopass, den Falzarego und den Valparola, bevor er trocken fortfuhr: »Mit dem Zeug, das er in diesen Sektor schiebt, wird der Falzaregopass bald wie der Petersplatz am Ostersonntag aussehen. Dies bedeutet, der Feind will über den Campolongopass nach Corvara und über den Valparolapass nach Bruneck. Auf dem Valparola ist unsere Tre-Sassi-Sperrfestung und auf der Buchensteinstraße die Sperre La-Corte-Ruaz. Machen wir uns keine Illusion, beide Forts stammen aus der Mitte des letzten Jahrhunderts und können moderner Artillerie nicht standhalten. Wir bauen die Festungsgeschütze aus und verwenden sie als mobile Artillerie.«

»Wer hält die Pässe?«, fragte General Dankl.

»Im Augenblick das Bataillon der Enneberger Standschützen, Herr Generaloberst, ihnen ist die Sicherung des Gebirgskammes zwischen Valparola und Campolongo zugeteilt.«

»Wir überlassen also Bergbauern die Verteidigung der Tore zu Tirol?«, fragte ein Oberst.

»Wir haben keine Wahl. Die Standschützen sind's – und damit basta!«

Wie immer waren auch diesmal die Tiroler auf sich selbst gestellt. Oder, wie Franz Kostner, als ihn der Befehl über die Pässe erreichte, zynisch bemerkte: »Und jetzt hab'n mia den Huat auf!«

8

Recht hatte er, der Postwirt. Das Königreich Italien stellte 875.000 Wehrpflichtige ins Feld. Darüber hinaus hielt die italienische Artillerie eine vernichtende Übermacht an Kanonen und Munition. Aber während an der französischen und russischen Front Artilleriefeuer den Ausschlag gab, war im Gebirge das Gewehr der Herrscher. Das österreichische Steyr-Mannlicher-Repetiergewehr gab pro Minute ein Dutzend gezielte Schüsse ab. Gegen diesen Kugelhagel stürmten Italiens Elitetruppen in Linie – und dazu noch steil bergauf. Die Tiroler waren geländekundige Scharfschützen, die verbissen um ihr Heimatland kämpften. Es dauerte nicht lange, bevor die Italiener herausfanden, was im Bergkrieg zählt, sind individuelle Initiative und Zielgenauigkeit. Eines war jedoch sicher: In einem Krieg, der sich zwischen schroffen Felsen abspielte, würden viele ihr Leben lassen.

Von Anfang an lief für Cadorna nichts wie geplant. Seine Angriffsstrategie zählte auf den Alpendurchbruch binnen einer Woche.

»Wir rücken in dieser Richtung vor …«, und seine Generalstäbler schoben farbige Holzklötzchen herum. General Cadorna, umringt von seinen Militärstrategen, stand vor einer flachen Landkarte, auf der man Mühe hatte, Berge oder Pässe zu finden. Stattdessen gab es Hunderte nichtssagender Ortsnamen und einige, für die Artillerie befahrbare, Straßen. Doch keine Brücken mit Angabe des erlaubten Höchstgewichts. Cadorna war für einen Anmarsch durch das Eisacktal und dann über den Brennerpass. Der Weg von Cäsars Legionen und Napoleons Armee. Einfach und kurz. Auf der Karte sah der Plan gut aus. Sein Stabschef jedoch wagte darauf hinzuweisen, dass dieser Anmarschweg von der mächtigen Franzensfeste blockiert war. Die beste Variante war eine Umgehung durch die fast unbefestigten Dolomitenpässe. Am Ende kamen zwar alle mit neuen Ideen, aber zu keinem bindenden Entschluss.

Cadorna entschied. Die Spitze seines Stocks zeigte auf einen Dolomitenpass.

»Signori, qui attacchiamo.«

9

Kurz nach dem Brunecker Gipfeltreffen der österreichischen Kommandeure erhielt das 1. Enneberger Standschützenbataillon seinen Marschbefehl. Die Enneberger begannen den langen Anstieg – dorthin, wo der Adler haust. Sie marschierten nicht im Schritt, wie es sich für eine disziplinierte Militärkolonne gehört, sondern sie plauderten und wanderten, jeder in seinem eigenen Tempo. Es spielte keine Rolle, denn sie würden die Passhöhen lange vor dem Feind erreichen. Die 1. Kompanie zog von Bruneck durchs obere Gadertal zum Campolongo, die 3. Kompanie bestieg den Monte Sief, ein Ankerposten in der neuen Gipfellinie. Die 4. Kompanie der Standschützen blieb als

Reserve zurück. Es war die 2. Kompanie, die am Valparolapass, zu beiden Seiten der Tre-Sassi-Festung und mit guter Sicht auf die steile Schotterstraße, eine Schanze aus Felsbrocken aufbaute. Und danach bereiteten sie noch einige Überraschungen vor, unter welchen bereits die Franzosen gelitten hatten, damals im Jahre 1809.

Am Tag der Kriegserklärung bestand die Abwehrkraft am Valparolapass aus einem Zollinspektor im Rentenalter und einem Unteroffizier mit 20 Rekruten, die noch nie im Ernstfall eine Kanone abgefeuert hatten, sowie zwei Frontladern aus dem Jahr 1846. Die Tre-Sassi-Festung, ein viereckiger Block aus Steinquadern mit Schießscharten, in einer Zeit vor den Tagen der modernen Artillerie erbaut, diente hauptsächlich dazu, nächtlichen Tabakschmugglern und Tschuschen (das Wort für unerwünschte Ausländer) den Weg ins Innere von Tirol zu untersagen. Da es sich dabei um »Welsche« handelte und diese seit vier Jahrzehnten Österreichs Verbündete waren, verfielen Festungen und Straßensperren entlang der italienischen Grenze in einem solchen Ausmaß, dass moderne Artillerie sie in einer Stunde in einen Schutthaufen verwandeln konnte. Aber schwere Geschosse können Schützen, die im Freien hinter Felsbrocken hocken, nicht viel antun. Gerade das war die Stärke der Tiroler. Im Engpass zwischen den schroffen Felswänden des Gran Lagazuoi und Sass di Stria (Hexenstein), geschützt von einer Steinmauer, lagen 200 Scharfschützen. Ihr Auftrag war es, den Valparolapass abzuriegeln oder zumindest ein blutiges Chaos zu verursachen.

Zwei dieser Scharfschützen waren Brüder aus Untermoi im Gadertal.

Um Johann Irschara ragen die Felsen der Dolomiten wie eine Huldigung an ihren Schöpfer in die Höhe. Ihre Zinnen und Türme sind in tiefes Schweigen gehüllt. Die Strahlen der sinkenden Sonne baden die Kalksteinwände des Gran Lagazuoi in goldenem Alpenglühen. Sein Gipfel ragt hoch über den Valparolapass. Auf den Hochalmen nahe am Pass knabbert eine Herde Bergziegen am frischen Grün. Eine friedliche Postkartenlandschaft. Ein Bub, zu jung, um sich zu rasieren, aber alt genug, um zu sterben, sieht nichts von dieser paradiesischen Schönheit. Er steht Wache. Als Soldat »des letzten Aufgebots« ist er bereit, sein Leben für Gott, Kaiser und Tirol zu geben. Sein Vater ist tot; sein ältester Bruder Serafin ist tot. Jetzt sind auch die Letzten der Irscharas in den Krieg gezogen. Der 15-jährige Johann Irschara weiß so gut wie nichts von alldem, was man von ihm verlangt, aber er ist voll von romantischer Opferbereitschaft. Für seine Heimat ist er zu jedem Opfer bereit.

Die Irscharabrüder Johann und Vinzenz, oder besser bekannt als Honnes und Zenz, sind ein Herz und eine Seele. Brüder im Krieg und auch im Frieden. Darüber gibt es kaum Zweifel. Johann ist der Jüngste in seiner Schulklasse, und er wird deshalb ständig von den groben Bauernbuben traktiert. Eines Tages erschien Bruder Vinzenz im Schulzimmer, und die Watschen flogen. Es ist immer von Vorteil, auf einen größeren Bruder zählen zu können. Ein brüderlicher Zwist ging nie außer Haus, denn ein Bauer kehrt nicht den Kuhmist vor die Tür. Die Irscharabrüder sind Experten mit dem Gewehr; sie haben das Schießen mit Großvaters Mannlicher geübt. Noch dazu besitzen beide den angeborenen Instinkt der Bergbewohner fürs Überleben in eisiger Höhe. Ihren Mangel an militärischer Ausbildung und Disziplin machen sie mit Bauernschläue wett.

Etwas betrübt die beiden: Was geschieht, wenn sie plötzlich ihre ladinischen Stammesgenossen Francesco und Giuseppe im Korn haben? Gemeinsam saßen sie auf der Schulbank, alle sprechen den gleichen ladinischen Dialekt, beten in der Kirche zum selben Gott. Seit Hunderten von Jahren lebten ihre Familien friedlich nebeneinander, bis zu dem Tag, als der Krieg ihre nationale Identität veränderte. Nun heißt der Capelli-Franzl Francesco und der Miccoci-Seppi Giuseppe – und sind Feinde.

»Warum?«, fragen sie, »warum?« – Und niemand kann es ihnen erklären.

Es gibt viel, an dem sich die Tiroler und Trentiner anklammern. Da ist der jahrtausendealte Handelsweg von Innsbruck nach Milano. Da gab es Liebesaffären im Nachbartal, den Austausch von Äpfeln für Orangen, zweisprachige Schulkinder, Tiroler Käse und billigen Rotwein. Es war ein transalpiner Traum, viel zu gemütlich und ruhig. Bis irgendeiner daherkam und mehr wollte. Zum Beispiel das Land des Nachbarn.

»All des Gerede der hohen Herrschaften. Es ist wia ei'm Bauchredner zuaz'hören, was ein anderer ihm einflüstert.«

»Hast recht, Campidellbua. Vül' meiner Cousins san Ladinos von dort drüben.«

»Das ischt jetzt kaputt.«

»Ja scho', aber warum kummt net a oner von de' Idioten und repariert's?«

»Was gibt es da scho' z'flicken, wo ja nix zerbrochen war.«

Ähnliche Konversationen gibt es täglich oben auf den Bergen. Die Tiroler verstehen es nicht, und die Welschen kommen vom tiefen Süden und denken nicht daran.

10

Im Schatten des vertikalen Monoliths des Gran Lagazuoi (2817 m) steigt die Dolomitenstraße in einer Reihe von Serpentinen auf den Falzaregopass (2117 m); vom Falzarego aus führt eine steile Schotterstraße auf den Valparolapass (2300 m). Auf der Passhöhe steht die veraltete Straßensperre Tre Sassi. Diese erschreckt kaum jemanden – außer den Salzschmuggler. Vom Pass geht es auf der schmalen Straße hinab ins Gadertal (Val Badia) und nach Bruneck zur Pustertalbahn. Eine weitere, ebenso antike Straßensperre, La-Corte-Ruaz, nahe dem Dorf Andraz, kontrolliert den Zugang ins Grödner Tal (Val Gardena). Beide veralteten Sperren werden als unhaltbar angesehen. Eine Abteilung von Pionieren montiert die vier 80-mm-

Revolverkanonen der Festung La Corte ab und ersetzt sie mit Holzattrappen – welche der vorrückende Feind für richtige Kanonen hält! Italienische Kanoniere nutzen die massive Steinstruktur als Schießscheibe. Innerhalb von wenigen Stunden reduzieren ihre Salven die verlassene Bastion zu Schutt. Aber die Sperre erfüllt ihren Zweck, indem sie den italienischen Vorstoß für einige Tage verlangsamt, was wiederum den Tirolern Zeit gibt, ihre Stellungen am Valparola auszubauen.

Eine Woche zuvor erhielt der Kommandeur der Festung La Corte, Leutnant Zeyer, den telegrafischen Befehl, die deutschsprachige Bevölkerung der Dörfer vor der neuen Gipfellinie zu evakuieren. Dies betrifft insbesondere das Cordévole- und Andraztal. Als die ersten Italiener bereits in Richtung Arabba und Andraz vorstoßen, rumpeln Ochsenkarren, hochbeladen mit Habseligkeiten und kostbaren Andenken, über Holzbrücken und tiefe Schluchten den Campolongo und Valparola hinauf. Mütter und Ehefrauen von jenen, die auf den umliegenden Gipfeln Wacht halten und von oben, mit Tränen in den Augen und Wut im Bauch, auf die lange Karrenkolonne starren, verlassen ihre Heimat, ihre Höfe und ihr Erbe und die Gräber ihrer Ahnen.

»Den Welschen werd i ’s zeign ...«, flucht Zugführer Oberlechner. Er ist aus Andraz.

Die Frauen auf den Karren schweigen. Es gibt nichts zu sagen. Die Kinder treiben das Vieh vor sich her, und die Alten und Gebrechlichen sitzen auf Möbeln, Bettzeug und Familienfotos mit lachenden Gesichtern aus einer besseren Zeit. Eine ungewisse Zukunft erwartet sie. Der k. u. k. Leutnant hat ihnen versichert, dass ihre Flucht nur eine temporäre strategische Umsiedlung bedeutet. Die Alten sind sich voll bewusst, dass sie ihre Dörfer nie wiedersehen werden. Für einen Tiroler gleicht das Verlassen seines geheiligten Landes dem Verrat, deshalb packten sie einen Teil dieses heiligen Erbes auf einen Karren: die Bronzestatue der Katharina Lanz, »Das Mädchen von

Spinges«, Tirols Jeanne d'Arc und Schutzpatronin der Buchensteiner Standschützen. Hundert Jahre zuvor, Mistgabel in der Faust, versperrte ihre Katharina einem napoleonischen Bataillon den Weg nach Spinges. Im Augenblick der Not steht immer die heilige Maid den Tirolern zur Seite.

Dieser Augenblick ist nun gekommen. Das Dorf Andraz liegt bereits unter dem Feuer der langrohrigen Artillerie; Granaten explodieren auf dem Kirchdach, das Dorf verschwindet unter einer Decke aus schwarzem Rauch. Eine Wand stürzt ein, aber der Kirchturm steht trotzig, und die Angelusglocke läutete: »Gegrüßet seist du, Maria, voll der Gnade, der Herr ist mit dir. Du bist gebenedeit …«

Dann verstummt die Glocke. Der Gute Hirte ist nicht mehr – und der Teufel nahebei.

11

> Tagesbefehl von Italiens Oberbefehlshaber, 30. Mai 1915:
> »Beim Angriff auf die Dolomitenpässe wird erwartet, dass der Gegner mit lokalen Milizbanden isolierten Widerstand leistet. Solcher Widerstand wird mit scharfer Härte gebrochen.«
> Luigi Cardona

Kriege sind die Zeit für Improvisationen. Deshalb scheitert manchmal eine weit überlegene Macht an den einfachsten Hindernissen. Doch daran dachten Cadornas *Capitani* kaum, als sie Pläne schmiedeten. Sie hatten alles: Kraftwagen, Kanonen und Verpflegung. Und Männer, Männer und noch mehr Männer. *Alpini* und *Bersaglieri*, all diese Namenlosen. Sie erwartet Gefahr und vielleicht der kalte Tod. Und was kann der Soldat gewinnen? Die Siegerehre geht an die Fahne, der Ruhm gilt dem General.

Ein Offizier in der Uniform des »Genio« starrt auf den stockenden Soldatenstrom. Auf einer Landstraße, gerade breit genug für einen Ochsenkarren, über Holzbrücken mit verfaulten Balken, vorbei an Felswänden und rauschendem Wasser, einen Vormarsch mit modernen Waffen zu planen, war taktischer Unsinn. Gelasio Caetani ist kein Militärstratege, aber er ist ein Bauingenieur, der seinen Hannibal gelesen hat. Der Karthager hatte drei Dutzend Elefanten, nicht Hunderte von Fahrzeugen und tonnenschwere Kanonen.

Befehl ist Befehl, und Italiens Nordarmee ist im Anmarsch auf die Dolomiten. Eine motorisierte Schlange rumpelt durch verlassene Dörfer und überquert tiefe Schluchten auf wackeligen Holzbrücken. Soldaten mit staubbedeckten Gesichtern marschieren am Rand der Straße. Manchmal fährt ein Auto an ihnen vorbei, die dreieckige Standarte signalisiert einen Generaloffizier. Wann immer eine Holzbrücke unter der Last zusammenbricht oder eine Kanone bis zur Achse im weichen Boden versinkt, kommt die lange Kolonne ins Stocken. Dann setzen sich die Soldaten ins Gras, rauchen, dösen oder gehen hinter einen Busch. Die Pause dauert, bis das »Freiwilligen-Kommando« die Kanone aus dem Schlammloch geschoben hat. Zwischen »Halt!« und »Weitermarschieren!« kriecht die Kolonne langsam den hohen Pässen zu.

*

Auf Befehl des Kommandeurs der *Brigada Alpi*, Generalmajor Serra, wird ein starker Spähtrupp zusammengestellt, um einen Pfad zu finden, um die Tiroler Verteidigungslinie am Valparola zu umgehen und, sollte sich die Gelegenheit ergeben, die Stellung am Siefsattel zu durchbrechen. Zwei Züge *Alpini*, insgesamt ungefähr 150 Mann stark, brechen im Morgengrauen von der Dolomitenstraße auf. Typisch für die Verwirrung am Anfang des Alpenkriegs ist die Marschroute dieses Spähtrupps. Der Befehl lautet, nicht entlang der Dolomitenstraße vorzugehen. Zum zehnten Mal studiert *Capitano* Bruno Albertini die Landkarte, auf der italienische »Touristen« vor dem Krieg passierbare Bäche und Bergwege im Cordavoletal eingezeichnet haben. So wandern seine Männer schon seit Stunden durch den düsteren Wald, stolpern über Wurzeln, überqueren Bergbäche. Geheimhaltung steht über Tempo. Am Rande eines Bachs, auf keiner Karte eingezeichnet, finden sie einen Bauernhof. Seine Bewohner sind in großer Hast geflohen, denn es steht noch kalte Suppe auf dem Herd. Die müden Soldaten rasten; einige stehen Wache, während andere schlafen. Vom Gehöft führt ein Ziegenpfad steil bergauf. Bei Anbruch der Dunkelheit steigen sie auf. Zum Siefsattel.

Und damit nimmt der Kampf um die Passhöhen seinen Anfang …

12

Für jeden Rekruten beginnt der Krieg mit Arbeit: Schützengräben schaufeln, Stellungen bauen, Proviant und Munition in die Stellungen tragen. Nicht aber für den jungen Johann Irschara. Sein Krieg beginnt mit einem Knaller. Am 2. Juni wird er auf den Siefsattel abkommandiert, und zwei Tage später sieht er seinen ersten Feind aus der Nähe.

Tiefe Nacht. Ein 15-Jähriger steht auf der Wacht. Ein schürfendes Geräusch … genagelte Schuhe, die auf Stein scharren. Johann reißt das Gewehr hoch; die Kälte des Laufs fühlt sich versichernd an. Er starrt über den Stacheldraht, den steilen Abhang hinab … nichts! Aber dann bewegt sich doch etwas, kaum 30 Meter vor ihm …

»Halt – oder i schiaß!« Keine Antwort. Nochmals: »Halt!« …

Ein Schatten klettert auf den Draht zu, und etwas Schwarzes fliegt über Johann … Er wirft sich zu Boden. BOOOOM! Durch den Pulverrauch sieht Johann knapp zehn Meter vor sich einen Hut! … Er drückt ab … Ein Körper schnellt hoch, dreht mit ausgespreizten Armen eine Pirouette, Finger klammern sich in der Luft fest … ein dumpfer Aufprall. Ein Mann windet sich stöhnend am Boden: »*Aiuto … fratelli aiuto …!*«

»Alaaaaaarm! Welsche!«, brüllt Johann.

Entsetzt starrt ein 15-Jähriger auf die Todesqual seines ersten Opfers ... der Mann soll doch aufhören zu schreien! Johann hält sich die Ohren zu, doch der Verwundete schreit weiter, verflucht alles: »*Tirolesi, Austriaci ...*« Johann zieht durch ... drückt nochmals ab. Ein Toter rollt den Steilhang hinab, verschwindet in der Dunkelheit, als ob es ihn nie gab. Ein Bub erlebt zum ersten Mal die Brutalität des Krieges. Keine Gnade ... *Senza Pietà!*

»Mei Bua, jetzt bischt erst a rechter Standschütz«, kommt die Stimme seines Patrouillenführers, die des graubärtigen Fritz Zangerl. Dem Jungen bleibt keine Zeit, um Stolz oder Entsetzen zu fühlen, denn in diesem Augenblick explodiert die Welt um ihn herum. Granaten fliegen, Metallsplitter surren in roten Fäden durch die Luft, schwarzer Pulverqualm verdeckt den Blick. Das Warten ist vorbei.

Aus der Dunkelheit erschallt ein Befehl: »*All' attacco!*«

PLOPP! ... eine Leuchtkugel zündet hoch. Über dem Siefsattel geht der Vorhang auf. Der Steilhang ist in Bewegung. Dutzende von schattigen Gestalten kriechen auf den Stacheldraht zu. Es herrscht Chaos. Mündungsfeuer blitzen, Gewehre spucken Kugeln. Der Kampflärm ist verwirrend. Wer ist Feind und wer Freund? Nichts unterscheidet das Ballern der österreichischen Gewehre von jenen der Italiener. Im geisterhaften Schein der nächsten Leuchtkugel sind die anrückenden *Alpini* gnadenlos den Schüssen der Tiroler Scharfschützen ausgeliefert. Ihr Blei dezimiert den Feind. Nur wenigen gelingt es, den Kugelhagel zu durchbrechen. Von der Flanke kommt ein ohrenbetäubender Donner. Einer kleinen Gruppe von *Alpini* ist es gelungen, eine geballte Ladung unter dem Drahtverhau zur Explosion zu bringen.

Die nächste Welle von *Alpini* löst sich bereits vom Boden, klettert bergauf – und fällt! Die Schüsse der Tiroler sind zu präzise für einen Frontalangriff. Kugeln reißen Löcher in lebendes Fleisch, das Blut der Tapferen fließt den Hang hinab. Schon kommen mehr Feinde. Gewehre knallen. Granaten explodieren.

Männer sterben. Blutende Körper rollen in die dunkle Schlucht – ihr Grab. Für den Angreifer ist es ein Wettlauf mit dem Tod. Ihre einzige Überlebenschance ist durch die Lücke im Stacheldraht und hinein in den Graben der verfluchten Tirolesi. Die Kampfentschlossenheit der Italiener grenzt an Selbstmord. Hilferufe: »*Signore, proteggimi la mia vita* ... Gott beschütze meine Leben.«

Im grellen Licht der Leuchtrakete gefangen steht – wie eine gefrorene Statue – ein italienischer Offizier. Mit erhobener Pistole winkt er seine Männer vorwärts. »*Avanti! Avanti ragazzi!*« Alle, die noch klettern und kriechen können, folgen seinem Befehl. Sie haben keine Wahl. Granaten zerplatzen in ihrer Mitte; wie ein Schwarm wütender Wespen zischt der Schrapnell knallrot durch die Nacht. Die ersten *Alpini* sind nahe am Draht. So zielsicher die Tiroler auch schießen, ihre Lage wird unhaltbar. Ihre Gewehre überhitzen, ihr Vorrat an Kugeln ist nahezu erschöpft. Eine Granate fliegt über den Stacheldraht und explodiert an Johanns Steinmauer; er sieht den Blitz, spürt die Hitze, aber er selbst bleibt unversehrt. Verwundete schreien um Hilfe: »Mi hat's erwischt ...!«

Die Ersten der unglaublich tapferen *Alpini* erreichen den österreichischen Graben, und mit blanken Bajonetten rollen sie die Verteidiger auf. Allen voran ein Leutnant. Seine Pistole spuckt eine Flamme, die Kugel trifft einen bärtigen Tiroler. Dieser fasst sich mit den Händen an den Bauch und sackt langsam zusammen.

Mit dem Fall eines Teils des Frontgrabens der Felsenwache ist das ganze Grabensystem am Siefsattel in Gefahr. Ein weiterer Zug von *Alpini* klettert bereits den Hang hinauf. Für die noch verbleibenden 20 Tiroler ist die Situation kritisch, wenn nicht bereits hoffnungslos. Der nächste Angriff – und der Graben ist verloren. Gnade ist keine zu erwarten.

Was nun geschieht, ist einer dieser Momente, die Zaudernde von Tollkühnen trennt. Patrouillenführer Zangerl schwingt sein Gewehr über dem Kopf und brüllt: »Auf, Buam! Jag'n ma die Welschen übern Berg obi! Mir nach!«

Der 15-jährige Johann Irschara bekreuzigt sich: »Himmelvater, steh mir bei. I bin so guat wia tot.« Er hat nichts gegen die Welschen. Aber jetzt muss er ihnen über den Schädel hauen. Mit einem Brüller und einem Gebet wirft sich der Jugendliche über den Grabenrand und rennt wie besessen hinter seinen Kameraden auf den Feind zu … ihre Füße stampfen und ihre Lungen brennen. Einige stolpern, fallen. Vor ihm läuft sein Schulfreund Hansi Nussbaumer, wirft die Arme hoch, die Feldmütze und der halbe Kopf fliegen weg, Blut und Gehirn spritzen Johann ins Gesicht. Der Schock entscheidet die nächsten Momente für den 15-Jährigen.

»Da habt's es für'n Hansi«, brüllt Johann. Er ist nicht zu halten; er trampelt über Verwundete und Leichen, wirft Granaten. Alles um ihn herum ist Brüllen, Schlagen, Schießen, Stechen. Der Tiroler Gegenangriff trifft auf die Italiener mit der Brutalität steinzeitlicher Menschen. Dutzende sterben im Ansturm. In dieser brutalen Kolbenschlägerei, dieser Bajonettstecherei, stolpern Schattengespenster herum, kriechen wie Käfer am Boden. Sie röcheln ihren letzten Fluch, rufen zu ihrem Gott. Ein bärtiger Enneberger schickt zwei Turinesi in den Tod, bevor ihn ein Bajonett so tief aufschlitzt, dass ihm der Darm platzt … Der junge Johann steht inmitten dieses Gräuels; seine Wut macht ihn zur Vernichtungsmaschine, einem Killerroboter. Seine Kugeln schlagen in den Feind ein wie die Axt ins fette Schwein; es ist dieser dumpfe Aufschlag, dieser Ton, der sich für immer in sein Gehirn brennt.

Alpini-Leutnant Carlo Pierri, bis jetzt die leitende Kraft, wird von einem Granatsplitter in der Brust getroffen. Er taumelt, Blut strömt aus seinem Mund, er stolpert. »*Avanti* …«, keucht er. »*Avanti* …« Ein Tiroler schießt ihn aus nur drei Meter Entfernung nieder.

In ein paar Augenblicken des blutigen Wahnsinns haben die Tiroler den Graben zurückerobert. In diesem Morast aus Blut, zerfetzten Uniformen und zerschmetterten Knochen steht ein 15-jähriger Bub. Sein Hirn hat abgeschaltet. Der beißende

Dampf zerplatzter Därme brennt in seiner Nase und bringt ihn zurück zur Realität. Er hört eine kraftlose Stimme, sieht seinen Patrouillenführer am Boden, der mit blutigen Händen seine Eingeweide hält. Er hustet, und frisches Blut strömt zwischen seinen Fingern hindurch.

»Mei liaba Gott ...«, flüstert der alte Zangerl, »steh mir bei, i bin no net bereit ...«

Zitternd greift er nach Johanns Hand, zieht ihn zu sich und legt die Lippen an das Ohr des Jungen. »I beicht zu dir und sag alles dem Herrn Pfarrer, versprich's mir ...« Seine Worte werden langsamer, er kämpft um jedes Wort: »Gott soll mir die Sünden vergeben ... hörst mi, Bua ...?«

Johann nickt. Ein Krächzer ... und Zangerl's Augen starren blind in die Nacht ...

Johann greift nach der Wasserflasche, schluckt, fällt auf die Knie – und kotzt. Für den 15-Jährigen ist es unvorstellbar, was so viele in so wenigen Augenblicken mit dem Leben bezahlen mussten.

»Wozu all die Opfer?«, will er schreien. Aus Wut, Angst, Hoffnungslosigkeit.

Das Schlachthaus am Siefsattel gibt ihm keine Antwort.

13

Mut, Tapferkeit, Patriotismus ... auf diese Art zu kämpfen ist männlich und heldenhaft, aber dennoch grässlicher Wahnsinn. Die Italiener kommen nicht einen Meter weiter. Ihr Opfergang für *»la Patria«* zählt für nichts. Es war eine irre Abschlachterei. Auf ein Dutzend gefallene Italiener kommt ein toter Tiroler. Johann hilft beim Grabschaufeln. Erstaunlich, wie tief »zwei Meter unter der Erde« wirklich ist. »Gott hab' sie alle selig.«

Dabei wird dem Jungen klar, dass er aus diesem Krieg nicht heil herauskommen wird. Dieser verfluchte Berg wird zu seinem Golgota. Gemeinsam mit den Überlebenden sucht er Trost. In Danksagung an den Herrn fallen sie auf die Knie.

»Heut' ist mir der Himmelvater beig'standen, welch selig Glück ...«

Eine bärtige Großvaterfigur legt den Arm um seine Schulter: »Mei' Bua, net alles Glück kummt vom Himmel.«

An diesem Abend versendet *Alpini-Capitano* Bruno Albertini Briefe an die Ehefrauen der *Soldati* Pietro Colleta, Giacomo Tomaso Romano Alessandri, Giovanni Mancinelli und viele andere im Piemont, der Lombardei und der Toskana. Dem *Tenente* Carlo Pierri wird die *Medaglia Al Valore Militare* posthum verliehen.

Eine ähnlich schwere Aufgabe untersteht dem Tiroler Standschützenmajor Franz Kostner. Seine Briefe gehen an die Frauen und Mütter von Patrouillenführer Fritz Zangerl, Standschützen Johann Seeber, Josef Gatterer, Stefan Gräber, Mansueto Palla, Josef Wurzer, den Brüdern Michael und Emil Crazzolara, Franz Moser, Hansi Nussbaumer ... »Ich bedaure, Ihnen mitteilen zu müssen ...«

Heute sind sie der Heimats Helden. Morgen sind sie nur Bauern unter einem Holzkreuz.

14

Frauen zahlen in jedem Krieg für die Sünden anderer. Mütter und Witwen tragen die Last der Einsamkeit und des Schmerzes. Während sich die Männer, Österreicher und Italiener, tägliche Gefechte lieferten, wird den Frauen klar, wie schrecklich ein Krieg ist und wie hilflos sie sind. Die Welt ist krank, die Zukunft düster. Mit schwarzen Kopftüchern pilgern die Frauen täglich in ihre Gebetshäuser. Ihre Wangen sind fahl und bleich, ihre Stimmen müde. Das Abbild einer heiligen Madonna, hinter einem Wald von flackernden Kerzen, ob in einer Tiroler Dorfkirche oder im Mailänder Dom, blickt schweigend auf die Frauen herab, die vor dem Altar knien.

»Oh Herr, lass Deine Güte walten.« In ihrer Verzweiflung beten sie um Hilfe, flehen zum Allmächtigen, ihre Kinder so zu umarmen wie die Mutter ihr Kind. Mütter in Tiroler Dörfern und Mütter in Italiens *Villaggi* beten. Sie alle beten zum selben Gott, denn der Herr kennt keine nationalen Grenzen.

»Vater unser …«, die Tiroler und *»Padre nostro …«*, die Italiener, »beschütze mein Kind.«

*

Mutter Irschara sitzt benommen in der Stube. Ihr Vinzenz ist weg – und auch ihr Jüngster, der Johann. Ihre kleinen Buben, für die sie gestern noch die Socken gestopft und die Hosen geflickt hat. Sie fühlt sich verlassen. Die Stille, diese Leere im Haus, sie ist erdrückend. Die alte Wanduhr tickt – Minuten und Stunden. Nach einer Weile gibt sie ihren Tränen freien Lauf. Für Mutter Irschara – und alle Frauen wie sie – werden die Tage lang und die Nächte länger. Jeden Morgen, noch bevor sie das Vieh füttert, nimmt sie ihren Rosenkranz, den sie über die Fotos ihrer beiden Söhne drapiert hat, neben der Vase mit dem getrockneten Edelweiß, die ihr ihre Kinder gepflückt haben, und kniet vor dem hölzernen Kruzifix, das der Vater einst geschnitzt hat. Sie betet zu Gott, dem Allmächtigen, er möchte ihren Vinzenz und Johann bewahren. In den kommenden Wochen und Monaten wartet sie in täglicher Furcht auf den Postboten: »Gefallen für Gott und Vaterland …«

Ein Pfad zu steil

»Hannibals Alpenüberquerung 218 v. Chr. ist eine der meist gefeierten Errungenschaften in der langen Geschichte der Kriegsführung.«
Titus Livius, römischer Geschichtsschreiber, 59 v. Chr.–17 n. Chr.

1

Tenente-Generale Marinis Tagesbefehl an seine Divisionäre und Brigadieri lautete:
»Unser Hauptziel ist die Pustertalbahnverbindung bei Brunico (Bruneck). Dieses Ziel wird mit einem Durchbruch über den Valparolapass erreicht. Ich verlange, dass jede Einheit ihre Pflicht heroisch erfüllt. Feigheit vor dem Feind wird nicht geduldet.«
Marini, *Tenente Generale*, 9. Italienisches Korps

Die *fronte dolomitico* war *Tenente-Generale* Pietro Marini vom 9. Italienischen Korps untergeordnet. Er verfügte über 50.000 Mann – zwei Divisionen mit einem Artilleriepark und Tross. Ihm gegenüber standen 5000 Österreicher, meist Tiroler Dorfmiliz, und nur wenige Geschütze. Doch zählten die Tiroler auf zwei Schutzherren: Gott und ihre Berge. Alsbald wurde es den Ennebergern klar: Sie waren jetzt die Vorfront.

Die Bataillone der 17. Division bereiteten sich auf den Sturm auf die Passhöhe vor. Seit einer Woche lagerten die Einheiten am von den Tirolern aufgegebenen Falzaregopass. Es blieb nur noch ein letztes Hindernis, der Valparolapass (2192 m), bevor Cadornas Armeen das Kernland Tirol überfluteten. Gruppe Drei unter Generalmajor Serras *Brigada Alpi*, die stärkste der drei Gruppen, mit dem 51. und 52. Infanterie-Regiment, und unterstützt von Generalmajor De Bernardis *Brigada Calabria*, wurde die Erstürmung des Valparolapasses zugeteilt.

Die Stimmung in der Offiziersmesse der 17. Division ist aufgeregt, jeder will mit seiner Einheit als Erster die Passhöhe am Valparola erreichen. »Die *Austriaci* haben hier nur eine lichte Reihe an Schützen auf der Passhöhe belassen. Auf diese schwachen Posten werden unsere Sturmbataillone stoßen.« Sie sehen es als einen Morgen ehrlicher Soldatenarbeit, da sie nicht berücksichtigen, dass vom Falzarego nur eine schmale Schotterstraße auf den Valparola führt. Ein rumpeliger Weg, umringt von der zauberhaften Welt der Dolomiten, zieht sich in steilen Kurven zwischen den schroffen Wänden des Gran Lagazuoi und des Hexensteins bis auf die Passhöhe. Der Weg ist für Ochsenkarren und die wöchentliche Postkutsche bestimmt, nicht aber für Stahlräder der tonnenschweren Kanonen. Loses Geröll macht den Aufstieg neben der Straße äußerst schwierig, wenn nicht unmöglich. Die Passstraße ist im besten Fall für eine Truppe in Kompaniestärke manövrierbar, aber niemals für drei Bataillone in Angriffsformation.

Die Entscheidung über den Beginn der Valparola-Aktion trifft in den Hauptquartieren ein: der Fronleichnamstag, ein großer Festtag des Herrn auf beiden Seiten der Front. Cadorna und seine Taktiker stehen kurz vor ihrer Endprüfung in einem Gebirgskrieg; dieser hat schon bessere Strategen als sie gebrochen. Sie weigern sich, aus der Geschichte zu lernen, und ihre Unwissenheit, was sie zwischen senkrechten Felswänden auf einer engen Passstraße erwartet, ist verblüffend. Jedoch ihr Kapitalfehler ist es, einen hoch motivierten Feind zu unterschätzen. Das italienische Oberkommando erwartet, dass allein der Aufmarsch seiner weit überlegenen Einheiten die Handvoll Tiroler zur kampflosen Aufgabe des Valparolapasses zwingen wird. General Marini befiehlt, mit viel Hurra und blanken Bajonetten die Passstraße im Schritt hinaufzumarschieren, und zwar im hellen Tageslicht: »... sodass der Feind unsere volle Macht sehen kann, die Flinten wegwirft und davonläuft.« Noch dazu hatten weder Marini noch die Kommandanten seiner Truppe die geringste Ahnung, wo die *Contadini tirolesi* (Tiroler Bauern) liegen, wie viele es sind oder über welche Waffen sie verfügen. Ein Blinde-Kuh-Spiel, das ins Auge gehen musste.

2

Die alten Tiroler sprachen viel über die französische Pest zur Zeit Andreas Hofers, über die Schlacht am Bergisel und den glorreichen Sieg der Bauern über Napoleons Bataillone. Viel hatte zu tun mit ihrem Glauben an den Allmächtigen. So, zum Beispiel, nach der Schlacht am Bergisel, als die siegreichen Bauern ihren Andreas Hofer auf ihre Schultern hoben. Er aber richtete seinen Blick zum Himmel und sprach:

»I net, ihr net, der da oben war's.«

Aber jetzt sind sie sich bewusst, dass eine Konfrontation mit dem Feind nun unvermeidlich ist. Ihr Artilleriebeobachter am Lagazuoigipfel berichtet schon seit Tagen über eine Ansammlung feindlicher Massen am Falzaregopass. Vom Falzaregopass zum Valparolapass sind es knappe drei Kilometer. Aber drei Kilometer steil bergauf.

Die erste Kompanie der Enneberger Standschützen, ein zusammengewürfelter Haufen von 178 älteren Männern und jungen Burschen, legt in großer Hast eine Sperrstellung quer über den Valparolapass. Eine Steinmauer, der Natur angepasst, damit sie wie ein Teil der Steinhalde aussieht. »Baut's es guat und stark, denn wir steh'n dahinter – und vergesst ja net, der Herrgott ischt allaweil mit dem, der hinter einer dicken Stoanmauer steht. A Stoan kann euch das Leben retten ...«

Verstärkung kommt im richtigen Augenblick von Buchenstein und Corvara.

»Vor drei Tagen begannen die Welschen, unsere Tre-Sassi-Feste zu bombardieren«, schrieb Standschütze Ellecosta[3]: »Ich dachte, nach dem Feuer sei in der Festung niemand mehr am Leben. Als wir dann hineinmarschieren, um die Gefallenen zu ersetzen, finden wir alle gesund. Kaum haben wir uns niedergelegt und den Rosenkranz gebetet, schon schlagen wieder Granaten ein. Das Feuer hält die ganze

3 G. Obwegs, »Aus dem Tagebuch des Standschützen Ellecosta«

Nacht und den kommenden Tag an. Die Feste Tre Sassi ist zwar außen beschädigt, nicht aber in Schutt geschossen. Das Schlimmste dabei ist, die schießen auf uns – und wir können nicht zurückschießen ...«

Ein Frontsoldat kennt den mentalen Stress; mit der Kugel im Lauf will er sich für seine nervliche Qual revanchieren, aber daran ist er gehindert, denn wer in einem Bunker sitzt, kann den Feind nicht sehen. Das Feuer der schweren Geschütze ist auf die Tre-Sassi-Festung konzentriert. Ihre Steinquader beweisen, dass Dolomitgestein stärker ist als die Stahlgeschosse der Haubitzen. Nach zahlreichen Einschlägen auf der Kopfmauer der Festung bleiben ihre vier 100-mm-Revolverkanonen unversehrt. Die Schrapnellkartuschen können also die Passstraße und die Halde abstreifen und den Standschützen wertvolle Unterstützung geben.

Die Aufgabe des Standschützenmajors ist taktisch und psychologisch. Kostner hat keine Offiziersausbildung, dafür aber ist er vertraut mit dem Gelände und kennt die Mentalität seiner Männer. Er ist dazu da, den Männern Hoffnung zu geben und die Kampfmoral zu bewahren. Zugegeben, Tiroler sind bekannt als gute Schützen – aber das Ballern auf Holzscheiben oder einen Bock hat sie nicht auf das Abschießen von Menschen vorbereitet. Wenn es zum Kampf kommt, wie viele werden zielen und abdrücken – wissend, dass ihre Kugel das Leben eines Mannes auslöscht? Und das ist eine schwer zu tragende Last. Werden sie gezielt schießen? Dies kann zum entscheidenden Faktor werden, einem, der nicht vorherzusehen ist.

»Mander, wia vül' wir a abknallen, es wird kein Sieg. Die da drüben hab'n mehr, viel mehr, und sie 'ird'n no' mehr gegen uns aufstellen. Uns bleibt ka Wahl. Vor uns der Feind und hinter uns das Dorf. Denkt's daran, Mander, wann 's abdruckt's.« Jeder Berg, jeder Gipfel gilt für sie als eine Fahne, die sie bis zum Herzblut verteidigen werden, solange noch ein Schütze den Abzug seines Gewehrs betätigen kann. Das Festklammern an jedem Stück Tirols ist ihre heilige Pflicht.

»I stirb' liaba hier ob'n als zuaz'schau'n, wia der Welsche mei Haus anzün't«, drückt einer offen aus, wie sie alle fühlen. Als Tiroler werden sie kämpfen und als Tiroler sterben.

3

»*Attenzione!*« Die Offiziere in den Kirchenbänken springen auf. Sie sind nicht zum Gebet in der Kirche, aber es ist der größte Raum im Dorf. *Maggiore Generale* Pancali zeigt mit seinem Stock auf eine an die Wand genagelte Feldkarte.

»*Il Passo Valparola gli la sfortezza Tre Sassi* – der Valparolapass mit der Tre-Sassi-Festung. Der Frontalangriff wird von drei Bataillonen ausgeführt. Beginn der Operation: 6.30 Uhr! Eine *avanguardia* von zwei *Alpini*-Kompanien entlang der Passstraße, um Hindernisse zu deaktivieren ...«, und der Generalmajor endet mit: »*Signori*, ich erwarte Sie morgen Mittag am Valparolapass. *Viva la patria. Vittoria.*«

Er lässt den Offizieren keine Zeit für Fragen. In der Dunkelheit marschieren Kampfformationen der *Alpini* und *Bersaglieri* vom Falzaregopass ab.

Was immer Kostner an Männern hat – und es sind nicht mehr als 200 –, das verschanzt sich hinter herumliegenden Felsen und der hastig aufgestapelten Mauer aus Steinen. Weitere 80 Scharfschützen liegen gegenüber Kostners 200 hinter einer Steinbarrikade am oberen Ende einer Wand. Zusätzlich haben die *Contadini*, die Bauern, wie die Italiener sie nennen, noch eine Überraschung vorbereitet: An den steilen Halden des Lagazuoi legen sie Dynamit unter massive Felsblöcke. Die Lage ihrer Vorhutstellung entspricht zwar nicht der militärischen »Bibel«, aber für Dienstvorschriften haben sie kaum Zeit. Von unten gesehen sind es einige von der Natur wild zusammengewürfelte Felsbrocken hoch über der Straße; aber sie bieten den Tirolern ein freies Schussfeld auf die zweite Steilkehre der Serpentinenstraße. Aus 150 Meter Entfernung ein sicheres Ziel für jeden

Scharfschützen. 80 Enneberger unter Zugführer Franz Oberlechner liegen verschanzt hinter diesen Felsen.

Franz Oberlechner, der Moarhofbauer, ist 67 Jahre alt und stark wie ein Ochse, zumindest sieht er so aus. Aber seine Knochen knarren, seine Sehnen sind überspannt, und seine Lunge schmerzt bei jedem Atemzug. Jeder Schritt und jede Bewegung fühlen sich an, als wären es seine letzten. »Du gehst zu schnell«, faucht er einen Jungen an, während er schnaufend aufsteigt.

»Falsch, Herr Zugführer, du gehst z' langsam ...« Diese Lauser! Freche, unreife Kinder, das sind sie. Und mit solchen Säuglingen muss er Männerarbeit ausrichten. Der Moarhofbauer tut seine Pflicht; die Heimat hat ihn gerufen und – frech oder nicht – seine Buam brauchen ihn. Er spricht nur, wenn es um Milchkühe geht oder ums »Welschenschießen«. Franz ist ein frommer Mann, der sonntags in die Kirche geht, und nachdem er die Vergebung des Herrn empfangen hat, ins Wirtshaus zieht und andere über Politik diskutieren lässt.

Einst im Herbst, nachdem er sein Heu eingebracht hatte, fand Oberlechner einen lukrativen Nebenerwerb. Sein Hof lag nahe der Grenze zweier Länder mit unterschiedlichen Zollsteuern, besonders für Salz und Tabak. Zusätzlich erweiterte er diese Aktivität, indem er jenen, die auf der Flucht vor dem Gesetz waren, das Land zu wechseln. Schleimige Buchhalter und Ganoven zahlten besonders gut. Seine nächtlichen Grenzausflüge wurden legendär: Der »Gamsbock« kannte jeden Pfad, jede Spalte. Standschützenmajor Kostner war sich der Identität dieses mysteriösen Gamsbockes bewusst und zählte auf die List dieses Meisterschmugglers. Er ernannte ihn zum Zugführer, obwohl sein Wissen über taktische Kriegsführung darauf beruhte, dass die Welschen italienisch reden und Rabenfedern auf ihren Spitzhüten tragen.

»So, Franzl, wia schaut's bei dir aus?«, will Kostner wissen.

Zugführer Oberlechner starrt ihn mit grimmiger Mine an: »Was soll i da schon sag'n. Nix guats. Was wüllst, das i mit meinen Nachwuchshelden anfangen soll? I kann diese Hosenscheißer do' net heut' in Soldaten verwandeln. Wie kannscht erwarten, dass i die Welschen mit 80 Buam aufhalt'?«

»Jung sans scho', aber schiaß'n können 's alle. Und des ischt, was zählt«, erwidert der Major, »I kann dir net helfen. Niemand kann. Unser Befehl heißt, bis zum letzten Mann stehen. Tua halt dei Bestes, und wann's nimmer geht, dann nimm deine Buam und kumm zu uns aufi.«

»Herrgottsakrament, Postwirt«, flucht der Alte, ohne seinen Vorgesetzten mit dem respektvolleren Herr Major anzusprechen, »auf uns kommt ein Bataillon zu. De san z'mindest 800, und wir san 80.« Dabei geht seine Rechnung nicht auf. Es ist kein Bataillon, und es ist kein Regiment. Es ist eine volle Division Infanterie des italienischen Königreichs, das auf ihn zukommt.

4

Frühmorgens, Fronleichnamstag 1915. Die Nacht im Freien war kalt, aber jetzt scheint die Sonne auf die Gipfel. Die Kalkfelsen des Gran Lagazuoi stehen weiß vor dem wolkenlosen Himmel. Auf einem Fleckchen Gras blüht schon der blaue Enzian. Ein Edelweiß klammert sich in eine Felsritze. Vinzenz Irschara konzentriert seinen Blick auf die edelste Blume der Alpen. Er weiß, solange er dieses Symbol der Berge – und der Standschützen – sieht, kann ihm nichts geschehen. Rundherum hocken die Tiroler nach vorne gebeugt, mit den Ellbogen auf den Knien und dem Kopf in den Handflächen. Ihre Augen funkeln mit nichts Gutem im Blick für die anmarschierenden Männer. Heute ist der große Tag. Dem Lärm nach ist der Welsche noch weit unten an der kurvenreichen Straße. Sehen können sie den Feind nicht, denn der Sattel zwischen dem Falzarego und dem Valparola ist von dichtem Nebel verhüllt.

Oberlechner ist fest entschlossen, seine Buam gut durch die erste Runde zu bringen. »So, Buam, jetzt hört's mir guat zu. Wann der Feind in unsre Näh' kummt, wackelt keiner von euch mit 'm Ohrwaschel, selbst wenn euch die Biene am Arsch beißt.

Wenn dann die Welschen z'samg'staut in der Kurve steck'n, dann lass ma los. Wartet's auf mein' Schuss.«

»Zugführer, hascht a Ahnung, wie viele da kumman?« fragt einer der letzt Angekommenen, von Beruf Schneider.

»Mehr halt scho' wie mir.«

»Wir sollten hier raus.«

Oberlechner wird rot im Gesicht. »Und wohin willst denn rennen?«, knurrt er.

»Schau, Zugführer. Ich hab' a Frau und zwoa kleine Kinder …«

»Und ich hab' vier Töchter und neun Enkelkinder, und ich renn' nirgendstwohin. Und du a net. So halt dei' Maul, du Scheißer.«

»Wohl g'sagt, Moarhofbauer. Hier stehen wir, uns bleibt ka Wahl«, nickt Vinzenz Irschara. »Der Herr ist mit uns. Ischt das net so, Zugführer?«

Oberlechner schüttelt den Kopf. Diese Buben. Das hat ihnen der Hochwürden eingeredet. Unschuldig ist er, der Bub, aber nicht naiv. Er sieht es an der Art, wie er sein Gewehr hält, schön ausbalanciert und mit ruhiger Hand. Dieser 17-Jährige ist in seinem Tal als einer der besten Schützen bekannt, sogar hoffnungsvoller Aspirant der Gadertaler Jungschützen beim jährlichen Wettschießen in Innsbruck … Ja, der Bub ist gut – ist er aber für einen Krieg vorbereitet? Und nun will er wissen, ob er auf den Beistand des Herrn zählen kann.

»Bua, 's ischt besser, du zählst auf dei' G'wehr als auf den Allermächtigen da oben.«

»Wie lang no', Zugführer?«

»A Stund' hab'n wir no' Zeit, mehr sicher net.«

In einer Stunde kann viel passieren. Es ist die Angst vor dem Ungewissen, die Vinzenz keine Ruhe lässt. Er ist sich bewusst, dass die Schießkunst allein ihn nicht auf einen Krieg vorbereitet hat. Auf dem Schießstand kann jeder danebenschießen, was Spott und Gelächter zur Folge hat. Im Krieg aber ist kein Platz für Spott – und kein Pokal zu gewinnen. Gezielte Schüsse zählen – und der Tod des Feindes. Sein jüngerer Bruder Johann hat schon Blut gerochen, vor ein paar Tagen drüben am Siefsattel. Vinzenz starrt in den Nebel, der sie wie ein weißes Leichentuch umschlungen hält. Ein Streifen Sonnenlicht bricht durch und enthüllt Bewegung auf der unteren Passstraße. Vinzenz und alle um ihn herum starren gebannt durch den dünnen Nebelschleier. Er tut sein Bestes, um den Druck auf seiner Blase zu ignorieren, denn dies ist nicht gerade der beste Moment, um die Hose aufzuknöpfen.

Augenblicke später tritt der Feind aus dem Nebel hervor.

Der Feind ist im Anmarsch auf Tirol!

5

Für Standschützenmajor Kostner hat der Morgen nicht gut begonnen. Er ist sich bewusst, dass er nicht über genügend Männer verfügt, um seine improvisierten Steinbefestigungen zu besetzen. Dann aber kommt ihm die Natur zu Hilfe. Im dichten Nebel gelingt es 210 Männern an den italienischen Wachposten ungesehen vorbeizukommen: 80 aus Enneberg, 30 aus Corvara und 100 aus Buchenstein. Die bringen nicht nur Gewehre, sondern außerdem Holzkisten mit Mauser-Munition. Wie Kostner es nun sieht: Seine Schützen schießen rund 500 gut gezielte Kugeln pro Minute. Damit können sie der feindlichen Kolonne auf der Passstraße schwere Verluste zufügen und – hoffentlich – zum Stehen bringen.

Was ein Tiroler Standschützenmajor nicht ahnen kann, ist der monumentale taktische Fehler eines italienischen Kommandeurs, der seine Kompanien in breiter Angriffslinie aufstellen lässt. Damit präsentieren sich die Italiener vor den Gewehren der Scharfschützen wie Stehaufmännchen in einer Schießbude. Die *Alpini*-Kompanie des *Tenente* Caroli steht quer über den Hang und wartet auf ihr Signal. Als die Pfeifen trillern, küsst *Sergente* Franco Rossi das Medaillon der heiligen Jungfrau und klettert mit seinem *plotone* zwischen niederen Alpenrosensträuchern und losen Felsblöcken den Passhang hinauf. Der Höhenwind hat den Nebel weggeblasen, die Sonne scheint, die Berge zeigen sich in ihrem prachtvollsten Glanz – und kein *Tirolese* ist in Sicht. Fast könnte man glauben, dies wird ein schöner Fronleichnamsausflug ins Hochgebirge.

»Irgendetwas stimmt hier nicht«, *Tenente* Caroli spricht laut aus, was alle befürchteten. »*È troppo tranquillo* – Es ist zu ruhig.«

Im Krieg läuft immer etwas schief. Besonders dann, wenn man darauf nicht vorbereitet ist.

Sergente Rossi blickt auf den Hang und auf die umliegenden Felswände, aber sieht nirgendwo Bewegung, »*I tirolesi sono scappati* – Die Tiroler sind weggerannt …«

Aber siehe da, vor der Passhöhe rennen die Vorrückenden gegen eine – wenn auch dünne – Mauer aus Menschen. Ruhig zielen diese, die Weggerannten, das rechte Auge eiskalt über Kimme und Korn – und warten. Noch 200 Meter … 150 … Es bedarf einer gesunden Nervenstärke bei den Buben, um nicht loszuballern. Noch 100 Meter … Oberlechner drückt den Abzug. Ein Schuss, und die Welt der Italiener wird zum Inferno. Ein wütendes, mahlendes Feuer peitscht und tobt. Jeder Schuss ein Treffer. Aus ihren Verstecken pumpen die Standschützen Blei in die aneinandergereihten Italiener. Sie fallen um, einer neben dem anderen.

»Unter unseren Leuten befanden sich verwegene und entschlossene Gämsenjäger und ausgezeichnete Schützen«, schreibt später der Standschützenmajor in seinem Bericht[4]: »Viele von ihnen waren fast noch Kinder. Da waren der Bub vom Campidellbauer: Jung war er, aber konnte der schießen! Kurz zuvor hatte er mich noch gefragt, ob wir schon verloren wären. ›Mei Bua, hab' i g'sagt, z'rück kenna ma net. Und vor-

4 »Dolomitenwacht«, k. u. k. Infanterie – Gruppendivision Pustertal 1915/16

wärts a net. So bleib' ma hier.‹ Dann hob sich der Nebel, und für uns war die Aussicht frei. Hunderte, vielleicht Tausende von Italienern sah ich den Hang heraufklettern … Der erste Schuss kam von Oberlechners Vorhut, und dann ging es so richtig los … Auf die geringe Entfernung war jeder Schuss ein Treffer, und ruhig schossen unsere Schützen. Auf so einen Empfang war der Welsche wohl nicht gefasst. Es gab ein Schreien und Jammern. Dies war die Feuertaufe des Standschützenbataillons Enneberg …«

Sergente Rossi hat bereits die obersten Steinquader der Festung Tre Sassi im Blick, als die ersten Schüsse krachen. *Tenente* Caroli hebt seine Pistole und brüllt: »*Avanti!*« Er ist einer der Ersten mit einer Kugel im Kopf. Rund um Rossi fallen die *Alpini*. Sie schreien, stöhnen, kriechen hinter einen Stein; sie rollen bergab und bleiben an Alpenrosensträuchern hängen. In nur wenigen Minuten ist die erste Angriffswelle dezimiert.

Im Gegensatz zu den von Steinmauern geschützten Tirolern sind die *Alpini* und *Bersaglieri* den Kugeln der Tiroler Mannlicher ausgeliefert.

Tiroler, kämpf! Du weißt, worum es hier geht. Um die unten im Tal. Dein Kind. Kämpf! Der Standschütz' schiebt einen neuen Fünferrahmen in die Gewehrkammer, zielt und drückt ab.

Der erste Ansturm auf den Valparola bricht blutig zusammen.

6

Der groß angelegte Dolomitendurchbruch ist im Gang. Im Hauptquartier der italienischen Streitkräfte starrt *Generale* Cadorna fixiert auf seine große Landkarte. Noch stehen die Meldungen aus. Kein Zweifel, Marinis Divisionen packen hartnäckig zu. Er wird den Durchbruch über den Valparola erzwingen. Ja, das wird er, der grimmige Marini … aber immer noch keine Siegesmeldungen – besorgte Ungewissheit.

Was sich um diese Stunde an der nebelfreien Front abspielte: Für die italienischen Einheiten, die am Passhang hinter Felsblöcken verzweifelt Schutz suchen, erwacht plötzlich die blutige Realität des Krieges. Sie sind nur noch einige 100 Meter von der Passhöhe entfernt, als die Kugeln fliegen. Kaum schlägt die erste Salve ein, ist die zweite bereits auf dem Weg. Fünf Kugeln in Folge, multipliziert mit 80 bis 100 Gewehren, und dahinter je ein erfahrener Schütze! Dennoch wagt niemand das Signal für den Rückzug zu geben. Das Wort *ritira* wird in italienischen Militärakademien nicht gelehrt. Die Ausbilder denken nie daran, dass viele Schlachten durch blinden Gehorsam auf Befehle wie »*Avanti!*« verloren gingen. Alle, die den ersten Kugelhagel überlebten und dann keine Deckung fanden, werden nun zum ausgewählten Ziel der Scharfschützen.

Vinzenz Irschara wird sich einer der grundlegenden Wahrheiten des Lebens bewusst: »Rechne immer mit dem Schlimmsten.« Seine Hoffnung, voreilig und naiv, dass die Verluste des ersten Angriffs den Willen des Feindes gebrochen hätten, erweist sich als irrig. Mehr *Alpini*-Eliten sind bereits im Anmarsch. Gut ausgebildet, bauen sie auf ihre überlegene Feuerkraft, und sie beweisen Elan. Nur in diesem Fall hilft Tapferkeit wenig; in den wackeren Tirolern treffen sie auf ihresgleichen.

Vinzenz schießt, zieht den Bolzen zurück und schießt erneut. Zwei gezielte Schüsse in 20 Sekunden. Es ist, als ob der Engel der Rache vor ihm erschienen wäre und ihm geboten hätte, dass alles in einem Umkreis von 100 Metern ihm gehöre. Dumm und jung, wie er ist, steht er ungedeckt und hört nicht die Kugeln vorbeipfeifen. Als 17-Jähriger fühlt er sich unsterblich.

»Runter, Bua«, schreit Zugführer Oberlechner, »auf' m Bauch!«

Kaum ist Vinzenz am Boden, folgt eine ohrenbetäubende Explosion … Vinzenz fühlt sich, als hätte ihn ein Stier getreten. Langsam findet er zurück ins Bewusstsein …

Der Angriff ist noch nicht zu Ende. *Maggiore Generale* Pancali muss den Pass um jeden Preis erobern! Verluste zählen nicht. Sein erstes Bataillon ist stark angeschlagen und hat kaum die Kampfkraft einer Kompanie. Das Gelände macht Unterstützung von der Seite aus unmöglich. Das Angriffsfeld ist scharf begrenzt. Frische Einheiten werden in den Kampf geschickt, allen voran ihre Offiziere mit gezogenen Pistolen. In dichten Formationen rücken *Bersaglieri*-Kompanien der Straße entlang auf. Eine Infanteriekolonne, die ihren aufgepflanzten Bajonetten vertraut.

Oberlechner starrt nicht ohne Bewunderung auf die nächste Welle der Angreifer. Tapfer, aber nur furchtbar schlecht geführt. Seine Hände sind zu Fäusten geballt, und die Knöchel treten weiß hervor. »Feuer frei!«, brüllt er. Ballettmeister am Valparola ist das Mannlicher-Gewehr.

Die Bajonette stechen in die leere Luft. Jede Übersicht geht verloren. Auf der Straße und der Halde häufen sich die Leichen. In diesem Augenblick geschieht etwas, das die Tiroler übersehen. Ein italienischer Spähtrupp hat unterhalb der steilen Halde, die zum Gran Lagazuoi führt, eine wohl von Ziegen genutzte Passage entdeckt. Sie führt in den Rücken der Tiroler Verteidigungslinie. Ein Bataillon *Bersaglieri* ist bereits auf dem Pfad unterwegs: 800 Gewehre, die in wenigen Minuten den Tirolern in den Rücken fallen werden.

Mit voll auf den Passhang gerichteter Konzentration kommt die Warnung für die Tiroler fast zu spät: »Der Welsche kummt von hinten!« Die Rollen sind vertauscht; nun sind die Tiroler ohne Deckung.

»Neues Ziel Lagazuoihang!«, brüllt Zugführer Oberlechner.

Die ersten Kugeln pfeifen auf die Standschützen nieder. Sie erleiden erhebliche Verluste. Eine Sache von Minuten, bevor italienische Bajonette sie aufspießen werden …

Oben am steilen Hang liegen Felsbrocken – groß wie ein Heuwagen. Das ist die Überraschung der schlauen Bauern. Im Morgengrauen hatten sie Dynamit unter einigen dieser

Felsentrümmern deponiert. Die ersten der 800 *Bersaglieri* haben fast die Steilhalde überquert, als der Boden unter ihren Füssen zu beben beginnt. Riesige Felsquader rollen den Steilhang herunter, immer schneller, prallen ab und zerschellen zu Gesteinsbrocken, die durch die Lüfte fliegen und immer mehr Steinmassen in Bewegung bringen. Für alle, die sich auf dem Weg dieser Riesenlawine aus Gestein und Geröll befinden, gibt es kein Heil. Sie begräbt alles und jeden. Das Getöse nimmt ein Ende. Eine dicke Staubwolke verhüllt das Grauen. Damit nimmt der Kampf um den Valparolapass ein dramatisches Ende.

Die Tiroler wischen sich den Schweiß vom Gesicht. Vinzenz Irschara lehnt zitternd an der Felsmauer. Einen Bock hat er schon des Öfteren geschossen, nie aber zuvor einen Menschen. Er fühlt, er hat gesündigt. »Zugführer, ischt der Kriag immer so … so …?«

»Des war ka Kriag, mei Bua, das war a Gemetzel.«

Oberlechner starrt auf die Staubwolke, die sich langsam lichtet. Nur jene, die an diesem Tag Zeuge davon waren, wissen, dass unter den Steinmassen Hunderte von braven italienischen Soldaten begraben liegen.

»I hoff', sie hab'n g'nug«, stottert der Bub.

»Im Kriag is nix g'nug, mei Bua. Das ischt nur der Anfang …«

Der weise Alte, dessen Augen fiebrig groß und glanzlos sind, weiß, dass es nicht in der Natur des Menschen liegt, nach einem Rückschlag aufzugeben. Valparola ist nur der Auftakt zu viel Schlimmerem. Der alte Zugführer bekreuzigt sich: »Gott mit uns.«

»Amen«, murmelt Vinzenz und sinkt zum stillen Gebet auf die Knie.

7

Maggiore Generale Pancali schlug mit der Faust auf den Tisch. »Dies ist nicht ein Rückschlag, *Colonnello,* es ist eine Schande. Ihre Männer haben versagt!«

Der Oberst wurde rot im Gesicht. »*Signor Generale,* meine Männer kämpften tapfer. Sie befolgten nur Befehle ...«

Es ist die alte Geschichte: Im Krieg trägt niemand die Schuld. Geht etwas schief, dann folgte jeder nur dem Befehl »von oben«. So war es auch am Valparola. Die Taktik eines Angriffs auf breiter Linie stammte aus der Schlacht bei Solferino von 1859. Wie einst in der flachen lombardischen Ebene schrien auch diesmal die Offiziere »*Avanti!*« und starteten damit den Opfergang ihrer Männer. Deren Kugeln prasselten gegen die Steinbarrikaden. Hinter den Steinen lagen die *Tirolesi* und rissen mit ihren Geschossen tiefe Lücken in die anstürmende Infanterie. Es war nie eine Frage von Tapferkeit. Die Geschichte von den hohen Verlusten am Valparola verbreitete sich schnell in der italienischen Armee und führte zu dem Mythos über die tödliche Schießkunst der Tiroler. Wer will schon wie ein Hase abgeknallt werden? Die Verluste waren groß, aber die sinkende Moral der Soldaten hatte größere konsequente Bedeutung als die militärische Niederlage.

Die strahlenden Tage des Wonnemonats Mai wichen einer bitteren Realität.

Die italienische Armee war nach dem Prinzip »Ein Tag, eine Schlacht, ein Sieg« in den Krieg marschiert, um mit ihrer Truppenmasse den Durchbruch ins Herzland des Feindes zu erzwingen. »Nach Valparola« folgte nüchterne Erkenntnis. Diese kurze, aber blutige Begegnung war jenseits früherer Kriegserfahrungen und führte zu einem neuen Aspekt in der Kriegsführung: dem langwierigen Gebirgskrieg. Krieg ist konkret: Menschenmassen und Mut allein ist nicht alles, sondern Wille, Zähigkeit und – besonders in den hohen Bergen – Präzisionsschießen zählen. Die erste große Begegnung in den Bergen Tirols wurde durch die geografische Lage, eine taktische Fehleinschätzung und die Hartnäckigkeit der Verteidiger entschieden.

8

Der Valparolapass lag zwischen dem Felsmonolithen des Gran Lagazuoi und dem etwas niedrigeren Sass di Stria (Hexenstein). Auf der Flanke des Valparola lag eine Alm, wo im Sommer Kühe weideten und Hirten einen schmackhaften Käse machten. Am Rande der Alm lag eine doppelte Linie von Schützengräben, solide aus festem Fels gemeißelt. Die Edelweiß-Stellung wurde von zwei Zügen regulärer k. u. k. Kaiserjäger gehalten.

Am Tag, als der Oberleutnant das Kommando über die Edelweiß-Stellung übernahm, versammelte er seine Zugführer. »Ich mache euch nichts vor; wir sind auf uns selbst angewiesen. Der Welsche hat mehr Männer, aber wir halten die bessere Position. Das gleicht es irgendwie aus.«

Die Männer um ihn zeigten ernste, nicht aber ängstliche Gesichter.

»Unten im Wald stehen zwei Bataillone Welsche bereit; sie haben Maschinengewehre und Bergkanonen. Wir haben die besseren Schützen – und eine Schwarzlose[5] in der Hexensteinwand. Wenn wir alle unseren Mann stehen, dann kommt der Welsche hier nicht durch.«

Um 15 Uhr stiegen drei Leuchtraketen in den Himmel. Die ersten Geschosse regneten auf die Edelweiß-Stellung. Es heulte und donnerte, es krachte und blitzte. Bald war der Graben unter schwarzem Rauch verhüllt.

»Der Welsche kommt!«

---

5 Das wassergekühlte Maschinengewehr 07/12, mit einer Feuerrate von 580 Schuss pro Minute, vom deutschen Ingenieur Andreas Schwarzlose erfunden, wurde zum Standard-MG der österreichisch-ungarischen Armee.

Die ersten Italiener erschienen aus den Schwefelschwaden. Gefreiter Gusti Loizl fühlte einen Schlag an der Schulter und ging in die Knie. Sein Blick wurde trüb. »Ischt nur ein Kratzer …«, murmelte er. Seine Kameraden taten, was sie ihrem Kaiser gelobt hatten. Sie standen, sie schossen – und sie hielten den Angreifern stand. Eine dritte Möglichkeit gab es nicht für sie. Die Edelweiß-Stellung hielt.

9

General Luigi Graf Cadorna war Opfer der Diskrepanz zwischen politischen Forderungen und militärischer Realität. Als einer der »Weihnachten-wieder-zu-Hause-Generäle« hatte er Rom versprochen: »In zwei Wochen in Wien!« Aus zwei Wochen wurden Monate, und aus dem Sommer wurde Herbst. Sein Vertrauen auf einen schnellen Durchbruch basierte auf Berichten von hochgradigen Stabsoffizieren, die vor Ausbruch des Kriegs per Auto entlang der Grenzen Österreichs kutschiert waren und in guten Hotels übernachtet hatten, um nach den Aussagen des Hotelbesitzers oder des lokalen Skilehrers die möglichen Durchbruchstellen auf ihren Karten einzuzeichnen. Das System – unter respektlosen jungen Nachwüchslern als »Pasta-Strategie« bekannt – war in der Definition eines Stabsoffiziers: »Ein leichter Spaziergang, um Bergziegen zu verjagen.« Um auf diese leichte Bergwanderung vorzubereiten, hatten Italiens Wehrpflichtige in der Poebene mit lauten »*Aaaahs*« ihre Bajonette in strohgefüllte Säcke gepflanzt. In den schroffen Dolomiten gab es weder flache Reisfelder noch Strohsäcke. Nur Tiroler, die hinter Felsen lagen und aus großer Entfernung Kugeln abpfefferten.

Die ersten Angriffe stießen auf den mörderischen Widerstand von Jugendlichen und graubärtigen Männern. Bataillone rannten mit dem Hirn an die Wand. Als blutiges Erbe eines vergeblichen Angriffs hinterließen sie zerfetzte Kappen mit Rabenfedern. Eines war bald klar: Die italienische Heeresführung war schlecht auf einen Krieg in schwindligen Höhen vorbereitet.

Daraufhin kam ein Versuch, die Verteidiger mit schwerer Artillerie und Schrapnell in Staub zu verwandeln. Die Granaten schlugen in Felswände – und zertrümmerten Stein. Die Steinsplitter verursachten viele Verwundungen. Der Schaden an den Felsstellungen konnte repariert werden; nicht aber der psychologische Effekt. Das Gurgeln und Pfeifen eines anfliegenden Geschosses löst Angst aus … das Getöse schwillt an … die Granate kommt direkt auf den Mann zu … ihr Heulen zerreißt die Nerven … Dann hagelt es Felstrümmer und verweste Menschenteile auf die kauernden Tiroler … oft starrten sie mit Blut besudelt in den Himmel und warteten auf das nächste Heulen, das nächste Bersten … Aber sie wichen keinen Schritt zurück.

Der Valparolapass und seine flankierende Edelweiß-Stellung waren fest in österreichischer Hand. Die italienischen Strategen mussten sich etwas Neues einfallen lassen.

Das Hannibal-Stratagem[6]

»Wenn ich den Gegner vor mir habe, dann erst überlege ich, wie ich ihn besiegen kann«, so sprach Hannibal. »Und wenn ich das weiß, dann stürze ich mich auf ihn.«
»Und hast du es herausgefunden, Feldherr, was dann?«
»Ich greife ihn an der Stelle an, wo er es für unmöglich hält.«
Hannibal, 247–183 v. Chr.

1

Die Stimmung im Hauptquartier des 9. Italienischen Korps gleicht einer Leichenbestattung. Das Gesicht des Korpskommandeurs *Tenente Generale* Marini ist verbissen. »Die Valparolapassaktion! Erläuterungen, *Signori!*«

Maggiore Generale Savieri erklärt als taktischer Leiter der Aktion, dass er angesichts der erwarteten Schwäche der Verteidiger einen Linienangriff bevorzugte.

Darauf betont *Maggiore Generale* Pancali, dass er gemäß dieser Anweisung seine Bataillone in Linie aufmarschieren ließ.

Außerdem äußert *Maggiore Generale* Ferrari, dass die *Brigada Torino* den Feind an seiner Flanke nicht ausschaltete.

Die drei Versionen des Versagens – und niemand trägt daran Schuld, denn jeder zeigt mit dem Finger auf den anderen.

»Hören Sie auf damit«, bellt Marini. »Überlegen wir stattdessen unseren nächsten Schritt! Vorschläge!« Alle Arten taktischer Pläne werden vorgebracht und schnell verworfen. *Maggiore Generale* Savieri ist sich bewusst, dass er seinen verbeulten Ruf mit einem spektakulären Coup wiederherstellen muss. Er blickt sich am Kartentisch um.

»Andiamo oltre la sulla cima!«

Eine Stimme: »Was ...???«

»Wir gehen über den Gipfel!«

6 *Stratagem:* Militärische Ausdrucksweise für Kriegslist

Schweigen, alle Augen sind auf Savieri gerichtet.

»Erklären Sie …«, Marini schnappt nach Luft.

»*Annibale ha fatto* – Hannibal hat es geschafft.« Savieri zeigt auf die hohen Gipfel westlich des Valparola. »Dort erwartet uns kein *Tirolese*.«

Auf der Karte sieht es durchführbar aus. Aber Karten trügen; flaches Papier zeigt nicht die Steilheit des Hangs, nicht die gefährlichen Lawinenrinnen und die schroffen Felsen. »Wir knacken die Sperre am Valparola von der Flanke aus, da, wo der Feind uns nicht erwartet. Hannibals Strategie an der Trebia …«

Jeder Italiener kennt die geschichtliche Bedeutung der Überraschungsschlacht an der Trebia. Im Jahre 217 v. Chr. zog Hannibal mit seinem Heer und seinen Elefanten über die Alpen. Er zerschlug die römischen Legionen an der Trebia mit einer Flügelattacke. Eine Schlacht, ein Triumph – und der Weg nach Rom war offen.

»… und der Weg nach Innsbruck ist offen.«

Über die Gipfel! Savieri hatte einen gewagten Plan vorgelegt: Anzugreifen, wo der Feind ihn nicht erwartete, und wie einst Hannibal den Feind von seiner ungedeckten Seite her zu überwältigen. General »Hannibal« Savieri! Zugegeben, seit Hannibals Tagen hatte sich die Kriegsführung stark entwickelt. Vorbei war die Zeit der Speere. Tiroler kämpften auf große Entfernung, zwar nicht in der ritterlichen Tradition, sondern Mann gegen Mann. Sie waren eben *Contadini*. Bauern, keine noblen Ritter.

»Savieri …? Savieri …? Erklären Sie Ihren Plan.«

Savieri zeigt auf der Karte auf ein rotes Dreieck mit der Höhenangabe 2465 Meter – und einem Namen: Col di Lana.

»Von diesem Gipfel aus überblickt man die Passstraßen, den Valparola und den Campolongo. Der Berg liegt der österreichischen Hauptverteidigungslinie vorgelagert, und deshalb hat ihn der Feind nicht in seine Verteidigungspläne eingebaut.«

»Sie wollen sagen, er hat diesen Berg aufgegeben?«

»Nicht aufgegeben, *Signore Generale*. Nicht besetzt. Ein Informant hat uns mitgeteilt, dass Milizen den dahinter liegenden

Monte Sief besetzt haben. Der Col di Lana ist die Schwachstelle in ihrer Linie.«

»*Certa?*«

»*Certa, Signore Generale* …«

General Marini entschied. Für ihn und seine *Colonnelli* stand Savieris »*certa*« für einen soliden Plan. Zumindest auf der konturlosen Landkarte. Nur, dass ein Tiroler nicht nach Militärkarten und strategischer Logik handelte, sondern nach dem Motto: »Da kummt kana drüber!« Den Italienern gegenüber, entlang der langen Gipfellinie vom Campolongo bis zum Valparola, standen nur die 600 Mann vom Landsturmbataillon 165, dazu noch einige 100 Enneberger und Silzer Standschützen. Aber nicht ein einziger Mann auf dem vorgelagerten Col di Lana!

Col di Lana. 2465 Meter. Es ist eine Felsenpyramide mit einem östlichen und westlichen Doppelgipfel, rundherum von Felswänden begrenzt. Gen Norden erhebt sich eine senkrechte Felswand zu einer Steinhalde, die zur schroffen Wand des Monte Sief führte. Nach Süden, und dies war der interessante Teil, denn dies war die geplante Angriffsseite, liegt ein steiler Gipfelhang: auf einer Seite eine tiefe Schlucht, auf der anderen ein Felsengrat, auf der ein schmaler Pfad für Bergziegen oder geübte Kletterer auf den Gipfel führte. Selbst dieser Pfad war von einer senkrechten Felswand unterbrochen. Deshalb hatte niemand daran gedacht, diesen Berg zu besetzen oder gar zu befestigen.

Nun wurde diese Pyramide zum Angriffziel der italienischen Armee erkoren. *Maggiore Generale* Serras *Brigada Alpi*, mit seinen in den Bergen ausgebildeten Elitebataillonen, wäre die logische Wahl für diese Aufgabe gewesen. Nicht aber *Maggiore General* De Bernardis *Brigada Calabria*, die aus einer Region stammte, die für ihre Olivenhaine bekannt war, aber nicht für ihre schroffen Klippen. Mit einer Kompanie routinierter Bergsteiger, unter einem bergkundigen Offizier, wäre es möglich. Die Kalabresen aber hatten keinen.

2

Das Vordringen italienischer Einheiten entlang der Dolomitenstraße war nichts als ein motorisierter Marsch unter schwierigen Straßenbedingungen. Im Motorengedröhne klirrten die Fensterscheiben der Dörfer – und die wenigen Zurückgebliebenen zitterten wie ihre Fenster. Lastwagen mit Geschützen ratterten durch die Nacht, ihre Lichter warfen gespenstige Schatten auf die Überreste des zu Schutt geschossenen österreichischen Straßenbunkers bei Andraz. Dahinter begann die Steigung in die Berge. Drei Offiziere standen im Lärm der Kolonne. Drei Freunde: die *Tenenti* Grimaldi Casta, Boisio und Caetani.

»Es gibt nichts Schöneres als Berge. Die Natur ist gewaltig. Wenn du auf einem Gipfel stehst, fühlst du dich richtig klein.« Gelasio Caetani dachte zurück an seine Kindheit, als ihn sein älterer Vetter auf einen Berg schleppte, obwohl er so gar keine Lust hatte. Als er dann oben war, ergriff ihn das Gefühl einer Freiheit ohne Grenzen. Das war damals. »Jetzt bin ich wieder in den Bergen, aber nicht so, wie ich wollte.«

Boisio, der Philosoph in der Gruppe, sah ihn an: »Und wir stecken zum Hals in *merda*.«

Grimaldi Casta zeigte auf die Ruinen des aufgegebenen Andraz-bunkers. »Warum haben sie diese Straßensperre nicht verteidigt?«

»Weil sie Bauern sind«, philosophierte Boisio.

»Aber mit Bauernschlauheit«, fügte Caetani hinzu. »Unterschätzt sie nicht. Sie haben den Bunker aufgegeben, weil er zwecklos ist. Unsere Artillerie hat ihn in 20 Minuten in Schutt verwandelt. Feste Bunker sind nicht die Art der Tiroler zu kämpfen. Während der französischen Invasion standen den Sachsen, Napoleons Verbündeten, einige Bergpässe offen. Nur einer lag am Fluss Eisack – und die Sachsen brauchten Wasser für ihre Pferde. Darauf bauten die Tiroler. Die Sachsen marschierten in eine Klamm entlang des Flusses, während die Tiroler auf den Höhen saßen und Steinlawinen auslösten. Ein ganzes Bataillon der Sachsen wurde in der Klamm erschlagen.«

»Und du glaubst, das könnte unser Schicksal werden?«

»Ich glaube es nicht nur, ich befürchte es. Am Valparola, die Steinlawine, das war kein Zufall. Eine Kugel streckt einen Mann nieder, aber mit etwas Glück und einem Pflaster kannst du eine Schussverletzung überleben. Die Lawine lässt dir keine Chance. Sie begräbt ein Bataillon.«

»Gelasio. Unsere Strategen kennen sicher deine Sache von der Klamm.«

»Hast du jemals von einem General gehört, der aus der Geschichte gelernt hat?«

*

In den frühen Tagen des Alpenkriegs war es schwer, zu soliden Informationen zu gelangen. Meistens waren es Gerüchte ohne harte Fakten. Im späten Juni 1915 überraschte eine Patrouille von k. u. k. Kaiserjägern in der Nähe des Dorfes Salesei eine italienische Tragtierkolonne. Unter den 21 Gefangenen befand sich ein älterer Verpflegungsoffizier. Er gab zu, dass die Vorräte für die »Aktion *Cima* Lana« bestimmt waren! Die Bestätigung dafür kam nach einer kurzen Schießerei nahe der Festung Corte; ein gefallener Italiener trug eine Kartentasche bei sich. Unter den Papieren befand sich der Befehl von *Tenente Generale* Marini, Kommandeur des 9. Italienischen Korps, an *Maggiore Generale* Savieri der 17. Division: Es war der detaillierte Plan eines Angriffs auf den Col di Lana!

Oberleutnant Zeyer, Kommandeur der Cortefestung, gab die Information sofort an sein Bataillon durch. Aufgrund dieser Nachricht reagierte das Hauptquartier der Division im Pustertal:

»DRINGEND. COL DI LANA GIPFEL SOFORT BESETZEN.«

Dieses Telegramm war der Startschuss zu einem Rennen um den Gipfel.

3

Die Kompanie von *Tenente* Franco Camporese lässt das Dorf hinter sich und erreicht, ohne auf Widerstand zu stoßen, den Fuß einer Bergpyramide. Drei Stunden später gelangen sie an die obere Baumgrenze. Von seiner Position aus kann Camporese zwar den Grat, der auf den Gipfel führt, sehen, nicht aber den Gipfel selbst. Auf dem Gipfelhang, teils mit Gras bedeckt und teils steiniges Geröll, rührt sich nichts. Camporese weiß vom Debakel am Valparola, und deshalb entsendet er eine fünf Mann starke Vorhut, um etwaige Fallen der *Austriaci* auf dem Weg zum Gipfel auszukundschaften. Sie haben eine Nachricht an seinen *Colonnello* dabei, dass der Gipfel greifbar vor ihm liege, und er ihn mit seiner Kompanie in etwa drei Stunden erreichen kann. Er macht seine Kompanie gerade fertig für den Aufstieg, als sein Bote mit einer Nachricht vom Bataillonskommandeur zurückkommt: »Auf weiteren Befehl warten.« (Wie sich in späteren Berichten herausstellte, war der Grund hierfür die Ehre des Gipfeleroberers. Der Bataillonskommandant wollte diesen Ruhm für sich selbst.)

Auf diesen Befehl hinauf biwakiert Camporese mit seinen Männern am Waldrand. Vor ihm liegen der Gipfelhang und die Spitze des Col di Lana. Seine wehrpflichtigen Kalabresen machen es sich im Schatten der Bäume bequem und erzählen sich heroische Geschichten von ihren Großvätern aus den Tagen Garibaldis. Wenn es darum geht, den Feind als hoffnungslos dumm darzustellen, sind Soldaten leicht zu überzeugen. Je dümmer der Feind, umso besser ist die Chance zu überleben.

»*Signor Tenente,* glauben Sie, wir werden bald eine Aktion sehen?«

Camporese will schon antworten, dass die *Tirolesi* schon schießen werden, aber nur, wenn es ihnen passt. Er hält sich zurück. »Was meinst du mit Aktion?«

»Nun, *Signore,* bisher haben wir noch keinen Tiroler gesehen. Es ist uns, als existiere der Feind nicht.«

Mein Gott, denkt Camporese, das ist genau das, was diese Bauern im Sinn haben: Die lassen uns im Glauben, dass sie vor uns auf der Flucht sind. Dabei sinkt unsere Wachsamkeit, und dann – bumm! Camporese begibt sich mit festen Schritten auf den Waldrand zu. Er betrachtet prüfend den Gipfelhang und den vor ihm liegenden steilen Pfad, der in einem Felsen zu enden scheint. Kein Feind ist in Sicht, nicht auf der Halde. Allerdings von seinem Standort aus kann er den Gipfel nicht sehen. Camporese wartet auf den Aufstiegsbefehl zum Gipfel. Die Stunden vergehen. Wo bleibt nur dieser verflixte Befehl?

Nur 1500 Meter vor ihm liegt der Gipfel des Col di Lana.

*

Der Alte mit dem Methusalembart ist mit der Gruppe der Standschützen auf dem Weg zum Gipfel. Er streckt wegen einer plötzlichen Atemhemmung die Arme in die Luft. Entsetzen über die Vorahnung? Verwirrt bleibt er stehen, saugt mühsam die Luft ein und lässt müde die Arme sinken. War er zu rasch aufgestiegen? Sicher. Alles ist belastet, die Knie, die Achseln. Ein Druck auf der Brust. Seine Augen saugen die Schönheit seiner Berge auf; er träumt von seinen Wäldern, den tosenden Wasserfällen. Diese Gedanken entlasten ihn. Er spürt keine Schwere mehr. Dies ist sein Tirol – und sein Tirol wird es auch bleiben ...

Eine Stunde, nachdem Major Kostner die Nachricht erreicht, den Gipfel sofort zu besetzen, beginnen 80 Standschützen den Aufstieg auf den Col di Lana. Das Tempo ist ihrem reifen Alter angemessen, und so werden sie den Gipfel wohl kaum vor der Abenddämmerung erreichen. Zwei erfahrene Bergführer, Zugführer Oberlechner und Standschütze Ellecosta, kennen einen direkten Weg durch einen senkrechten Kamin in der Nordostwand, der aber äußerst gefährlich ist. Die Sonne hatte das Eis in den Felsenspalten aufgetaut, und lose Brocken sausten wie Geschosse die senkrechte Wand herunter. Mit dem Gewehr über dem Rücken und mit Patronen vollgestopften Taschen seilen sich die beiden an. Sie sind sich bewusst, dass der Feind auf der entgegengesetzten Seite im Anmarsch ist, wissen aber nicht, wie viel Zeit ihnen noch bleibt, um das Rennen zu gewinnen.

Während zwei angeseilte Tiroler in einer Felswand hängen und 200 *Alpini* für den letzten Teil des Aufstiegs bereitstehen, tastet sich Camporeses fünf Mann starker Spähtrupp langsam an den Gipfelhang heran. Ganz langsam, denn einem Gerücht nach, das nach dem Vorfall am Valparolapass entstanden ist, lauert hinter jedem Felsen ein *Tirolese*. Sie finden keine *Tirolesi*, nur eine Gruppe von wilden Bergziegen, die friedlich an Grasbüscheln knabbern und dabei neugierig die *Alpini* anstarren.

Auf der gegenüberliegenden Seite dieses Schicksalsberges vergessen zwei Tiroler alle Sicherheitsvorkehrungen und hasten einen Kamin hoch.

Beide Seiten sind nun wie blinde Maulwürfe. Keiner weiß, was sie am Gipfel erwartet. Alles hängt von nun an von fünf *Alpini* auf dem steilen Gipfelhang an der Südseite und zwei Tiroler Bergführern ab, die wie Katzen die senkrechte Nordostwand erklettern.

Nach zweieinhalb Stunden steigen Oberlechner und Ellecosta keuchend auf den nördlichen Gipfelgrat. Nie zuvor hatten sie eine Wand so schnell bezwungen. Sie sehen das Gipfelkreuz – und kein Feind in Sicht. Die Tiroler haben das Rennen gewonnen!

4

Die Situation am Col di Lana um 15 Uhr:

Am Gipfel sitzen zwei Tiroler Standschützen mit 100 Kugeln.

Entlang des Gipfelpfads rücken fünf Italiener auf den Gipfel zu.

Weiter unten warten 200 *Alpini* auf den Befehl vom Bataillon.

Und 80 alte Tiroler zotteln den Nordpfad hinauf.

Das Schlüsselelement eines erfolgreichen Angriffs stützt sich auf die Erkundung des Ziels und die Auswertung der Fakten. Seit der Erfindung des Telefons können diese Informationen schnell an einen Feldkommandeur übermittelt werden – und damit eine Aktion entscheiden.

Um 15.30 Uhr erreicht der Anruf eines italienischen Artilleriebeobachters von einem sechs Kilometer entfernten Posten das Bataillonskommando:

»*Gli Austriaci sono in Cima Lana* – Die Österreicher sind am Col di Lana!«

Aufgrund dieser – nicht verifizierten – Nachricht beschließt der bereits zaudernde *Colonnello* Petracchi, dem noch das Debakel am Valparola in den Knochen steckt, auf die Bestätigung von Camporeses Spähtrupp zu warten.

Oberlechner und Ellecosta, die gipfelstürmenden Standschützen, sitzen auf einem flachen Stein knapp unter dem Gipfelkreuz. Der Rotwein kommt aus der Feldflasche. Hoch über ihnen kreist ein Adlerpaar und versucht mit viel Gekreisch, die Eindringlinge von ihrer Brutstätte zu verjagen.

Oberlechner zeigt zum Hexenstein: »Dort hab' i mein schönsten Gamsbock g'schoss'n.«

Ellecosta nickt. »Von da unten, durch 'n Agaiwald, wird der Welsche aufikumma.«

Sie warten. Für sie gab es nichts Besseres zu tun, denn was immer passieren sollte, zwei Gewehre würden keine Kompanie der Welschen aufhalten.

»Franzl, schau abi, da unten rührt si was ...«

Ein Spähtrupp pirscht sich langsam den steilen, südlichen Gipfelgrat entlang. »Des san die Welschen!«, flüstert Ellacosta. »Fünfe sans nur. Wo ischt der Rest?«

»Des ischt ja wurscht. Pass auf, wann 's so weit ischt, i nimm de zwoa rechts, du die links. Lass z'mindest oan steh'n.«

»Und warum das?«

Bauernschlau antwortet Oberlechner: »Damit er den andern sagt, dass wir da heroben san. Dann bleiben s' vielleicht brav unten.«

»Und wann 's es net tuan?«

»Dann hamma den Scherm auf.«

Sie lassen die Italiener bis auf 80 Meter ans Gipfelplateau herankommen, erst dann drückt Oberlechner auf den Abzug. 20 Sekunden und vier Italiener liegen am Boden. Der Fünfte schreit, lässt sein Gewehr fallen und rutscht auf der Hose den steilen Hang hinab. Wie Oberlechner richtig vermutet, hört sich seine Schilderung wie ein zweiter Valparola-Hinterhalt an. Camporese berichtet an den Bataillonsstab. Für *Colonnello* Petracchi ist dies Bestätigung, dass eine große Anzahl von Scharfschützen am Col di Lana sitzt und nur darauf wartet, sein Bataillon wie Hasen abzuknallen.

So kommt es, dass zu Beginn der Col-di-Lana-Aktion nur zwei Tiroler den Gipfel hielten. Kurz vor Sonnenuntergang kamen dann weitere 30 Tiroler an, bereit, auf alles zu schießen, was sich vor ihnen bewegt, sei es Gamsbock oder *Alpini*. Im Morgengrauen waren bereits 80 Gewehre am Gipfel.

Währenddessen saß ein Bataillon von 800 Mann im Wald und wartete auf einen Angriffsbefehl, der nie kam.

5

Einem österreichischen Kriegsplaner kam nie der Gedanke, dass der Feind diesen strategisch unbedeutenden Felsgipfel angreifen würde, denn er führte ins Nirgendwo. Deshalb waren Verteidigungsanlagen nicht nötig und auch keine vorbereitet. Am Gipfel standen niedrige Steinmanderl, die Ersteiger als Andenken an ihre Gipfelkletterei hinterlassen hatten. Diese kleinen Pyramiden dienten zum vorläufigen Schutz gegen Gewehrbeschuss. Ein tiefes Schützenloch oder ein Graben kamen nicht infrage, denn nach nur zehn Zentimeter Erde kam bereits der nackte Fels.

Noch vor Sonnenaufgang begannen die Tiroler mit der Arbeit an einer Steinmauer und einem Drahtverhau quer über den steilen Gipfelhang. Das militärische Handbuch schreibt eine Drahtankerstange in zwei Meter Abstand vor; nur hatte der Verfasser dieser Vorschrift nie eine Metallstange in einen Felsen gehämmert. Deshalb nahmen alpine Drahtverhaue die seltsamsten geometrischen Formen an. Nicht dass sie deshalb weniger wirksam waren. [7]

Während die Männer auf luftiger Höhe Steine schleppten und Mauern bauten, fällten 2000 Meter weiter unten 800 italienische Soldaten Bäume für ein festes Lager. Sie bereiteten sich auf eine lange Belagerung des Berges vor, den sie, 24 Stunden zuvor, ohne Widerstand hätten nehmen können. Oder, wie *Tenente* Franco Camporese in sein Notizbuch schrieb, als er in Sichtweite des Gipfels den Befehl zum Anhalten erhielt: »Heute haben wir den Kampf um den *Cima* Lana verloren. Es waren nicht die *Austriaci*, es war unser *Colonnello*. Seine *esitazione e stupidità* wird uns teuer zu stehen kommen …« Camporese erwies sich als Prophet.

Colonnello Luigi Petracchi war der falsche Mann am falschen Ort. In ihm war nichts von einem Hannibal. Er handelte getreu dem Sprichwort: »Wenn im Zweifel, tu nichts!« Diese Operation ging weit über seine Kompetenz hinaus. Das Ausmaß seines Zauderns war noch nicht abzusehen.

Denn damit begann die blutige Saga des Col di Lana.

*

Dieser Dolomitengipfel steht heute noch als warnendes Symbol des Alpenkrieges. Aufgrund seiner geografischen Lage, als vorliegender Pfeiler der österreichischen Gipfellinie, sah ihn der italienische Generalstab als »das Auge der österreichischen Armee«

---

7 Noch heute rosten Hunderte von diesen Stangen am Gipfel.

an und damit als Schlüssel zum Durchbruch nach Tirol. Der italienische Oberbefehlshaber, General Cadorna, war schlecht informiert, denn strategisch gesehen stand dieser Berg inmitten von nirgendwo. Dazu noch war seine taktische Bedeutung nicht so groß, dass seine Eroberung mit diesem furchtbaren Blutvergießen gerechtfertigt werden konnte. Italien setzte seine besten Truppen immer wieder gegen diesen Berg ein. Sie wurden von den Kugeln der Verteidiger niedergemäht und stürmten aufs Neue über die Leichen ihrer Vorgänger in die Läufe der Tiroler.

War es die nationale Gipfelfahne, die zu diesen dramatischen Ereignissen führte? Oder war es das Projekt der Eitelkeit eines Oberbefehlshabers, dem nach persönlichem Ruhm lüstete? Cadorna brauchte einen sichtbaren Triumph für sein Renommee. Dazu musste man nur ein Mann mit militärischem Geschick und möglichst wenig Skrupeln sein. Das war Cadorna.

Denn nur so ist der Kampf um den Col di Lana zu erklären.

*

Die Rechtfertigung dafür ist im Kriegsbericht des *Ministero della Guerra*, Rom, zu finden:

»Für den geplanten Vormarsch ins Pustertal war der Col di Lana eines unserer ersten und schwersten Hindernisse.«[8]

*

Österreichisches Kriegsarchiv, Wien:

»Um diesen Gipfel entbrannte ein Kampf, wie es nach seiner Dauer, der Zähigkeit der Verteidigung, der Entschlossenheit des Angreifers, und den ungeheuren Blutopfern auf beiden Seiten, kein Beispiel in der Tiroler Landesverteidigung findet.«[9]

---

8 *»La conquista di Col di Lana«*, *Ministero della Guerra*, Rom 1925

9 Österreichisches Kriegsarchiv: »Geschichte der Kämpfe um den Dolomitengipfel«

»Haltet die Gipfel!«

Aus einer Entfernung von 30 Metern schoss Unterjäger Johann Robatscher drei Italiener ab. Das gezielte Feuer der Tiroler verursachte genügend Opfer, um den weit überlegenen Feind zum Rückzug zu zwingen. An diesem Tag hielt am Edelweiß-Lager eine Handvoll Tiroler den Angriff von zwei Kompanien stand.
»Wann mia g'nua von ihm abschiaß'n, dann hört der Walsche auf und geht hoam.«
»Des glaubst wirkli?«
»Kenn' ma nur hoff'n.«
Die Tiroler Version des Clausewitz'schen Verteidigungsprinzips: »Zerstöre genügend Kräfte des Feindes, und zwinge ihn dazu, seine Angriffspläne aufzugeben.«

1

»Haltet die Gipfel!«, war der Befehl von General Goiginger. Dorfmilizen kletterten auf die Spitzen und standen Wacht auf dem höchsten Kriegsschauplatz der Geschichte. Die Dolomitengipfel waren einzig und allein ihr Besitz – besonders der Col di Lana. Diese kahle Bergpyramide stand wie ein Kap in brausenden Wogen, eintausend Meter vor der österreichischen Hauptverteidigungslinie. Es ging um die Ehre.

Im Halbkreis um das Gipfelplateau, das ungefähr der Größe eines Drittels eines Fußballplatzes entsprach, hatten die Enneberger zwei Perimeterbastionen errichtet. Der vordere Graben, circa 80 Meter in der Länge, war von einem zweiten, etwas höher gelegenen Parallelgraben, abgesichert. Beide Gräben waren teils aus dem Fels gemeißelt, teils bestanden sie aus aufgetürmten Steinblöcken. Die Gräben waren von einem doppelten Drahtverhau geschützt, dessen Eisenstützen tief im Gestein verankert waren. Es war ein nahezu selbstmörderisches Unterfangen, dieses Grabensystem zu stürmen. Zehn Meter über den Angreifern saßen die Tiroler Scharfschützen mit ihren Mannlichern und Handgranaten – die wirksamste Waffe auf kurze Entfernung.

Aus einer durch den Fels gehackten Öffnung ragte die Mündung eines Maschinengewehrs hervor. Aber für Präzision war es die Kugel des Scharfschützen. Ein Projektil aus einer Mannlicher – gut gezielt – brachte einen Ochsen in 200 Meter Entfernung zur Strecke. Bis zur oberen Baumgrenze auf 1700 Metern gewährte dichter Nadelwald Deckung vor feindlichen Truppenbewegungen. Dann aber kam ein freies Schussfeld – und das bis zum 2500 Meter hohen Gipfel.

Von ihrer hohen Warte aus sahen die Tiroler nicht nur den Feind im Anmarsch, sie hatten auch einen Fernblick auf ihre Gehöfte in Dörfern, die sie kampflos dem Feind überlassen mussten.

450 Meter unterhalb des Gipfels lag ein Tiroler Vorposten, die »Felsenwache 2250« (*Fortino Austriaci*), mit 20 k. u. k. Kaiserjägern besetzt. Die Position war auf einer schroffen Felsenkante gelegen und nur vom Gipfel aus über eine Stahlleiter erreichbar. Ein weiterer Vorposten war die »Felsenwache 2207«, auf einem 30 Meter hohen Felsvorsprung, der Napoleons Hut glich; daher sein Name *Capello di Napoleone*. Unmittelbar hinter dem *Capello* war eine Grotte, die Schutz vor Geschützfeuer bot. Diese Höhle sollte einmal von besonderer Bedeutung werden.

Während die Österreicher fieberhaft ihre Stellungen ausbauten, saßen die Italiener am Fuße des Berges – und sahen zu.

2

Bereits der erste Zusammenstoß am Valparola zeigte, dass im zerklüfteten Hochgebirge Übermacht allein nicht viel gegen die Standhaftigkeit eines entschlossenen Verteidigers erreicht. Es führte zu einer neuen Phase in der Angriffstaktik nach dem Motto: »Ballert die Gipfel mit Granaten weich!« Die Geschütze, die an den drei offenen Seiten des Col di Lana aufgestellt waren, nahmen täglich den Gipfel als Zielscheibe. Es half nicht. Die Italiener attackierten – und wurden abgeschossen.

Die schwersten Verluste der Tiroler wurden vom Schrapnell verursacht. Während eines Bombardements suchte die Gipfelbesatzung Schutz in einer Naturhöhle in der Wand hinter dem Ostgipfel, die einzige Blindseite der italienischen Batterien. Während es am Gipfel blitzte und krachte, bemerkte der alte Oberlechner gelassen: »Hier drin' sitz'n ma guat.« Ein Pioniertrupp baute die Höhle weiter aus und machte daraus einen Schlafraum mit dreistöckigen Etagenbetten für 100 Schützen. »Ein Zufallstreffer und der ganze Berg kommt auf uns runter ... und wir sitzen wie die holde Aida in der Gruft«, sprach ein Musikstudent aus Meran. Seine Bemerkung war für jene, die noch nie den Namen Giuseppe Verdi gehört hatten, reine Zeitverschwendung.

Der Eingang in die Schlafhöhle ging über einen Holzsteg, der mittels Stahlkabel in der Felswand verankert war. Dieser führte unter einem Lawinenschutzdach zu zwei Holzverbauungen. Aus der Ferne sah es wie die Ansiedlung steinzeitlicher Höhlenbewohner aus. Eine dieser angebauten Hütten war Küche und Verpflegungslager; die andere diente als Offiziersquartier und Befehlsstand, erkennbar am Telefondraht, der von der Hütte bis ins Tal frei in der Luft herumpendelte; Wind, Regen oder Eis führten immer wieder zu Störungen am Draht zum II. Bataillon im Alpenrosen-Lager. Dann hieß es, das Telefon mit »Fußgängern« zu ersetzen. Die Irscharabuben waren des Öfteren zum Kurierdienst abkommandiert. Dies taten sie freudig, denn für sie war es ein Sonntagsausflug – den Berg hinunter. Acht Stunden Urlaub von den Granaten im Gipfelgraben und den Flöhen auf dem Strohlager. Und Flöhe gab es in rauer Menge. In den strohbedeckten Holzpritschen krabbelten die Biester nur so: Sie stachen, bissen und saugten. Kratzen machte es schlimmer; schmutzige Fingernägel infizierten die blutenden Beulen. Eine dicke Staubschicht bedeckte den Raum. Der Wind vom Süden blies feinen Steinstaub und Schwefelrauch herein, und der Wind vom Norden blies das Feuer im Ofen aus. Dazu noch der muffige Geruch von nassen Klamotten. An quer gespannten Schnüren hingen nasse Socken und Unterhosen. Anstelle der Pin-up-Girls zukünftiger Konflikte hatten die Tiroler Bilder der heiligen Muttergottes an ihre Bettpfosten genagelt.

Wir singen Balladen über die großen Helden; jedoch oft sind es die Nie-Erwähnten, welche zum Erfolg oder Überleben der Helden führen. In den Bergen waren es die Versorgungsträger. Brot und Kugeln sind die Beine, auf denen die Armee marschiert. Versorgung ist der Schlüssel im Krieg. Einen Berg zu ersteigen, ist nie leicht. Die dünne Luft macht das Atmen zur Qual. Mit einer schweren Last auf dem Rücken, durch hüfthohen Schnee zu stapfen, ist noch viel schwieriger. Die Träger fluchten ihren Weg bergauf. Oft war der Pfad wie eine Rutschbahn. Dann wieder pfefferte die Artillerie in die Wand über der Aufstiegsrinne und löste Steinschlag auf die Trägerkolonnen aus. Sie kletterten bei Tag, und sie kletterten bei Nacht, die Augen auf die Fußstapfen des Vorgängers gerichtet. Sie schleppten sich hinauf … linker Fuß … rechter Fuß … bis sie nicht mehr konnten. Sturm oder Schnee, nichts hielt den Krieg auf – und nichts die Träger. Für diese wackeren Männer, Opfer von Lawinen, Granaten und Erschöpfung, ist kein ruhmreiches Mahnmal gesetzt.

Viel geschätzte Unterstützung kam vom Königlich-Bayerischen Alpenkorps. In den Abendstunden des 13. Juni traf das 2. Bayerische Jägerbataillon in Bruneck ein. Sie brachten ihre Gebirgshaubitzen und Munition mit. Die Bayern errichteten eine Befestigungsanlage deutscher Qualität am unteren Hang des Col di Lana; hinter Stacheldraht und spanischen Reitern standen Zementbunker mit Maschinengewehren und Bergmörsern, dazu noch unterirdische Munitionsvorräte und tiefe Kavernen als Schlaflager. Auf der Militärkarte war der bayerisch-österreichische Stützpunkt als Infanteriestellung eingetragen.

Mit dieser Verstärkung sollte der Kampf um den Col di Lana ein neues Gesicht bekommen.

3

Der 25. Juli versprach, ein sonniger Tag zu werden. Der Monolith des Lagazuoi ragte wie ein riesiger Grabstein in den Himmel. Nebel bedeckte das Tal. Die Irscharabrüder standen Wache auf einer vorgelagerten Position mit dem Namen »Bergsappe«. Die Schönheit der Berge war hier flüchtiger als anderswo, die Stille nur eine Pause zwischen zwei Einschlägen. Vinzenz dachte an Mirli. Sie hatten sich beim St.-Johannes-Tanz kennengelernt. Sie war nicht aufgeputzt wie die Töchter der reichen Bauern. Sie trug kein buntes Dirndl, nur ein schlichtes Kleid, und ihre Hände waren rau von der harten Arbeit. Aber mit ihren langen blonden Zöpfen und dem strammen Busen war sie für Vinzenz die Schönste auf dem Fest. Das Firmament war voll von Sternen, als sie sich den ersten scheuen Kuss gaben. Sie hielten Händchen und sprachen über die Zukunft. Dann kam der Krieg …

»Zenz, siachst den Adler?« Anton Wöhrer, mit 23 Jahren der »Alte« in ihrer Gruppe, deutete auf einen schwarzen Punkt, hoch über dem Monte Sief. »Er ist mein Freund. Er weiß nicht, dass es einen Krieg gibt.«

»Ein Adler siacht alles, das Gute wia das Böse«, antwortete Vinzenz Irschara philosophisch. »Und was hier passiert, ischt nur böse.«

Anton blickte auf den Berg und seinen Adler. »Die hab'n's guat da oben.«

Vinzenz wusste nicht, ob der Toni an die Adler dachte oder die Männer am Monte Sief, tief eingegraben im Fels, und dazu noch geschützt von einer 400 Meter hohen Steilwand. Ein halbes Dutzend Standschützen waren genug, um den Monte Sief zu verteidigen. Mit einigen Handgranaten auf die am Seil hängenden Welschen und – Buuuumm! Weg waren sie …

Toni kannte die Wand und ihre Gefahren. Im vergangenen Frühjahr, vor dem Wirbel in Sarajevo, zog er zwei gut zahlende Touristen mit dem Seil hinauf. Eine Wand wie diese war kein Trainingsplatz für Amateure; ein zerfranstes Seil, ein Ausrutscher im Felskamin – und sie kratzen dich 400 Meter weiter unten vom Boden. Das war im Frieden. In letzter Zeit kam zu dem zerfransten Seil noch die Kugel des Scharfschützen hinzu.

»Die Berge haben sich verändert.« Es waren nicht die Berge, es waren die Menschen.

Wöhrer zeigte auf eine Kluft am Kamm: »Von dort kannst runter in mei' Dorf geh'n. Was geschieht, wenn der Welsche …?«

»Dazu sind wir da, dass er's net tuat.«

Etwas glitzerte in der Sonne. Ein Fernglas, auf sie gerichtet. Wöhrer zog seinen Kopf ein. »Der Welsche hat uns g'seh'n … wia müassen weg von hier …«

Wöhrer spuckte in die Hand und berührte das Edelweiß-Abzeichen auf der Mütze in der Hoffnung auf Glück, sprang auf und rannte in Richtung des Gipfelkamms. Er war nicht schnell genug. Ein greller Blitz … ein ohrenbetäubender Krach … schwarzer Qualm …

Vinzenz hörte nichts, er spürte nichts, und er dachte an nichts … sein Kopf hämmerte … Schrecken folgt erst, nachdem die Gefahr vorbei ist. So war es auch mit Vinzenz. … er blickte wild um sich – und sah den gebrochenen Körper seines Freundes. Standschütze Anton Wöhrer würde nie wieder einen Adler sehen.

»Jesus«, hörte er eine Stimme. Es war seine eigene! »Lieber Jesus … die schiaß'n wirklich auf uns!« Er fühlte seine Brust, nichts war gebrochen und nirgendwo ein Loch, aus dem es träufelte. Nur ein Schwarm von Bienen brummte in seinem Hirn, und er hatte ein saures Würgen im Magen. Vinzenz bekreuzigte sich und dankte dem Herrn, dass er ihn beschützt hatte. Dann dankte er ihm nochmals, als sein jüngerer Bruder auf ihn zustolperte.

»Honnes!« – »Zenz!« Sie fielen sich in die Arme. »Bischt guat, Bruader?«

Langsam wurde ihnen klar, dass der Tod aus dem wolkenlosen Himmel geflogen kam.

»Der Toni?« Johanns Frage brachte Vinzenz zurück in die finstere Gegenwart. Toni Wöhrer hatte nur einige Meter neben ihnen gestanden.

»Er ischt am Berg g'fallen, und am Berg soll er liegen.« Mit dem Bajonett und ihren Händen gruben sie ein Loch bis zum nackten Felsen und legten ihren Freund zur ewigen Ruhe.

Die Zurückgebliebenen im Tal konnten das Donnern der Explosionen hören, aber wussten nichts über das Schicksal ihrer Männer. Mutter Irschara war zur Lichtung im Wald gepilgert, dorthin, wo ein hölzernes Gedenkkreuz die Gräber ihrer Männer ersetzte. Ihre sterblichen Überreste lagen im fernen Land. Die Tafel am Kreuz trug zwei Namen: Irschara, Campidellbauer, und Serafin Irschara, Campidellbauersohn. Hier stand sie jeden Tag – und dies seit dem Morgen, als ihre beiden letzten Söhne, Honnes und Zenz, in die Berge abzogen.

Eine Mutter lag auf den Knien: »Gütiger Herrgott, gib mir meine Söhne heil zurück. Sie sind alles, was mir bleibt. Ich flehe dich an, bitte, bitte, nicht mehr Namen auf dieser Tafel.«

4

Um den Gipfel des Col di Lana zu erobern, standen den Italiener einige Varianten offen: vom Südwesten über den steilen Gipfelhang, vom Süden über eine teils senkrechte Wand, oder vom Osten über den Siefsattel auf den steilen Gipfelgrat, um dann der Gipfelbesatzung in den Rücken zu fallen. Alle diese Alternativen waren äußerst gefährlich und gewiss nur mit schweren Verlusten ausführbar. Ein Frontalangriff über den kahlen Gipfelhang würde sie vorerst in das geballte Feuer der strategisch gestaffelten Felsenwachen treiben, bevor sie am kahlen Hang den Scharfschützen am Gipfel ausgeliefert waren. Der Südhang war nur durch eine Serie von Lawinenrinnen und Seilklettereien zu bewältigen; eventuell machbar für eine Handvoll von Alpinisten in der Dunkelheit, während ein Angriff über den Siefsattel sie dem Kreuzfeuer der Maschinengewehre und Gebirgsbatterien vom Monte Sief und dem Sass di Stria (Hexenstein) aus preisgab. Selbst wenn sie dies schafften, gab es vom Siefsattel nur einen messerscharfen Grat auf den Gipfel, der von einem halben Dutzend Schützen abgeriegelt werden konnte. Blieb nur der Gipfelhang. Dazu aber mussten sie vorerst die vorgelagerten Felsenwachen neutralisieren. Der Höhenunterschied von der italienischen Ausgangsposition zum Gipfel lag zwischen 800 und 1000 Meter – dazu über einen Hang, der keine Deckung bot. Auch konnte die italienische Artillerie nicht eingreifen, ohne ihre eigenen Angriffseinheiten in Gefahr zu bringen.

Toni Tschurtschenthalers 6. k. u. k. Kaiserjäger und Hauptmann Adalbert Homas 5. k. u. k. Kaiserjäger teilten sich in wöchentlicher Ablösung die Wacht am Col di Lana. Je nach Ersatz für Ausfälle konnte eine Kompanie von Kaiserjägern und Standschützen auf 160 bis 200 Gewehre zählen. Dazu kamen noch Munitionszubringer und Hilfspersonal mit Köchen und Krankenträgern, alles zusammen ungefähr 300 Mann pro Einheit.

Oberleutnant von Tschurtschenthaler sah die Lage mit dem Auge eines erfahrenen Alpinisten: Solange die Tiroler die Gipfelstellung hielten, war die Lage nicht verzweifelt. Die Italiener hatten die schweren Geschütze und eine große Überzahl an Truppen. Aber die Tiroler hatten die Natur mit ihren Felsen und Steilhängen. Ein Großangriff auf die Gipfelstellung würde über den südwestlichen Gipfelhang erfolgen. Da dieser Hang aber extrem steil war und fast keine Deckung bot, schien ein Versuch bei Tageslicht praktisch ausgeschlossen. Nicht aber ein Überraschungsschlag im Dunkel der Nacht. Deshalb standen jederzeit ein Dutzend Schützen auf Wache. In den unsäglich langen Stunden in Erwartung eines Angriffes stumpften die Männer ab, erst das Licht eines neuen Tages ermunterte sie. Sie hatten eine weitere Nacht überlebt.

Ein ernstes Problem war der Schutz vor Granaten. Selbst das schwerste Kaliber war nicht imstande, einen Fels zu durchschlagen; die Gefahr kam von den Steinsplittern, ebenso tödlich wie die Eisenkugeln vom Schrapnell. Ein weiterer Faktor war das Wetter. Im Sommer türmten sich Gewitterwolken über die Gipfel, und Platzregen verwandelte in Minuten einen Steilhang in eine Rutschbahn. Bei Winterstürmen fielen die Temperaturen auf minus 30 Grad; die Gewehrbolzen froren – und manchmal auch der Mann, der es hielt. Aber nichts hielt die Männer von ihrer Pflicht ab. Sie waren Tirols treue Wacht.

Toni von Tschurtschenthaler starrte vom Gipfel den langen Hang hinab und fragte sich, wie lange sein Haufen von äußerst mutigen, aber zahlenmäßig weit unterlegenen Kaiserjägern und Tiroler Standschützen standhalten konnte.

»Diese Position muss bis zum letzten Mann und der letzten Kugel gehalten werden«, hatte der Kommandant der Pustertaler Division befohlen.

Worauf Toni auf typisch Tiroler Art antwortete: »Herr General, wo sollten wir schon hingehen, nach vorn geht's net und nach hinten scho' gar net.«

5

Standschützenoberjäger Michael Schaller und Josef Pongraz standen Wache in einer der exponiertesten Stellungen, der Felsenwache 2250. Früher hatten die beiden ein Problem miteinander: Es ging um ein Stück Wald. Das war die Vergangenheit – jetzt zählte Größeres: Tirol.

»Michael, der Welsche hat nix guat's im Sinn. 's ischt zu still.«

Außer einigen Ballereien, hatte es seit Tagen keinen richtigen Feindkontakt gegeben.

»Schau liaba nach unten, Josef, und meld's dem Hauptmann. Da unten tuat si was.«

An diesem warmen Sommerabend war Bewegung an der Baumgrenze sichtbar. Die Mannschaft auf der Felsenwache spürte es in den Knochen, in wenigen Stunden würde diese Kampfruhe der Vergangenheit angehören. In der Gipfelstellung und den vorgelagerten Felsenwachen warteten Hauptmann Homas 5. Kaiserjäger und mit ihm die Enneberger Standschützen, mit juckendem Finger am Abzug.

Der erste Feuerwechsel war mehr ein Abtasten als ein Angriff. »Das war nur der Anfang«, sagte Hauptmann Homa. »Der Welsche kommt noch. Grabner, bring das Mauser-MG vom Osthang auf die Felsenwache.«

Wie Homa voraussah, kamen die Italiener. Diesmal nicht in Kompaniestärke, sondern mit einem Bataillon.

*

Ein erfolgreicher Angriff auf die Spitze des Col di Lana musste sicher zum Tod von Hunderten, vielleicht sogar Tausenden führen. *Generale* De Bernardis, Kommandeur der *Brigada Calabria,* rechtfertigte die Einnahme dieses Berges als Schlüssel für General Cadornas »große Durchbruch-Strategie«. In den ersten Wochen des Krieges mit einer soliden Siegesmoral, mit Generälen und einer Mannschaft, die noch nicht durch das Blutvergießen abgestumpft waren, dachte der Brigadekommandeur an seinen unsterblichen Ruhm; dies wiederum brachte seine tapferen Männer einen Atemzug der Ewigkeit näher.

Mitte Juli 1915 befahl *Maggiore Generale* De Bernardis seinem 59. und 60. Infanterie-Regiment drei gleichzeitig auszuführende Angriffe: einen Vorstoß auf den Panettone (Infanterie-Stellung), einen auf das *Fortino austriaco* (Felsenwache 2250). Das erste Ziel aber war der *Capello di Napoleone* (Felsenwache 2207). Dazu wurden zwei Kompanien bereitgestellt. Ein Spaziergang? So hatte es der General ausgedrückt, denn die feindlichen Stellungen lagen seit Stunden unter schwerem Artilleriebeschuss. Aber es ist immer weise, im Krieg nichts zu prophezeien.

In der Abenddämmerung des 19. Juli 1915 dachten *Capitano* Luigi Bodinis 250 Mann vom 59. Infanterie-Regiment an den bevorstehenden Angriff. Finster und bedrohlich ragte der dreifach verdammte Col di Lana in die Dunkelheit. Der Angriff war für 22 Uhr festgelegt. Wegen eines Kabelbruchs in der Fernsprechleitung verzögerte sich der Angriff um zwei Stunden. Im Mondlicht traten gespenstische Schatten aus der Baumgrenze hervor. Immer mehr Männer befanden sich auf einer steinigen Halde. Anfangs lief alles wie geplant. In der Dunkelheit gelang es einer fünf Mann starken Pioniertruppe, an den Draht eines der vorgelagerten Gräben zu gelangen. Sie zündeten eine Sprengladung und öffneten eine Bresche durch den Drahtverhau. Gefolgt von einem mächtigen Gebrüll: »*Avanti!*« Eine Leuchtkugel wurde gezündet und badete den Hang in grelles Licht. Dutzende von *Alpinis* waren bereits nahe der Bresche im Draht.

»Schiaßt niedrig ... in die Mitten«, rief Korporal Hinterstoisser. Die Standschützen taten genau das. Gefangen im weißblauen Strahl der Leuchtkugeln taumelten die *Alpini* reihenweise. Einigen gelang es, den Draht zu erreichen. Ihre Handgranaten explodierten inmitten der Tiroler. 40, 50 *Alpini* stürmten durch die Bresche im Draht. Ein verzweifelter Nahkampf brach aus. Ein *Alpini* mit aufgepflanztem Bajonett rannte auf Michael Schaller zu. Josef Pongraz drückte ab, der Mann brach knapp vor Schaller zusammen. Die Lage wurde chaotisch; die Angreifer drängten zusammengepfercht vorwärts, als das nach vorn gebrachte Mauser-Maschinengewehr zu hämmern begann. Der Vorhang des Todes senkte sich über *Capitano* Bodinis zusammengepferchte *Alpini*.

Eine weitere Kompanie unter dem Kommando des 30 Jahre alten *Tenente* Alberto Rossi kroch entlang einer Vertiefung im Hang bis auf 30 Meter an den Feind heran, bevor sie von demselben MG-Schützen gesichtet wurden. Dieser drückte ab. Kugeln flogen. Ein Dutzend Angreifer wurde sofort getötet oder schwer verwundet. *Tenente* Rossi erlitt eine Fleischwunde. Er musste das Maschinengewehr ausschalten, oder nicht ein Einziger der

Kompanie würde das Gemetzel überleben. Rossi war nahe der Kugelspritze. Mit einer Pistole und zwei Handgranaten bewaffnet, kroch er die letzten Meter bis zum Drahtverhau. Dabei wurde er nochmals getroffen. Mit letzter Kraft zog er sich an einer Eisenstange am Drahtverhau hoch und warf die beiden Handgranaten. Mit dieser heroischen Tat, die letzte in seinem Leben, brachte er das Maschinengewehr zum Schweigen. 40 von Rossis Männern schafften es zurück in Sicherheit.

Für *Generale* De Bernardis 59. Infanterie-Regiment war die Situation äußerst brenzlig. Einheiten zogen sich aus dem zermürbenden Feuer zurück. Der General befahl seine letzten beiden Reservekompanien in den Angriff. Es musste sein. Es ging um die Ehre. Die beiden *Alpini*-Kompanien wurden mit schweren Verlusten zurückgeschlagen. Der General selbst sah hilflos zu, wie seine Kompanien am Hang verbluten.

Um 7.30 Uhr, als der Ausgang klar wurde, telegrafierte *Generale* De Bernardis an das Armeehauptquartier: »Wir gehen zurück. Erbitte weitere Anweisungen. De Bernardis.«

In dieser höllischen Nacht fielen 52 Österreicher und Verbündete. 60 weitere Männer wurden zum Teil schwer verwundet, darunter einige Offiziere.

Die italienischen Verluste beliefen sich auf sechs Offiziere und 148 Mann – tot. Zusätzlich 320 Schwerverwundete. Über deren Opfergang stand nicht eine Zeile in den täglichen Regierungsmitteilungen – als ob es die Dolomitenfront nicht gäbe: »Im Norden nichts Neues ...«

6

Nur raus aus dieser Zone des Todes. Zuerst kommen die humpelnden Leichtverwundeten, ineinander gehakt, gestützt von Kameraden. Dahinter die Bahren mit der blutigsten Beute eines verlorenen Angriffs. Alle in der Hoffnung auf baldige Hilfe. Wo ist hier der Sanitätsdienst? Er ist nicht da! An solche

Dinge hatte man bei der Planung des großen Durchbruchs nicht gedacht ...

Ein weiterer fatalistisch-heroischer Angriff wurde abgeblasen. Der dritte – oder war es schon der vierte in den letzten Wochen? Der Arzt hatte aufgehört zu zählen. Die grausame Ernte lag vor seinem Operationszelt. Wo konnten die Verwundeten Hilfe erwarten? Die einzige Verbandsstation war den steilen Berg hinab, und es waren nicht genügend Tragbahren zur Hand; einigen Verletzten gelang es, auf dem Rücken ihrer Kameraden die Station zu erreichen. Dort lagen sie dann auf Planen und warteten auf irgendjemanden mit genügend medizinischer Erfahrung, um ihre Wunden verbinden zu können. Hundert Tragödien vereint in einem einzigen Stöhnen. Viele starben während der langen Wartezeit.

Trotz ihres selbstlosen Einsatzes waren die wenigen Ärzte vom schieren Ausmaß ihrer Aufgabe überwältigt. Drei Operationstische standen Seite an Seite, Mediziner operierten wie am Fließband. Die antiseptischen Mittel waren erschöpft und Dr. Menozzis Assistenten verwendeten *Grappa* zum Reinigen der klaffenden Wunden. *Comandante* Dr. Alberto Menozzi, ein Mailänder Chirurg, schnitt und flickte, bis seine Finger zitterten. Ein Schluck *Grappa* für den Patienten, ein Guss auf die klaffende Wunde – und Menozzi schnitt in zerfetztes Gewebe. Danach gab er Anweisung an einen seiner Sanitäter, die Wunde zu nähen, während er bereits am nächsten Tisch operierte. Blut war an seinen Armen, Blut klebte auf der Gummischürze und an den Sohlen seiner Gummistiefel. Schwärme von Fliegen saßen in den Blutlachen. Ein Korb war bis zum Rand mit blutigen Bandagen gefüllt. Hinter dem Zelt war ein tiefes Loch, da kam alles hinein. Bandagen und amputierte Teile.

Während einer Schlacht ist es gängige Praxis, dass ein Arzt nur Verwundete mit reeller Überlebenschance operiert. Einem Studenten, zweites Jahr an der Fakultät für Medizin, wurde die Pflicht zuteil, über Leben und Tod der Verwundeten zu entscheiden. Er war es, der bestimmte, wer auf dem Operationstisch landete – und wer in eine Ecke geschoben wurde, um dort sein Leben zu beenden. Ein *Alpini*, seine Uniform getränkt vom Blut seines Kameraden, den er über der Schulter den Berg heruntergetragen hatte, sah den für die Triage[10] verantwortlichen jungen Mediziner. »*Devo aiutare il mio compagno* – Hilf meinem Freund.« Dieser warf einen Blick auf den Verwundeten und schüttelte den Kopf: »*Nessuno può più aiutarlo* – Dem kann nicht geholfen werden.« Der *Alpini* setzte sich neben seinen Freund und hielt dessen Hand ...

»*Dottore, vuole un caffè?* – Doktor, möchten Sie einen Kaffee?«

»*Che ora è?* – Wie spät ist es?« War es wirklich schon 9 Uhr morgens? Die Nacht war vorbei. Der Kaffee kam mit einem Schuss *Grappa*; es brannte in seiner Kehle, aber es peitschte ihn auf. Er musste weiteroperieren, Löcher flicken, zersplitterte Gliedmaßen amputieren. Die Garrotten zum Abbinden der Extremitäten mussten alle zehn Minuten gelockert werden; sonst trat das gefürchtete *cancrena* ein, die Gangrän.[11] Damit kam das Ende. Aufgrund der hohen Fallrate auftretender Sepsis bei Schusswunden in Bauch, Magen oder Lunge wurden diese Fälle prinzipiell während der Triage sozusagen eliminiert. Ein Schaden in der Bauchhöhle war meistens so massiv, dass der Tod innerhalb kurzer Zeit eintrat.

Der erschöpfte Dr. Menozzi lehnte an der Zeltstange, eine Zigarette in seinen zitternden Fingern haltend. »Signor Dottore, die nächste Operation liegt auf dem Tisch. Der *Tenente* mit dem Beinschuss hatte einen Zusammenbruch. Er blutet stark.«

Der Arzt warf seine Zigarette zu Boden und blickte auf seine Hände. »Mein Gott!«, dachte der Chirurg, »wie viele Glieder hat

---

10 Triage, vor allem in der Militärmedizin verwendet, ist die Sichtung und Einteilung von Verletztengruppen.

11 Gangrän, eine Gewebsnekrose, meist infolge von Blutunterversorgung, bei der das betroffene Gewebe durch Verwesung und Autolyse (Selbstverdauung) zerfällt; früher eher als Wundbrand bekannt

ein Körper, wo der Schaden einer Kugel nicht wiedergutzumachen ist?« Die Hast, mit der er operierte, betäubte die Gedanken. Bei diesem Leutnant hatte die Kugel einen Knochen nur angeschlagen. Aber die Beinsplitter waren überall. Unter normalen Bedingungen würde er die Knochenfragmente herausoperieren und anschließend das Bein sechs Wochen in Gips legen. Nicht hier. Amputieren war schneller als eine Flickschusterei. Zwei Sanitäter hielten den Verwundeten. Der Leutnant schrie: »*Dottore, non mi tagli la gamba* – Doktor, nicht mein Bein!«

Drei Minuten mit Skalpell und Säge. Dann überließ es Menozzi einem seiner Assistenten, die Wunde zu kauterisieren[12], während ein Helfer einen Eimer Wasser über den Operationstisch schüttete, um das Blut wegzuwaschen.

Schon lag der Nächste auf dem Tisch. Nierenschuss. Innere Blutungen. Menozzi wusste, für diesen Mann kam jegliche Hilfe zu spät. Helfer trugen ihn in ein anderes Zelt, wo ihm ein Priester die letzte Ölung gab.

Einer seiner Patienten war ein deutschsprachiger Ladiner aus Cortina. Vielleicht kam seine Kugel aus dem Lauf eines ehemaligen Schulfreundes. Der Sterbende sah Menozzi an: »Ich bin erledigt, das weiß ich …« Der Doktor drehte sich um und ging aus dem Zelt.

Am Ende des Tages herrschte Stille. Die von Alberto Menozzi Operierten schliefen – und die anderen ruhten für immer unter den Zirbeln.

7

Der tägliche und aufreibende Zermürbungskrieg ging weiter. Der Standschütze wie der *Alpini* wurden zum opferbereitesten und zähesten Wesen in dieser Hölle aus Tod und Vernichtung.

---

12 Kauterisieren: durch Hitze oder Chemikalien zerstören oder verätzen

Bald spann sich um beide ein Mythos. Sie wurden Sieger über Tod und Teufel.

Die Italiener warfen immer neue Kräfte in den Kampf. Es bedarf der Mentalität eines mittelalterlichen *Condottiere*[13], um gegen das eiserne Tor einer Ritterburg blind anzurennen, koste es, was es wolle. So ein Mann war *Maggiore Generale* Nicola De Bernardis.

»Befehl an *Colonnello* Petracchi. Der *Capello di Napoleone* ist rücksichtslos anzugreifen!«

Eine Stunde bis zum Morgengrauen. *Capitano* Giovanni Scolaris und das 8. Regiment der *Bersaglieri* warten auf ihr Signal. Ihre Herzen pochen. Männer, die nie miteinander sprachen, suchen nun enge Kameradschaft, dampfen eine Zigarette nach der anderen. Das Magendrücken kommt nicht vom Wasser. Viele suchen und finden Erleichterung hinter einem Busch. Und diejenigen, die nicht hinter einem Busch sitzen oder rauchen, überprüfen ihre Carcano-Gewehre zum fünften Mal. In weniger als einer Stunde wird für viele das Feuer der Hölle warten.

Scolaris Angriffsziel ist ein schwarzer Felsen, der *Capello di Napoleone,* eine vorgelagerte Tiroler Felsenwache. *Militare* Enzo Testa starrt auf die Hanglinie. Vom Feind ist keine Spur zu sehen: Vielleicht haben die *Tirolesi* eingepackt und sind nach Hause gezogen. Aber hierbei kann man nicht auf die *Austriaci* zählen. Spätabends hat ihnen der *Capitano* ihr Ziel erklärt, was für die meisten zu einer schlaflosen Nacht führte: »*Caro Dio*! Wenn die Sonne aufgeht, lass die Kugel nicht mich treffen …« Kurz vor dem Morgengrauen erreichen sie die Baumgrenze, dann 100 Meter gerader Aufstieg bis zur schwarzen Felswand.

Sergente Raffaelo Cavaletti nutzt die kurze Wartezeit für einen dringenden Zweck, denn eine alte Kriegerweisheit besagt:

13 Söldnerführer, wie ihn die italienischen Stadtstaaten vom späten Mittelalter bis in die Mitte des 16. Jahrhunderts beschäftigten.

»Geh mit einer leeren Blase in den Kampf.« Er knöpft seine Hose zu und dreht sich zu seinen Männern um. *»Se avete bisogno di pisciare lo adesso* – Wenn ihr pissen müsst, tut es jetzt.« Auf dem *cazzo* Berg wird dafür keine Zeit mehr sein ... Viele folgen seinem Rat.

»Andate a pisciare su quella collina – Pisst auf diesen Berg.« Für sie symbolisiert dies genau das, was dieser Scheißberg wert ist. *»Per la Patria«* hatte sie ihr übermäßig aufgeblasener *Capitano* angefeuert. Einige riefen sogar enthusiastisch: *»Si, Capitano ... patria ...«* Nicht er, *Militare* Enzo Testa. Sein Glaube an das, was ihnen die Offiziere über Recht und Ehre einflößten, endete in dem Moment, als er das erste Mal eine verstümmelte Leiche sah. Der Anblick hatte ihn von allen patriotischen Parolen geheilt. Er hatte nur ein Leben – und als 21-Jähriger ist er nicht bereit, es aufzugeben. Dieser blutige Berg ist nicht seine *patria*. Aber dies laut auszusprechen, würde ihm zwölf Kugeln im Morgengrauen an einer Friedhofsmauer bringen. Er hält den Mund in der Hoffnung, zu seiner kleinen Tochter im fernen Apulien zurückzukehren. Eines Tages muss dieser Wahnsinn doch ein Ende finden, wenn ... Es gibt immer ein nächstes Mal und dieser Morgen ist es so ...

Capitano Scolari sieht auf die Uhr: 5.40 ... 5.41 ... fast Zeit. Um 5.45 Uhr brüllt *Sergente* Raffaelo Cavaletti: *»Avanti!«*

Testa denkt: *»Andante sulla cazz' collina* – Rauf auf den beschissenen Hügel.«

Und sie rennen dem Mann mit der lautesten Stimme hinterher ...

8

Standschütze Franz Moser liegt auf der Pritsche neben dem Sohn seiner Schwester, dem 18-jährigen Mansueto Palla. Sie schlafen trotz der bebenden Einschläge – der Mensch gewöhnt sich eben an alles –, als eine Stimme schreit. »Raus! Alles raus! Der Welsche greift an!«

»Was gibt's?« Der schlaftrunkene Mansueto blickt um sich.

»Steh auf, Bua. Der verfluachte Welsche lasst uns ka Nacht schlaf'n«, flucht der alte Moser. Als sie mit noch müden Gliedern aus der Kaverne wanken, zerreißt ein aufflammender Blitz den Bodennebel in weiße Fetzen. Die Orgel der Hölle pfeift aus jedem Rohr.

»Kruzifix Sakrament!«, flucht Franz und stolpert mit seinem Neffen Mansueto über die Toten der letzten Granate. Der Maschinengewehrstand hat einen Volltreffer abbekommen und ist eingestürzt. Vom Maschinengewehr guckt nur noch der Lauf heraus. Dreiköpfige Mannschaft liegt daneben. Das einzige Lebewesen ist ein Käfer, der über Mosers Nacken kriecht. Plötzlich ist Stille. Franz weiß aus Erfahrung – jetzt kommt der Angriff. Mithilfe von Mansueto zieht er das Maschinengewehr und die Munitionskiste aus dem Steinhaufen hervor. Mansueto legt einen Kugelgürtel ein. Wenige Augenblicke später erscheint der Feind am Hang. Der Moser-Franz drückt ab …

»*All' Attacco!*« 50 Meter von dem schwarzen Felsen rennen die vordersten *Bersaglieri* in einen Bleihagel. Testas Hände sind kraftlos vor Angst. Um ihn herum pressen die Überlebenden ihre Gesichter in die feuchte Erde. »*Avanti!*« Der *Capitano* rappelt sich hoch und prescht mit großen Sprüngen der Felswand entgegen. Es ist, als trage er die Fahne von *onore e patria* ganz allein.

»*Avanti!*« *Sergente* Cavaletti ruft es aus … und bleibt wie angenagelt stehen. Ein Blutstrahl aus seinem Hals überzieht *Militare* Testa mit klebrigem Rot.

Oben am Felsen liegt Mansueto Palla und ladet einen neuen Kugelgürtel in Mosers Maschinengewehr. Rundherum schlagen Mörsergranaten ein. »Mei liaba Gott, steh uns bei!«, ruft er in seiner Verzweiflung. Einen Herzschlag später fällt ihm seine Edelweiß-Kappe vom Kopf. Das Maschinengewehr klemmt. Moser schreit: »Bua … wach auf …!« Neben ihm liegt ein Toter.

Eine Stimme reißt Moser aus seinem Schock: »Schiaß! I lad dir den Patronengürtel.«

Franz drehte das Schwarzlose-MG auf den heranstürmenden Feind und drückt ab. Das Maschinengewehr spuckt den Tod. »Da habt's es für' n Mansueto!« 80 Meter vor seiner Feuerspritze rennen Dutzende von *Bersaglieri* in seine Kugeln. Nichts bringt sie zum Stehen. Die Ersten sind schon gegen die Felswand gedrückt. Der alte Moser springt auf, eine Handgranate in der Faust. Er schleudert sie über den Felsrand. Die Granate verschwindet in der Tiefe.

Militare Enzo Testa liegt gegen den schwarzen Felsen gepresst neben seinem heroischen *Capitano*. Der schwarze Stein erinnert Testa an die Grabsteine auf dem Friedhof in seinem kalabrischen Dorf. Kugeln prallen von der Wand, und Querschläger surren über die beiden hinweg.

»Was jetzt, *Signor Capitano*?«

»Wir gehorchen unserem Befehl.«

Der Soldat schüttelt ungläubig seinen Kopf. 40 Sekunden später ist der *Capitano* tot. Kurz darauf *Militare* Testa.

Vier Wochen nach diesem Angriff kommt der Postbote mit einem Brief zu der jungen Braut des Soldaten Testa: »*Caduto per la patria* – für das Vaterland gefallen«.

Franz Moser nagelt ein Schild an ein Kreuz aus Zirbelholz: Mansueto Palla, Standschütze.

Einen Monat später fällt der alte Moser einem Scharfschützen zum Opfer.

9

Es war ein kalter Tag. Alle, die nicht Wache standen, saßen mit unrasierten, sonnenverbrannten Gesichtern herum. Sie rochen nach Schweiß, Rauch und schimmeliger Kleidung. Sie stopften ihre Socken oder schrieben Briefe. Nicht wie es wirklich war, denn ein Brief mit der Wahrheit würde von der Militärzensur konfisziert. So schrieben sie: »Die Moral ist gut …«

Vinzenz Irschara schrieb seiner Mirli. Sein Bruder Johann stopfte keine Socken und schrieb keinen Brief, denn er hatte niemanden, der auf einen Liebesgruß wartete. Er starrte auf die Kalksteinfelsen im rötlichen Alpenglühen: das Feuer Gottes. Wie die Alten es ausdrückten: Die Berge glühen immer vor einer Katastrophe. Götterdämmerung.

Aber nicht heute, denn es war der Tag von Mariä Himmelfahrt. Johann Irschara hielt in das Bild der heiligen Maria in der Hand, welches ihm die Mutter in seine Jackentasche gesteckt hatte. Mariä Himmelfahrt 1915 war grau und öd, nicht bunt wie die Jahre zuvor. Die weiß-roten Dirndln waren nun schwarze Schals, und der Herr Pfarrer war »am Berg« mit den Männern. Johanns Gedanken gingen ein Jahr zurück … im weißen Hemd und mit einem Zirbelzweig am Hut ging er zur Kirche. Jedes Jahr an Mariä Himmelfahrt folgte die Dorfgemeinde in festlicher Tracht der Kirchenprozession. Ministranten schwenkten mit Inbrunst den Kelch mit Weihrauch, dann kam Hochwürden mit dem Kreuz. Kleine Maderln streuten Blumen vor der Statue der Jungfrau Maria, die von bärtigen Männern getragen wurde. Nach dem Gottesdienst hatten alle eine »Gaudi« auf dem Dorfplatz, wo junge Werber die üppigen Busen ihrer Liebsten mit Pumpernickelherzen schmückten, während deren Eltern die Mitgift für die bevorstehende Hochzeit aushandelten. Später trafen sich die Buben im Gasthaus »Zur Post«, tranken fassweise Bier und prahlten über ihre Heldentaten im Heustadl und … und …

Viele von ihnen sind bereits unter der Erde. Ihre blassen Gesichter ziehen wie Gespenster an Johann vorbei … Alois … Seppi … Anderl … Sie sprechen zu ihm, aber er kann sie nicht hören, ihre Stimmen sind für immer zum Schweigen verdammt. …

Die Zeit schleicht, aus Minuten werden Stunden, zumindest für Johann. Eine Stunde noch auf Wacht … Johanns Gedanken gehen zurück zu dem Tag, als die Sturmglocke läutete.

Er war ein naives Kind, hütete zwölf Kühe, acht Ziegen und starrte dabei Löcher in die Luft. Und was war er heute? Als er seinen Namen auf die Liste setzte, war er viel zu jung, um zu zweifeln. Für ihn war alles wohlgeordnet: Schwarz oder Weiß. Grautöne gab es für ihn keine. Das war damals. Aus dem Bub war ein Mann geworden, der gelernt hatte, mit grimmiger Durchschlagskraft zu kämpfen.

Johanns Zehen kribbeln in der Kälte. Konnte er mit steifen Fingern abdrücken? Dem Welschen ist wahrscheinlich genauso kalt, und auch er hat steife Finger. Johann stampft mit seinen Füßen. Alles, was er will, ist sich in einem Federbett zu verkriechen, sich einmal noch warm zu fühlen – und schlafen ... schlafen ... schlafen! Es ist kurz bevor die Sonne hinter den Gletschern der Marmolada versinkt, als er eine Bewegung am Gipfelhang sieht. Ein Ziel wird sichtbar. Er reibt die Hände, pumpt Blut in seine kalten Finger, legt sein Gewehr auf einen Sandsack, stellt die Entfernung auf 250 Meter ein – einige Meter mehr oder weniger machen keinen Unterschied. Er streckt seinen Kopf über den Sandsack und ist sich bewusst, dass er sich damit der Kugel eines Scharfschützen preisgibt. Er zielt – und drückt ab. Unten am Hang bewegt sich nichts mehr.

10

Zwei Monate vor Beginn der Feindseligkeiten, als viele Italiener in der vagen Hoffnung sind, dass Roms Politiker ihr Land nicht in das europäische Chaos stürzen würden, saß ein Mann am Lago di Garda auf einer Terrasse. Die ihn kannten, sprachen ihn als Hochgeborene Exzellenz an. Gelasio Caetani, *Il Principe di Sermoneta,* wusste, dass dieses schöne Land seinen letzten Frühling im Frieden erlebte. Jenseits des stillen Wassers sah er die weißen Felsen der fernen Dolomiten. Die Glocken von Toscolano läuteten die Stunde. Seine Stunde?

»Für dich«, sagte er zu dem alter Kellner und gab ihm ein mächtiges Trinkgeld.

»*Vostra Altezza*, viel zu viel ...«

»Mein lieber Mann, ich werde für lange Zeit kein Geld ausgeben können ...«

An diesem Tag hatte Gelasio Caetani seine Einberufung zum Militär erhalten.

Einige Monate später starrte derselbe Mann mit begründeter Sorge auf einen Gipfel, den sein *Supremo* General Cadorna als Monument für seinen unsterblichen Ruhm auserkoren hatte. Der Prinz von Sermoneta, dessen päpstliche Vorfahren aus der Geschichte ohne ewigen Ruhm schieden, verstand besser als irgendein General, wie kurzsichtig das Auge der Ewigkeit ist. General Cadorna handelte nach dem mittelalterlichen Prinzip, dass eine zahlenmäßig überlegene Armee am Ende immer siegreich ist. Caetani als erfahrener Bergsteiger könnte den General eines Besseren belehren: Der italienische Generalstab sah in den *Tirolesi* nichts weiter als ein undiszipliniertes Bauernvolk. Er, Caetani, respektierte diese Bauernsöhne für das, was sie wirklich waren: ausgezeichnete Bergkämpfer mit einem scharfen Biss.

Nach den ersten blutigen Rückschlägen werden die italienischen Verluste durch junge Rekruten ersetzt. »Ich stehe vor einem Problem«, schreibt Caetani in einem Brief an seinen Vater. »Der Großteil meiner Truppe sind unerfahrene Wehrpflichtige. Ihr einziges Ziel ist der natürlichste aller Instinkte: diesen Krieg heil zu überstehen. Dennoch fallen sie, bevor sie je einen Feind gesehen haben.«

In seinem Angriffsbefehl an *Tenente* Gelasio Caetani appelliert der Divisionskommandeur an die patriotischen Gefühle des Adeligen. »*L'onore della patria dipende dal Vostro coraggio* – die Ehre des Landes hängt von Ihrem Mut ab.«

Was heißt hier Mut? Etwa wie einst die dem Tode geweihten Gladiatoren beim Einzug ins Kolosseum? »*Ave Cäsar, morituri te salutant* – Heil Cäsar, die Sterbenden grüßen Dich ...«

Caetanis Befehl lautete: »Inbesitznahme der Felsenwache am *Capello di Napoleone*.« Im blassen Mondlicht schleicht Caetani mit 80 Männern entlang des Grats. Seinem Zug ist es gelungen, bis auf 40 Meter an den Drahtverhau heranzukommen, als eine Leuchtkugel die Nacht mit seinem grellen bläulichen Licht fast taghell erleuchtet. Seine Männer stehen zu Statuen aus weißem Marmor gefroren am kahlen Hang.

»*Avanti*« – Das ist eine Frage von Sekunden. Nicht einer zaudert. Sie müssen die Bodenwelle vor dem Draht erreichen – oder sie sind verloren. Sie stolpern über loses Geröll und haben noch keine zehn Schritte getan, als eine Stimme vom *Capello* laut wird: »Feuer frei!« Es blitzt, und es knallt, es pfeift, zischt und peitscht den Männern Caetanis ins Gesicht. Gefangen im grellen weißen Licht tanzen die Getroffenen wie Marionetten. Sie werfen ihre Arme in die Luft, rollen den steilen Hang hinab. Die *Tirolesi* schießen mit unbarmherziger Präzision. Caetanis *Sergente* trifft die Kugel in die Brust. Ein anderer greift sich an den Bauch. »*Bambini miei cari* – meine Kinder«, ruft er und bricht zusammen. Handgranaten explodieren; Körper segeln durch die Luft. Caetani stolpert über Gefallene; er sieht hilflos zu, wie sein Zug in Fetzen gerissen wird. Nicht einer schafft es bis zum Drahtverhau. Brave Männer sterben in Minuten. Andere suchen Schutz hinter gefallenen Kameraden.

»*Aiutami … sono ferito* – Hilfe … ich bin getroffen«, rufen die Sterbenden – und einen Fluch die noch Lebenden. Die Situation ist hoffnungslos.

Caetani denkt vorerst an seine Männer. »*Ritirata!* – Zurück! Alles zurück!«

Während der Überquerung des Hanges wird Caetani getroffen. Er fühlt einen brennenden Schmerz an seiner Seite. »Wo werden sie mich begraben?« Es kommt nicht dazu, denn einer seiner Männer zieht ihn hinter einen Felsen. Es gelingt ihm, die Blutung zu stoppen.

»*Sei stato fortunato* – Sie hatten Glück«, sagt der Arzt. »Um einen Fingerbreit und …« Nach zwei Wochen Lazarett sitzt Caetani im Offiziersquartier. Er ist zwar bandagiert, aber seine Finger umfassen ein Glas *Grappa*, als der Divisionskommandeur eintritt. Caetani, der seinen Zorn hinter seiner makellosen militärischen Haltung verbirgt, salutiert dem Vorgesetzten. Die Diskussion dreht sich um seinen Rückzugsbefehl. Der Divisionär hebt die Hand mit seinen feinen Handschuhen ungefähr in Brusthöhe: »*Capello di Napoleone?*«

»*Signor Generale*, wir haben unser Möglichstes getan.«

»Ihre Pflicht ist es nicht, ihr Möglichstes zu tun als Mensch, sondern als ein Offizier.«

Diese Berufsidioten! Es erinnert Caetani an den Satz seines Ausbilders in der Akademie: Die wahre Größe eines Führers liegt nicht nur in seiner taktischen Fähigkeit, sondern in seinem Verantwortungsbewusstsein. Und in der Nacht am *Capello* war das Leben seiner Männer von erster Priorität. Nur weiß er, dieser General würde immer ein Argument finden, das einen Widerspruch von vornherein hinfällig macht. Seit jener Nacht stellt sich Caetani die Frage: Warum und was ... Warum ein Angriff auf einen Berg – taktisch fast uneinnehmbar? Was rechtfertigt diesen Opfergang für ein Objekt ohne jegliche strategische Bedeutung? Nichts ist für einen Soldaten mehr entmutigender als die Erkenntnis, dass sein Opfer keinem Zweck diente. Die paar Dutzend, die ins Gras beißen mussten, die Hunderte, die mit Kugeln im Leib sich rückwärts schleppten ... Sie zählen nicht. So ist es im Krieg.

Es wird noch mehr Verluste geben. Der Soldat ist nur das Werkzeug. Ein Angriff ist vorüber, schon wieder wird der nächste mit Granaten eingeleitet. Mit wachsender Wut sausen die Geschosse in das Trümmerfeld um die Felsenwache. Caetani sieht mit überdeutlicher Klarheit, dass dieser verdammte Berg noch viel Blutzoll fordern wird.

In der »Großen Strategie eines Oberbefehlshabers« hat ein *Tenente* wenig mitzureden.

11

Michael Crazzolara, ein bärtiger Veteran aus St. Lorenzen, teilte mit Vinzenz Irschara seine Bauernphilosophie. »Woasst scho,

Bua, i hab' nix gegen den Welschen, und i bin sicher, der Welsche hat a nix gegen mi. So in Gottes Namen, warum schiaß'n wir aufeinander? Sobald unser Dorf zur Befriedigung einiger Arschlöcher ab'brannt ist, fangt der Bauer wieder von vurn an. Ein Bauer tuat dies allerweil. Aber bis dieser verdammte Kriag vorbei ischt, muass der Soldat den Willen anderer tun und hoffen, dass er eines Tag's heil nach Hause z'rückkummt.«

Drei Wochen später war Crazzolara tot. Die Kugel eines Heckenschützen hatte ihn erwischt. Als Vinzenz davon hörte, weinte er. Der Michael war für ihn wie ein Großvater. Und dann war da noch der alte Joschi Oberhammer. Vinzenz hatte die Wache mit ihm geteilt. Sein raues Leben stand ihm im Gesicht, sein Bart war mehr Salz als Pfeffer. Er ging gebeugt, aber schoss gerade. Wie im Schießstand, fünf oben und fünf unten. An einem kalten Morgen kletterte der alte Joschi nach oben. Er hatte kaum ein Dutzend Schritte getan, als der Krieg für ihn zu Ende war. »Mei' liaba Herrgott ...«, rief er noch.

Jemand musste diese Pest von Heckenschützen wegputzen. Vinzenz Irschara meldete sich freiwillig. Irgendwo auf der Steigung zwischen dem italienischen Graben und dem Gipfelgrat lauerte ein Scharfschütze. Vinzenz lag bewegungslos, mit der Sonne im Rücken, sein Mannlicher mit Zielfernrohr zwischen zwei Steinen aufgelegt. Wie der Adler auf der Jagd, spähte er. Nichts bewegte sich. Die Morgenkälte kroch Vinzenz in die Knochen; er war müde und schloss die Augen ... nur für einen Moment ...

Franco Capelli war eine neue Art von Krieger. Ein Scharfschütze mit Nerven aus Stahl und einer ruhigen Hand. Er war eigen und stellte nie seine Gefühle zur Schau. Er suchte keine Freundschaft. Ein Einzelgänger. Nur er und sein Gewehr. Sein Loch war hinter einem Alpenrosenbusch, der lange Lauf seines Gewehrs war nach oben gerichtet. Vor ihm lag ein klares Schussfeld. »Klick« und die Kugel sprang in die Kammer des Gewehrs. Das Zielfernrohr war eingestellt. Mit den Ellenbogen am Boden verankert und der Hand am Lauf mit den Fingern am Abzug lag er da. Adrenalin pumpte durch seine Adern. Er war bereit, ein Menschenleben auszulöschen: einen Mann, den er nicht kannte. Die Welt um ihn herum war still. Ein Vogel ließ sich auf einem Strauch nieder und verstellte ihm die Sicht. Capelli hob die Hand, um den Vogel wegzuscheuchen. Mit dieser Bewegung zog er sein Gewehr hoch, und das Zielfernrohr blitzte in der Sonne …

Vinzenz Irscharas Onkel, ein versierter Wilddieb, erzählte ihm einmal: Je größer die Gefahr, umso mehr spürt das Wild die Gefahr … Vinzenz Augen flogen auf, aber diesmal war er das Wild! Es war ein unbewusstes Gefühl der Gefahr oder vielleicht war es das Kreischen des Vogels. Was immer es auch war, seine Augen fixierten eine Lichtreflexion. War es Angst, Fantasie – oder ein Zielfernrohr? Er starrte einige Sekunden, aber da war es wieder, ein kurzer Blitz – nur diesmal war es mehr: Hinter dem Blitz war ein Gesicht, direkt auf ihn gerichtet. Vinzenz zielte – und schoss.

Das Gesicht mit den Augen, die ihn im Blick hatten, das war verschwunden.

12

Mitternacht. Mit tosendem Lärm heulte eine Granate über den Kamm und explodierte hinter der Schlafhöhle.

»Was … was war das?«, stotterte ein geschockter Neuankömmling.

Ein weißbärtiger Tiroler, Veteran der Solferinoschlacht vor 50 Jahren, nahm die Pfeife aus dem Mundwinkel und schaute auf den Rekruten. »Des war a Einundzwanz'ger? Und hiatzt, Bua, drah di um und geh wieder schlaf'n.«

Tag und Nacht der gleiche Lärm. Ein ferner Donner, ein schrilles Heulen, dann zitterte der Boden unter einer gewaltigen Explosion. Das schwere Geschoss kam aus dem Lauf einer

210-mm-Haubitze des *Raggruppamento di assedio* Col di Lana. Die Italiener schossen vom Monte Porè, und die bayerische Bergbatterie antwortete vom Hexenstein. Solche Duelle der Artillerie richteten wenig Schaden an, aber sie hielten die jungen Rekruten vom Schlaf ab. Es war mehr eine Psychoattacke, denn der Krach und das Bodenrütteln griffen das Nervenkostüm der Soldaten an. Für viele hatte die Wirklichkeit aufgehört zu existieren. Der Schreck vor Granaten führte zu einem Gedankenschock, und der Mann versank in geistiger Umnachtung.

Der 18-jährige Alfred Kramer, ein Biologiestudent, frisch aus der Katholischen Universität Bozen, wurde als Koch 2. Klasse, ein glorifizierendes Wort für Erdäpfelschäler, eingezogen. Er wusste alles über das »Leontopodium alpinum«, im Volksmund bekannt als Edelweiß, aber er hatte noch nie ein Edelweiß in seiner natürlichen Umgebung gesehen. Jetzt wurde ihm diese Chance zuteil – nur hatte er keine Zeit zum Blumenpflücken. Als Munitionsträger gesucht wurden, wanderte Jung Alfred gerade in dem Moment, als eine Trägerkolonne zusammengestellt wurde, durchs Alpenrosen-Lager. Und deshalb endete er in einem Graben der Infanteriestellung, als die italienische Artillerie loslegte. Eine Granate schlug im Graben ein. Alfred sah nur Blut; er setzte sich mit dem Rücken zur Grabenwand – und bebte. Es war seine erste Begegnung mit dem frühen Tod. Ein alter Kaiserjäger mit Streifen am Ärmel nahm das Gewehr von einem der Toten, drückte es in Alfreds Hände und schrie ihn an, nicht heulend herumzusitzen, sondern Feinde abzuknallen, denn dazu war er ja hier. Alfred hatte nichts gegen die Italiener; sie waren sicherlich genau so verzweifelt wie er.

»Da, stell di neben mi her«, befahl ihm der Mann mit den Streifen.

»Was soll ich tun?«

»Schiaß'n sollst, du Scheißer. Drück ab, bevor's der Welsche tuat.« Ein guter Rat von einem, der es bisher überlebt hatte.

Ein Gedanke brauste durch Alfreds Gehirn: »Schießen ist töten – oder getötet werden.«

Das Gelöbnis »Du sollst nicht töten« zu brechen, hatte nichts mit christlicher Moral zu tun, sondern mit der Furcht jedes Soldaten, von der Kugel des Mannes, der auf ihn zielt, getroffen zu werden. Selbsterhaltungstrieb allein ist es, was den Soldaten antreibt, das »entweder er oder ich«. Also besser er!

»Dort ... dort vor dir«, schrie der Alte, brachte das Gewehr zum Anschlag und schoss. Der Feind schoss zurück. Der Lärm dieser Ballerei versetzte Alfred in schlotternden Terror. Plötzlich war ein Hut mit einer Rabenfeder direkt vor ihm, und unter dem Hut ein Paar Augen, die ihn anstarrten. Alfred drückte ab und hörte einen Schmerzensschrei. Alfred verstand kein Italienisch, aber die Bedeutung von *»Aiuto, fratelli* – Bruder hilf mir« war ihm klar. Mitgefühl spricht eine universelle Sprache – nicht aber im Krieg.

»Hör auf! ... Hör auf zu schreien!« Aber die Schreie hörten nicht auf. Im Gegenteil, sie wurden immer mehr anklagender; in Alfreds bereits verwirrtem Gehirn galten die Flüche des Verwundeten der Verdammung desjenigen, der ihm seine Todesqualen zugefügt hatte.

»Hör auf!«

Alfred schrie.

»Hör auf ...«

Er riss sein Gewehr hoch und drückte nochmals ab.

Am selben Abend kamen zwei Sanitätshelfer und nahmen den noch immer schreienden Aushilfskoch mit. Soldat Alfred Kramer wurde von keiner einzigen Kugel getroffen, aber seine Wunden heilten nie.

13

Die Soldaten des Generals Mulazzani schaufelten Schlamm, um einen Ziegenpfad in einen Maultierpfad zu verwandeln. Starke Regenfälle hatten Mulazzanis Zeitplan für einen Angriff auf den Col di Lana weit zurückgeworfen. Seine Männer beklagten sich nicht über das Wetter, denn der Regen hielt sie vom Sturm auf diesen verfluchten Berg ab.

Oben am Gipfel war die Lage nicht besser. Blitze prallten gegen die Felswand, Hagel peitschte, Pfade waren schlüpfrig, und Wasser füllte die Gräben. Die Männer standen nass auf Wache, und das Wasser strömte von ihren Mützen den Rücken hinunter, drang in ihre Schnürschuhe und weichte die Zehen auf; ihre Füße sahen wie bleiches Fleisch an einem ersoffenen Hund aus. Im Regen stehen und sich eine Lungenentzündung holen, das hatte mit Welscheschießen nichts zu tun. Das Schlimmste aber war eine neue, noch viel tödlichere Waffe: die Auswirkungen der Granaten – eine nicht sofort tötende Waffe. Granaten schleuderten Schlammfontänen in die Luft. Die Mischung aus Schlamm und den verwesten Kadavern ließ ein tödliches Gift entstehen. Ein Kratzer – mit Schlamm infiziert – wurde zum Schrecken des Kriegschirurgen: Diese tellurische – also von der Heimaterde ausgehende – Verschmutzung der Wunden führten zu Starrkrampf und dem langsamen Tod.

Eine Granate flog hoch über den Berg und landete irgendwo weit hinter dem Gipfel. »Guat g'schoss'n, Bruder Welscher. Hast g'rade a Murmeltier erschlag'n. Hört denn dieser Regen nie auf?«

Der Regen rinnt übers Gesicht von Zugführer Fritz Zangerl. Er fühlt sich alt, zu alt für einen Krieg; alles dauert doppelt so lang, er kann seine Müdigkeit nicht mehr abschütteln. Nicht wie diese 17-jährigen Burschen. Die Feuchtigkeit sickert in seine Knochen. Schmerz hält seinen Rücken wie in einem Schraubstock gefangen.

Der Junge neben ihm reibt sich die Hände: »'s ischt kalt, Patrolführer.«

Welch erstaunliche Entdeckung, denkt der Alte. »So, 's ischt kalt ... Was willst? A Medaille oder a Huastenzuckerl?«

Ein anderer im Graben nickt. »Weißt Fritz, was wär' für mi die nächstbeste Sache, aus dem Regen zu kumma?«

»So was ischt scho besser?«

»Dass der Welsche aufhört, auf mi z'schiaß'n.«

»Im Leben kannst net alles hab'n.«

Fritz Zangerl ist überfordert mit den jungen Ersatzsoldaten in seinem Zug, sodass er keine Zeit mehr für sich selbst findet. Verflixter Regen, wird er denn nie aufhören?

Es regnete auch im Tal. Unter dem schwarzen Regenschirm spürt Mutter Irschara den Regen kaum. Jeden Tag macht sie ihren Pilgermarsch in die Kirche. Ein paar Heller in die Opferdose und eine Kerze unter das Bildnis einer Mutter, der vom Erlöser. Dann setzt sie sich auf die Kirchenbank und betet zur heiligen Maria. Überfallen vom schmerzenden Gefühl der Einsamkeit weint sie lautlos und denkt an die Zukunft ihrer Söhne. Nach dem Krieg würde Zenz das Ackergeschäft und Honsen den Wald und das Vieh besorgen. Aber die Lichtung im Wald, die mit den vielen Holzkreuzen, geht ihr nicht aus dem Sinn.

»Muttergottes, ich flehe dich an …« Mutter Irschara fühlt eine große Leere: Wird sie ihre Buben je wiedersehen? Sie sind die beiden letzten Erben für den Campidellhof. Sie bekreuzigt sich, geht die Dorfstraße hinunter, vorbei an Frauen im schwarzen Schal – und jede mit ihrem persönlichen Schmerz.

14

»Angreifende Infanterie!«, schreit der Artilleriebeobachter vom Ostgipfel des Col di Lana in den Fernsprecher. Sekunden später heulen die Schrapnells auf und riegeln den Hang ab. Über dem Gipfel tanzen grünliche Wölkchen.

Die *Alpini* drängen in der Mitte zusammen, setzen sich über Felstrümmer und Leichen hinweg, stürmen pfeilgerade auf das Zentrum der Gipfelstellung zu. Dann sind die Italiener am Draht. Weiter kommen sie nicht. Das Kleinfeuer mahlt und knistert. Ihr sterbender *Tenente* sieht das Blitzen der Tiroler Gewehre, hört ihr Krachen – die Begleitmusik seines Heldentodes.

Ein Fetzen Kriegsromantik flattert über dem Berg. Fast jede Nacht kommt ein erneutes Anrennen gegen den Gipfel, und jede Nacht bellen die Gewehre der Tiroler, glühen die Läufe der Maschinengewehre mattrot. Dann kriecht ein neuer Tag aus der grauen Unendlichkeit. Und wer heute nicht stirbt, der wird morgen fallen – oder den Tag danach. Der Tod wartet für sie oben am Hang. Über das Sterben seiner Kameraden spricht der Überlebende nie. Aber in seiner Erinnerung leben diese heldenhaften Zwecklosigkeiten weiter. Dennoch erkennen die Generäle noch immer nicht, dass dieses Festhalten am Angriffsplan eine maßlose Eitelkeit ist. Irgendwann wird sie die Geschichtsschreibung verdammen.

*

Das militärische Hauptziel der italienischen Sommer-Herbst-Offensive von 1915 ist der Durchbruch nach Zentraleuropa, um damit die Hauptverbündeten Deutschlands, Österreich-Ungarn vom Krieg zu eliminieren. General Luigi Cadorna konzentriert seine Übermacht gegen die österreichisch-slowenische Nordostfront, insbesondere entlang eines Flusses durch die Julischen Alpen, dem Isonzo (slowenisch Soča). Dort werden so viele Schlachten geschlagen, dass sie nur als Nummern bekannt sind: 1. Isonzoschlacht, 2. Isonzoschlacht … es geht bis zur 12. Isonzoschlacht. Dabei erlitten Cadornas Truppen 600.000 Mann Verluste, die Hälfte davon tot. Mit den massiven Rückschlägen am Isonzo erscheint der vom Feind dünn verteidigte Dolomitensektor als eine attraktive Alternative.

In dieser schier endlosen Folge von »Attaque a l'outrance«, dem napoleonischen Prinzip von »Bajonett aufgepflanzt« und »Vorwärts! Hurra!« zählt nur der Mut des Einzelnen. Und diesen Mut haben die Italiener, denn nach den weit verbreiteten Erzählungen über die Zielgenauigkeit der Tiroler Standschützen wissen die Soldaten, dass ihr Überleben ein Würfelspiel ist. Ihr Opfergang gegen Scharfschützen, die sie auf den steilen

Hängen aus 200 Meter Entfernung wie Stehaufmännchen abknallen, war niemals gerechtfertigt – obwohl die hohen Militärs die Verluste als »akzeptierbar« erklärten. Einige Angriffe brachten Erfolge, allerdings in keinem Verhältnis zu den dabei erlittenen Verlusten.

Aber so ist Militärarithmetik: Zehn Tote in einer Kompanie mit hundert ist ein schwerer Verlust; zehn Gefallene in einem Bataillon von tausend ist ein geringer Verlust. Nur so ist die Logik einer militärischen Verlustrate zu erklären. Generäle sehen den Krieg als eine Gruppenaktivität, bei der eine geballte Masse von Körpern das tut, was ihnen befohlen wird. Dies führt zu einem bemerkenswerten Willen der Selbstaufopferung in der Ausführung eines Befehls. Geschichte lehrt, dass eine Schlacht verloren wird, nachdem eine Armee 15 Prozent Verluste einsteckt. Dies ist der kritische Punkt, an dem die Moral einer Armee zusammenbricht, die Truppe ihren Zusammenhalt verliert – und damit den Willen zum Kampf.

Das Theorem des verlorenen Verlustes

»Gegen die Dummheit sind selbst die Götter machtlos.«
Friedrich von Schiller, Die Jungfrau von Orléans, 1800

1

»Ich habe schon viel verloren und kann es mir nicht leisten, jetzt aufzuhören«, sagt der Zocker und schiebt dabei seinen letzten Stapel Chips auf den Tisch. Damit verstärkt er nur seinen Verlust. Denn er vergisst, was verloren ist, ist verloren. Dieser Grundsatz ist als »Das Theorem des verlorenen Verlustes« bekannt.

Ein Spieler verliert sein Geld am Roulettetisch. Es schmerzt – ist aber nicht tödlich. Bei einem Heerführer wird es zu einer todbringenden Spekulation. Krieg ist kein Würfelspiel. Es zählt allein die Entscheidung des Oberkommandierenden. Ein Heerführer muss einzuschätzen wissen, wo die Grenze zwischen Risiko und kriminellem Leichtsinn liegt. Wenn Verluste außer Kontrolle geraten, ist dies nicht der Augenblick, Kriegsroulette zu spielen.

Ein Belagerungskrieg, der nirgends hinführt, hat keine Siege zu vermelden. Zuerst am Isonzo, dann in den Dolomiten. Das ist gar nicht nach General Cadornas Geschmack. Er will, nein, er braucht eine Siegesbotschaft. Deshalb befahl er seinen Generälen extreme Aggressivität. Bataillone griffen an und wurden mit hohen Verlusten zurückgeschlagen. Cadorna ist wütend. Wie kann er seinen britischen und französischen Verbündeten solche Rückschläge erklären? Es bedarf eines symbolischen Sieges! Eines Berges wie dem Olymp mit wehender Flagge. Ein Gipfel, majestätisch wie der Mount Everest, sodass die ganze Welt die *Tricolore* auf dem Dach Tirols sieht.

»Per l'onore della nostra patria, questa cima deve essere conquistata – Für die Ehre unserer Nation, dieser Berg wird erobert, und unsere Fahne wird von seinem Gipfel wehen!«

Mit einem Satz setzt ein Oberbefehlshaber die taktischen Richtlinien zu einem der irrsten Eitelkeitsprojekte des Ersten Weltkriegs: *la conquista del Col di Lana* – die Eroberung des Col di Lana.

2

General De Bernardis besteht auf eine Art von mittelalterlichem Rammbock gegen das Tor der Festung. Der Gipfel ist die Burg – und ihr Tor die stark ausgebaute Infanteriestellung, der Panettone. Der General befiehlt eine »Attaque a l'outrance«: 4000 Mann vom 59. Infanterie-Regiment, unterstützt von weiteren 1000 Mann des 52. Infanterie-Regiments.

»Muss ich Sie daran erinnern, *Signori*, zahlenmäßig sind wir den *Austriaci* zehn-, nein 15-mal überlegen. Den Rest erledigt unsere Korpsartillerie. Und für die Angriffstaktik ... Den einzigen Befehl, den ein Soldat kennen muss, ist *Avanti!*«

Avanti! Avanti! Comandante Pandolfini des 52. *Reggimento Fanteria* betet, dass der Hagel von Hunderten Granaten die *Austriaci* begraben wird. Denn, wenn dies nicht der Fall ist, sind seine Truppen auf dem kahlen Hang ihrem Verderben geweiht. Er ist sich der Überschätzung der Wirksamkeit eines Geschützfeuers bewusst; ein falscher Hinweis endet meistens in einem schweren Rückschlag.

De Bernardis geht zur großen Wandkarte der Dolomitenregion: »Pandolfini, Sie leiten die Attacke«, und zeigt mit seinem Stock auf die Baumgrenze. »Um 7.30 Uhr beginnt die Korpsartillerie ihr konzentriertes Feuer auf den Panettone. Sie haben 30 Minuten, um die feindliche Stellung in Schutt zu legen. Um 8.15 Uhr überrennt das 59. Infanterie-Regiment, verstärkt von vier Kompanien des Infanterie-Regimentes, die Panettone-Stellung.«

»*Signor Generale,* wir müssen mit Verlusten rechnen.«

»Das ist meine Sache«, bellt der Divisionskommandeur. Er kann sich nicht einen neuen Rückschlag leisten. »Der Panettone ist Ihr Hauptziel. Zur selben Zeit erledigen Sie mir das Maschinengewehr auf der Flanke am *Capello di Napoleone.* Sie haben 48 Stunden Zeit, um sich darauf vorzubereiten. *Eseguire! Et Basta!*«

General De Bernardis' Strategie sieht den Durchbruch über den Col di Lana ins Innere Tirols vor. Aber hinter dem Col di Lana liegt noch der schwer bestückte Monte Sief. Es scheint fast, als hätte niemand daran gedacht.

16 Stunden vor dem geplanten Angriff kommt ein Anruf vom Korpshauptquartier an den Kommandanten des 59. Regiments: »Haben Sie Ihren schriftlichen Angriffsplan erhalten?«

»Nein, nichts kam zu uns.«

Panik! Fieberhaft suchen Patrouillen alle Wege, alle Pfade ab. Nichts. Bis die Nachricht eintrifft: »Im Brentawald liegen ein Offizier und zwei Mann.« Kein Zweifel, es war der Befehlsträger, aber wo ist seine Kartentasche? Der Divisionskommandeur ist verzweifelt. Mit hoher Wahrscheinlichkeit kennen die *Tirolesi* die Einzelheiten des bevorstehenden Angriffs. Was tun? Den Großangriff abblasen?

Wie sich später herausstellte, hatte ein Tiroler Spähtrupp den Kurier und seine Begleiter auf deren Weg überfallen und die Papiere an sich genommen. Sie befanden sich aber durch die italienische Truppenbewegung von ihrer Einheit abgeschnitten und kehrten erst nach dem Angriff zu ihrer Truppe zurück.

»Der Angriff auf den Panettone findet wie geplant statt«, kommt der Befehl. Frische Truppen beziehen ihre Posten. Die Abgelösten aus der Vorhut werden fast scherzhaft von den Neuen befragt: »Wie ist die Luft da oben?«

»Das werdet ihr herausfinden, wenn ihr hinaufsteigt«, antwortet eine müde Stimme.

»Wir haben Anweisungen, wie man mit den *Tirolesi* umgeht.«

»Versucht einmal die *Tirolesi* mit der *istruzione* von dort oben rauszuschmeißen.«

In 24 Stunden werden diese Wehrpflichtigen alles über die *Tirolesi* und deren Kameraden, die *Bavaresi,* herausfinden.

3

Die Dämmerung beginnt, und es ist ein kalter Tag mit fahlem Licht.

»*Coraggio! Viva Italia!*« Die frisch aufgefüllten Bataillone des »Durchbruchs ins Innere Tirols« wollen sich den ruhmreichen Legionen Cäsars würdig zeigen. Die Artillerie nimmt die feindlichen Stellungen unter Beschuss. Ein Hagel aus 80 Geschützen geht unter höllischem Getöse auf die Infanteriestellung nieder. Die Erde bebt unter dem Einschlag der schweren Granaten. Pulverrauch hängt über der Stellung. Rote Signalraketen zischen hoch. Eng zusammengedrückt stürmen die ersten der 16 Kompanien von *Alpini* und *Bersaglieri* auf ihr Ziel zu.

Die Tiroler Standschützen, verstärkt von einer Kompanie des Bayerischen Alpenkorps und deren zwei Mauser-Maschinengewehren, sitzen das Trommelfeuer in ihren tiefen Unterschlupfen aus. Sie hören die Einschläge und fühlen die Erde beben.

Eine plötzliche Stille: »Feind greift an!«

Die Männer rennen aus dem Tunnel, stürzen in die Gräben – oder was davon noch übrig ist. Vorbei ist die ohnmächtige Müdigkeit, vorbei der Hunger, vorbei überhaupt jedes Gefühl. Für sie ist es die Erlösung aus der Hölle des Trommelfeuers. Ihre Finger suchen den Abdruckhahn. »Feuer frei!« Maschinengewehre knattern. Schnellfeuer der vorgeschobenen Grabenbesatzung spaltet die Angriffsformationen. Die Artillerie hat die Verteidiger zwar dezimiert, aber ihre Verluste sind nicht annähernd so groß wie die der Angreifer in den ersten Minuten der Attacke.

Die Kompanien der *Alpini* suchen eine Schwachstelle des Feindes – und finden keine! Sie stürzen nach vorne … Nein, es kann nicht sein, Gespenster sind es, auf der anderen Seite des Drahts, Dreckklumpen, die mit rotmüden Augen über todbringende Läufe starren. Die dünn besetzte Linie der *Austriaci* und *Bavaresi* wehrt sich. Die ersten *Alpini*-Einheiten ziehen sich zurück. Bald hüllt sie der Pulverqualm ein. In diesem Augenblick erfährt *Generale* De Bernardis, dass es der ersten Sturmwelle nicht gelungen ist, die vom Trommelfeuer erschütterten bayerisch-österreichischen Linien zu durchbrechen.

Die Situation ist kaum besser auf der bayerisch-österreichischen Seite. Der Kampf ist fünf Minuten alt, als die ersten Verlustberichte den bayerischen Oberleutnant von Hock, Kommandeur der 1. Kompanie im 2. Bayerischen Jägerbataillion des Bayerischen Alpenkorps, erreichen: Außenposten von einer Mörsergranate erschlagen, schwere Verluste in beiden Zügen, feindliche Formationen sammeln sich für die nächste Attacke. Von den 60 Mann unter Feldwebel Heini Burger können nur noch 22 Männer kriechen und schießen. Ein Sanitäter verbindet nur jene, die noch die Kraft haben, ein Gewehr zu halten.

»Wann kommt die nächste Welle? Wie viel Munition bleibt uns noch?« Der Oberleutnant stellt Fragen – und niemand hat die Antwort. Oberleutnant von Hock erlässt den Befehl: »Bis zur letzten Patrone ...«.

An der linken Flanke der Infanteriestellung sitzt der Gefreite Hans Unterrainer aus dem Bayerischen Alpenkorps hinter seinem 08-Spandau-Maschinengewehr. Er sieht Massen von glänzenden Helmen und federgeschmückten Kappen; seiner Schätzung nach liegen sie etwa 200 Meter entfernt hinter einer Moräne. Ein leichtes Ziel, nur hat Unterrainer keine Munition für Experimente auf der Langstrecke. Er wartet auf den Angriff. Bei 100 Metern drückt er ab. Gelbe Zungen spucken den Tod, bis der Kugelgürtel leer ist.

Ein Dutzend *Bersaglieri* nutzt den Augenblick zum Hervorbrechen; sie feuern im Laufen. Kugeln zischen an Unterrainer vorbei. Nicht aber an seinem Munitionsmann; der liegt tot am Boden. Unterrainer möchte sich ins größte Loch der Erde verkriechen, aber stattdessen arbeitet er fieberhaft daran, einen frischen Patronengürtel einzulegen. Dies ist seine letzte Reserve! Was dann? Als gläubiger Katholik legt er sein Heil in die Hände des Herrn, aber er will nicht Gott auf die Probe stellen. Unterrainer drückt ab. Rattattatta ... Der Rauch von Kordit[14] kräuselt sich aus dem wassergekühlten Rohr und bleibt in seinem Hals stecken. Der Hang vor ihm ist leer. Er schwingt sein Maschinengewehr herum. Im Zentrum der Infanteriestellung ist der Feind noch 70 Meter vom Draht entfernt. Er zielt, drückt ab – die Waffe klemmt!

»Schieß, du Arschloch ...«, brüllt Feldwebel Burger aus der Stellung.

Unterrainer zieht erneut den Hahn: Der Hagel aus Blei trifft den ungeschützten Feind von der Flanke her und reißt den Angriff in Fetzen. Jedoch haben auch die Bayern und Standschützen schwer gelitten. Der nächste Angriff ... und alles wird vorbei sein.

Nicht genug Munition und insbesondere zu wenig Reserven, um die Lücken zu füllen.

Doch an diesem Tag kommt kein weiterer Angriff.

Comandante Pandolfini starrt durch das Fernglas und sieht das Ende seiner Karriere. In diesem Augenblick wird er zur tragischen Figur. Sein Denken konzentriert sich auf die nächsten paar Minuten. Sollten die *Austriaci* einen Gegenangriff starten, dann würde sein Bataillon vernichtet werden. Er muss ein Massaker verhindern. Aber wie? In seinen Offizieren bohrt nur ein Befehl, und der heißt: »*Avanti!* – Vorwärts!« Niemals: »*Ritirata!* – Rückzug!« Erfolg! Nur dieser zählt. Von einem Befehlshaber ohne Erfolg wird man für jeden Verwundeten und jeden Toten eine Erklärung verlangen. Über Materialver-

14 Kordit: Explosivstoff

luste spricht man nicht. Material spielt im Krieg keine Rolle, wenn es verbraucht ist. Material ist zu ersetzen. Kein Grund, den Tausenden verschossener Granaten nachzuweinen. Da aber ist ein anderer Verlust, ein Aderlass, der tief in das Leben Italiens greift. Tausende von Soldaten sind bereits in den ersten Monaten im Kampf um diesen verfluchten Berg gefallen. Diese tapferen Männer werden niemals mehr für ihre Nation marschieren. Weder ein General oder gar ein Papst können etwas gegen die mündliche Verbreitung dieser niederschmetternden Nachrichten von der Dolomitenfront ausrichten.

Der offizielle Bericht von De Bernardis lautet: »… Unser Ziel war es, den Feind durch schwere Verluste entscheidend zu schwächen … Die Truppe sieht den kommenden Kämpfen mit Vertrauen entgegen …«

»Ich wette, die schicken uns bald wieder auf diesen verfluchten Berg.« Drei Tage später erhielt *Capitano* Camporese neuerlich den Befehl, die *Austriaci* vom *Capello di Napoleone* zu vertreiben. Der nächste Versuch, obwohl auch er abgeschlagen wurde, bescherte aber den Italienern eine kostbare Position: nur 90 Meter von den *Austriaci* entfernt und unter einem Felsüberhang gegen Kugeln und Granaten geschützt.

In Rufweite des Feindes diente sie hauptsächlich dazu, sich gegenseitig über das sexuelle Treiben von Müttern und Schwestern zu informieren. Ihre Ausdrücke waren nicht übermäßig elegant: »*Tua sorella è una puttana* – Deine Schwester ist eine Schlampe …« Auch andere hilfreiche Vorschläge wurden ausgewechselt, wie zum Beispiel »*arrendersi stupidi Tirolesi*«. Die *stupidi Tirolesi* hatten nicht die geringste Absicht, sich zu ergeben, sondern sie saßen oben im Fels und schossen auf die unter ihnen.

Die Dolomiten wurden kaum in offiziellen Berichterstattungen erwähnt; die Österreicher hatten keinen Grund, ihre Positionen preiszugeben, und die Italiener hatten von keinem Sieg zu berichten.

Dann aber geschah etwas Ungeplantes, das die Dolomiten ins Rampenlicht rückte.

4

»*Sulle rive dell'Isonzo* – Am Ufer des Isonzo …!« Die Presse und alle militärischen Verbündeten von Italien waren voll auf die italienische Ostfront entlang des Flusses Isonzo konzentriert. Hier wurde der Gewinn in Metern gemessen, und Hunderttausende bezahlten dafür mit ihrem Leben. Das waren Neuigkeiten. Das ergab Schlagzeilen. Nicht die Gipfel der Dolomiten. Die Rückschläge in den Bergen Tirols wurden vom militärischen Sprecher totgeschwiegen. Diese Zensur war der Hauptgrund, warum die italienische Presse die Dolomiten für lange Zeit ignorierte.

All dies änderte sich an dem Tag, als ein Reporter des Mailänder »*Corriere della Sera*«, ein netter älterer Herr, der immer die nationale Fahne hochgehalten hatte und dem deshalb die Erlaubnis zum Besuch eines Feldlazaretts in Belluno gewährt wurde, in einem Saal sorgfältig ausgewählter Verwundeter auf einen von der Dolomitenfront stieß. Filippo Longarelli hieß er, ein *Corporale* und einer der wenigen Überlebenden von *Capitano* Luigi Bodinis *Alpinis*.

»Einen Tag lang haben die Kanonen gedonnert, und unsere Generäle haben die Tiroler für geschlagen erklärt. Dann kletterten wir auf diesen verfluchten Berg und rannten in ein Feuer, wie es kein Mensch je erlebt hat. Geht zum Teufel mit eurem Hurra-Patriotismus.«

»Wie heißt denn dieser Berg?«, wollte der Reporter wissen.

»*Cima* Lana …« Zum ersten Mal sprach ein italienischer Soldat über den verzweifelten und blutigen Kampf um diesen Dolomitengipfel. Damit hatte der Militärzensor allerdings nicht gerechnet.

»*I combattimenti piu sanguinosi si solverso sul Cima Lana* – Die blutigsten Kämpfe finden auf dem Col di Lana statt … Warum hatte der General sein Land mit Vorschusslorbeeren gefüttert, also einen sicheren Sieg vorhergesagt? Der *Alpini* hat sein Blut gegeben, um das Versprechen seiner Kommandeure einzulösen ...«

Endlich einer, der die Wahrheit schrieb. Der Artikel erschien, weil die Militärs nicht rechtzeitig ein Veto einlegten und mit ihrer scharfen Zensur die Wahrheit verbergen konnten. Obgleich in gekürzter Form, denn es war ausgeschlossen, die volle Wahrheit zu drucken, wurde die Geschichte von den meisten Zeitungen aufgegriffen und gedruckt.

Es war aber der Titel, der die Wirkung einer Bombe hatte: »*La Battaglia di Cima di Sangue* – Der Kampf um den Blutberg«.

Der Name blieb. Nicht nur in Italien, sondern auch in Frankreich und England, und der mystische »*Cima di Sangue* – Blutberg« wurde zum Sinnbild für das verzweifelte Ringen in schwindligen Höhen. In wöchentlicher Folge gab die zensierte Presse die Namen der Helden bekannt und berichtete die Einzelheiten der Kämpfe. »... *Voi avete dato battesimo de gloria* ... eine Heldentaufe im Blut ...«

Damit rächte sich die bisherige Schönfärberei. Es war eine typische »Ass-im-Ärmel-Geschichte«, mit der sich ein Leser assoziieren konnte: »Die letzten Nachrichten vom Kampf um den *Cima di Sangue*.« Die Artikel durften zwar keine militärischen Aktionen beschreiben; auch Fotografen waren nie in Frontnähe zugelassen. Verständlich, denn kein General überlässt neugierigen Fotohistorikern die Verewigung seiner Fehler. Doch selbst mit einem begrenzten Zugang, ein Berg ragte so hoch hinaus, dass General Cadornas Glaubwürdigkeit davon abhing.

Ein Berg wurde zum Symbol für den statischen Grabenkrieg an allen Fronten: mit vielen Opfern, aber ohne sichtbaren Erfolg. »Am *Cima* Lana sieht die Truppe den kommenden Kämpfen voll Vertrauen entgegen ...« Eine Serie von Zeitungsartikeln zwang die Generäle zur Handlung, besonders den oberkommandierenden General. Für Cadorna gab es nur noch eine Schlagzeile, die Geschichte machen würde:

»*Il tricolore sorvolando sventolava sul Col di Lana* – Die Trikolore flattert über dem Col di Lana.«

Dazu aber musste er den Gipfel erst erobern.

5

Der Herbst kam. Das Wetter veränderte Landschaft und Menschen. Der Wind wurde kälter. Wie in den 40 Tagen der Sintflut stürzte Regen herab. De Bernardis Männer in ihren knielangen Umhängen sahen aus wie Zelte im Schlamm. Um ihren Unmut über das von Gott herabgesandte Wetter zur Schau zu stellen, schossen italienische Haubitzen auf die dunklen Wolken – und trafen eine österreichische Latrine, die zu Ehren ihres Quälgeists auf den Namen »Villa Cadorna« getauft worden war. Mit niemandem darauf, was um die Zeit der ersten Durchfallepidemien eine Seltenheit war.

»Das ischt die beste Art, den Hefen ausz'leeren. Da brauch's i net tuan ...«, schmunzelte Johann Irschara. Vinzenz starrte in das Knabengesicht seines Bruders. Sein Herz war jetzt so leer wie sein Kopf. Ihm war so elend. An diesem Tag machte er nichts, aber schon gar nichts. Er holte sich nicht einmal sein Essen. Nachts schlief er besinnungslos. Am nächsten Morgen waren Herz und Hirn wieder in Ordnung.

In diesen »ruhigen Perioden« zwischen selbstmörderischen Angriffen und biblischen Regengüssen litten alle, und viele starben. Österreicher am Schrapnell, Italiener am »Grabenfieber«, dem Eintopfnamen für alle unbekannten Krankheiten – einschließlich psychischer Belastung: Soldaten wanderten mit starrem Blick ziellos herum. Geistige Kampfmüdigkeit. Schon die alten Griechen waren sich dieser Last bewusst. Nicht so die Generäle des 20. Jahrhunderts. Sie nannten es Feigheit vor dem Feind, und die Pille dagegen war das Erschießungskommando.

»An der Dolomitenfront hat sich die feindliche Artillerietätigkeit zunehmend gesteigert ...«, meldete der österreichische

Heeresbericht. Der Zermürbungskrieg ging weiter. Erschöpfung, Fieber, Schrapnell – oder die Kugel eines Heckenschützen, die österreichischen Reserven schwanden. Von jenen, die ums Leben kamen, sprach man nicht. Eine heilige Scheu verbot es. 17-Jährige rückten an die Front, halb ausgebildet und schlecht ernährt. Das Soldatenbrot war kraftlos, zur Hälfte Sägespan. Bald konnte die arme, ausgepumpte Heimat nichts mehr hergeben.

Die Situation steigerte sich von schlecht zu dramatisch schlecht.

6

Die Tage wurden kürzer. Die Temperatur fiel unter null, und Schnee bedeckte die Almen. Ein eisiger Wind fegte mit beißender Kälte über die Gipfel und verlängerte gefährlich die Reaktionszeit eines Kämpfers. Sie trauerten den warmen Herbsttagen nach und begriffen endlich, dass dieser Krieg nicht so schnell vorbei sein würde, als sie einst dachten; ihnen stand eine lange Winternacht bevor – mit der Erkenntnis, dass der Feind den Col di Lana um jeden Preis erobern wollte. *È basta* …

Eiskristalle schlugen Fähnrich Karl ins Gesicht. Nicht nur der Feind, auch das Wetter war gegen sie verschworen. Karl zog die Schultern hoch und klappte den Kragen auf. Dann hörte er den Abschuss. Der Tod kam durch die Lüfte auf ihn zu …

»Das Aufheulen in der Sekunde vor dem Einschlag … die Explosion erschüttert den Boden, ich liege hinter einem Felsen, mit trockener Kehle. Die schweren Biester explodieren mit Regelmäßigkeit … die Minuten ticken an meiner Lebensuhr. Die Uhr läuft schneller im Krieg. Wann kommt die Granate, die für mich bestimmt ist? Ich kann es fühlen, sie kommt … Schon fliegt die nächste … mehr Staub, Schmerzensschreie … auch diese hat mich verfehlt … Wir vegetieren in einer Welt, die im chaotischen Wahnsinn ersäuft … Ich bin noch am Leben, aber der Tod greift nach mir, nach uns allen, und wenn nicht heute, dann morgen ... eine Stimme neben mir wimmert: ›Herr Fähnrich, ich hab' Angst ...‹ Für die jungen Rekruten bin ich der Herr Fähnrich, der alles weiß, alles kennt. Sie suchen bei mir, Hoffnung zu finden, und doch bin ich kaum älter als sie. Ich auch, möchte ich am liebsten antworten, aber ich darf keine Furcht zeigen, denn ich bin doch der Herr Fähnrich ...«

Es war kalt. Saukalt. Fähnrich Karl kam zurück von der Wache. Fast erkannten sie ihn nicht. Eine weiße Gestalt. Weißer Mantel. Weiße Kappe, um den Mund ein Halstuch, an dem der Atem festgefroren war.

»Ischt's kalt, Herr Fähnrich?« Die alten Einheimischen sahen in ihrem neuen Fähnrich »a Wiener, der nix über an Berg woaß«.

7

Im Anschluss an die schweren Verluste österreichischer Offiziere an der russischen Front wurde fast jeder Offiziersaspirant zum Fähnrich befördert und an die Front abkommandiert. Alle mit Klettererfahrung wurden Bergeinheiten zugewiesen. Ende September 1915 präsentierte sich ein 22-jähriger Fähnrich zum Einsatz bei den Tiroler Kaiserjägern im 2. Bataillon, 2. Regiment.

Fähnrich Karl wurde in eine Wiener Familie mit militärischer Tradition geboren. Von Jugend an sah er seinen geschätzten Vater, den Herrn Oberst, in prächtiger Uniform in Begleitung anderer Offiziere. Während der Kaiserparade stand der kleine Bub am Fenster und starrte fasziniert auf die bunte Pracht der Uniformen.

»Soldaten marschieren«, sagte sein standesbewusster Vater, »ein Offizier sitzt auf dem Pferd.« Karls zukünftige Karriere wurde von seinem Vater entschieden: Es war so üblich in altösterreichischen Familien. In der Theresianischen Militärakademie sprachen seine Lehrer viel über Strategie und Taktik, zitierten die großen Schlachten der Napoleonischen Kriege und Generalfeldmarschall Radetzkys Kavallerieattacke bei Custozza. Nichts davon bereitete einen Kadetten auf die modernen Kampfbedingungen des 20. Jahrhunderts vor. Das Thema Gebirgskrieg wurde überhaupt ignoriert, weil solch eine Möglichkeit nie in Betracht kam. »Unmöglich für Munition und Verpflegung. Dazu noch die dünne Höhenluft. Unvorstellbar, an so etwas denkt doch keiner …«

In Friedenszeiten lief das Leben des feschen Kadetten wie auf einer ruhigen Schiene: gute Noten, der Mannschaft zujubeln und Einladungen zu den Bällen der Wiener Nobelgesellschaft. Nach seinem Studienabschluss wurde Offiziersaspirant Karl an eine Außenstelle im Habsburgerreich verfrachtet. Wenn er nicht mit seinem zusammengewürfelten Rekrutentrupp mit der Füllung von Schlaglöchern und dem Ausheben von Wassergräben beschäftigt war, kletterte er Steilwände in den Dinarischen Alpen. Dann kam der 28. Juni 1914 und ein Schuss, der rund um die Erde gehört wurde. Das geschah vier Monate, bevor seine besten Freunde, Rudi von Klappitsch am Vormittag und Zimmermann und Brünner um 5 Uhr nachmittags, zwischen Ropocyce und Ternow fielen.

Eine moderne Materialschlacht wird durch die Feuerrate kalkuliert – und die Anzahl der Maschinengewehre. Die Unpersönlichkeit des Massensterbens schockierte den jungen Fähnrich Karl. In der Hölle des polnischen Galizien entdeckte er, dass eine Kugel keinen Unterschied zwischen Offizier und Soldat macht … Und wenn es dann vorbei ist, legen sie König und Bauer in dieselbe Holzkiste.

Auf dem Weg zu seinem neuen Einsatz erhielt Karl einen dreitägigen Urlaub in Wien, um seinen schwer verletzten Vater, den Herrn Oberst, zu besuchen. Karl fand eine traurige Kaiserstadt vor. Eingezwängt in das alte Mauerwerk seiner Gassen, wirkte das Wien seiner Jugend nun muffig. In den Hinterhöfen hockten Elend und Hunger. Um drei Ecken herum erfuhr Fähnrich Karl, der soeben von der blutigen Schlacht in Galizien zurückkam, dass der Herr Major im Amt für den Bahntruppentransport ungehalten wäre, dass der Fähnrich ihm noch nicht seine Präsenz gemacht habe. Also ging Karl ins Ministerium. Stickige Luft füllte die überheizten Amtsstuben, bucklige Schreiberlinge saßen an den Pulten. Karl notierte in sein Tagebuch: »Ich sehe mit Bangen Österreichs Zukunft entgegen. Es ist eine alte Maschine, die ihren Gang geht – aber welchen?«

Berufsoffiziere kennen nur eine Sorte von Soldaten: jene, die gehorchen.

Aber wie stand es mit Dorfbewohnern ohne militärische Disziplin? Nach seiner Versetzung in die Alpen fand Fähnrich Karl heraus, dass das, was ihm seine taktischen Ausbilder im Theresianum lehrten, wenig gemein hatte mit dem, was schlaue Bergbauern praktizierten – und dies mit erstaunlichem Erfolg. Die Uniform allein macht aus einem Mann nicht den Soldaten. Der Wille und der Glauben machen es aus. Und Glauben an ihre Heimat hatten diese Dorfbewohner in rauer Menge. Seine ersten Tage bei einer gemischten Kaiserjäger-Standschützen-Einheit waren, man könnte wohl sagen, schwierig. In der Tat, Karl war anders als die hart arbeitenden Bauernsöhne. Er war von jüngsten Jahren an mehr Abwechslung gewohnt. Aber was zählte das schon im Krieg? Ein Krieg hobelt die sozialen Schichten gleich. Für die Einheimischen war Karl eben ein Ersatztiroler.

8

Fähnrich Karl meldete sich beim Kommandeur der 6. Kompanie der Kaiserjäger. Er fand ihn im Col-di-Lana-Befehlsstand, die glorifizierte Beschreibung einer engen Kabine, die nach Feuchtigkeit und Schimmel roch. Ein wackliger Tisch, ein Telefon, das (manchmal) funktionierte; dies hing vom Wetter und der Treffsicherheit der italienischen Artilleristen ab. Eine Karte mit den österreichischen Positionen in Schwarz und den italienischen in Rot und ein kleiner Ofen mit siedendem Wasser für den Kräutertee.

Oberleutnant von Tschurtschenthaler hatte die Hände um den warmen Teebecher geklammert. Vor ihm lag Karls Personalakte. »Ich sehe, Sie waren auf der Großen Zinne.«

»Jawohl, Herr Oberleutnant. Im April 1913.«

»Mit wem haben Sie es gemacht?«

»Sepp Innerkofler aus Sexten.«

Er erinnerte sich an den Apriltag, als er mit Sepp Innerkofler und Josef Taibon, die bekanntesten Bergführer ihrer Zeit, die Große Zinne bestiegen hatte. Das Geld dafür hatte er zusammengespart, denn er wollte nur mit den Besten klettern. Er befand sich angeseilt in der Mitte der Dreiermannschaft in der nahezu senkrechten Wand. Am Gipfel schüttelte ihm Innerkofler die Hand: »Berg Heil!« Für Karl war dies eine große Ehre, denn damit war er in die Bruderschaft der Großen aufgenommen, die das schier Unmögliche wagten. Der Krieg hatte diesen Gipfelklub in getrennte Lager geteilt – und jetzt schossen die Brüder der Berge aufeinander.

Tschurtschenthalers Stimme unterbrach ihn in seinen Erinnerungen: »Dann wissen Sie, dass der Sepp gefallen ist?«

»Nein ... nein!«, Karl zeigte offen seinen Schock. »Wie ist das passiert?«

Die Italiener hatten den Gipfel des 2746 Meter hohen Paternkofels besetzt. Am 5. Juli 1915 kletterte Innerkofler mit einer Sechsergruppe auf den Berg, um die Italiener von der Spitze zu verjagen. Mit dem Gewehr über der Schulter und Granaten in ihren Taschen stiegen sie in die Wand. Durch einen vertikalen Kamin, den Innerkofler 20 Jahre vorher im Alleingang entdeckt hatte, kam er ganz nahe an den italienischen Gipfelposten heran. Er warf zwei Handgranaten über die Schutzmauer, als plötzlich ein *Alpini* vor ihm stand und schoss.[15] Der größte

15 Darüber gibt es zwei Versionen: Der Alpini Pietro de Luca schoss, oder er traf ihn – in Ermangelung einer schussbereiten Waffe – mit einem Stein am Kopf, und dieser stürzte ab.

Alpinist seiner Zeit starb an dem Berg, den er über alles liebte. Die Italiener zeigten Respekt und begruben ihn mit militärischen Ehren am Gipfel des Paternkofels. Eine noble Geste, kaum vorstellbar in diesem brutalen Krieg.

Fähnrich Karl war ein guter Kletterer; aber er wusste, dass seine italienischen Bergbrüder genauso gut waren wie er. Er dachte dabei an Enzo und Alessandro, und die Dreierseilschaft in der Nordwand der Gran Tofana. Wo waren sie wohl, die zwei Burschen von Belluno? Unten im Wald, mit dem Finger am Abzug? Die Frage war nur, wer drückte zuerst ab, und dann: »*Arrivederci, compagno delle montagne, Karl.*«

9

Die Nächte sind klar und mondhell. Ein samtschwarzer Himmel leuchtet über der gemarterten Erde. Diese Stunden nutzt Fähnrich Karl zum Atemholen. Die Berge sind in Stille gehüllt. Die Sterne stehen hoch am Himmel, als wären sie von einem flämischen Meister ans Firmament gepinselt. Der Wind streicht sanft über die Gipfel und klärt die Luft vom Geruch des Opferbluts. Die Leichen des letzten Angriffs liegen noch auf dem Hang. Das hier war Töten ohne Gefühle, ohne Leidenschaft, ohne Meinung für Recht oder Unrecht ... Lass los, mein Freund, denk an den Buben, an den du dich noch erinnern kannst. Er schließt die Augen, sieht seinen Vater mit den Augen eines Zehnjährigen. »Mein Sohn, niemand stirbt, bevor seine Zeit um ist.« Diese Zeitrechnung brach in den Wehen eines modernen Krieges zusammen. Das Maschinengewehr hatte sie dramatisch verkürzt.

Er ist sich voll bewusst, dass diese Stille nicht andauern kann und heute noch mehr Soldaten, Österreicher und Italiener mit ihrem Leben für diesen Wahnsinn zahlen werden. Im Morgengrauen sieht er die Holzkreuze: alles Kameraden mit einigen Schaufeln mitleidiger Erde bedeckt. Karl hofft, dass die nächste

Granate die Toten nicht aus der Erde schleudert. Seine Wache ist vorbei. Bald beginnt der Tag mit neuem Grauen.

Eine Patrouille im bergigen Gelände ist immer gefährlich, denn nur ein Weg führt auf den Gipfel hinauf, und der gleiche Weg führt wieder hinab. Wird eine Patrouille vom Feind gesichtet und nicht auf dem Weg nach oben abgeschossen, dann wartet die Kugel auf dem Weg nach unten. Deshalb gibt es wenige Freiwillige für solche Gratpatrouillen.

Gemeinsam mit drei Enneberger Veteranen macht sich Fähnrich Karl auf den Weg. Während der Nacht ist der Schnee gefroren, und die Kruste knirscht unter den derben Bergschuhen. In der Ferne treffen die ersten Strahlen der Morgensonne den vereisten Gipfel der Marmolada. Er denkt an vergangene Zeiten, als noch Touristen die Berge zum Vergnügen bestiegen. Der Gedanke verstärkt die Ironie der Situation. Der Herrgott hatte einst den Menschen mit dem Garten Eden beschenkt; dann kamen Könige und Politiker und verwandelten das Paradies in ein Inferno.

»I kenn' die Wand guat, i kann die Führung übernehmen«, bietet Ellecosta an.

»Wir teilen uns die Aufgabe. Keiner von uns muss heroisch sein«, bestimmt Karl.

Ellecosta grinst. »Wer ischt scho' heroisch? Der Welsche schiaßt nie auf den Ersten am Seil. Sie fangen allaweil mit dem Letzten an und schiaßen dann nach vurn. So kriagen sie uns alle.«

Fähnrich Karl hatte noch viel über den Gebirgskrieg zu lernen. Das sind nicht die Kletterpartien, wie er sie von früher kennt – mit einem Seil, einem guten Bergkameraden, einer Flasche Roten und einer Scheibe Speck ... Sie haben zwar Speck im Rucksack, aber auch Granaten und Kugeln und das Gewehr über der Schulter.

Ihre Seilschaft erreicht eine massive Schneewechte, die einen guten Blick auf die untere Baumgrenze erlaubt. Der Graben des Feindes führt im Zickzack über eine Schneehalde.

Dahinter liegt eine dunkle, schlammige Spur: der Maultierpfad zur italienischen Bergbatterie. Alles ist ohne sichtbare Aktivität. Entweder schläft der Feind, oder er ist beim Essen. Karl hat genug gesehen. Seine Enneberger lassen sich hinter einer Wechte nieder, schneiden den mitgebrachten Speck in Scheiben und teilen den Wein, den sie in einer Feldflasche heraufgeschmuggelt haben. Einige Dohlen landen in ihrer Nähe und starren gierig auf den Speck. In Augenblicken wie diesen ist es fast möglich, den Krieg zu vergessen; mit der Sonne im Gesicht und der Stille der Berge fühlt Karl, dass es doch einen Gott gibt.

Die Stille dauert nicht lange. Ellecosta, der von der Wechte Ausschau hält, winkt Karl zu sich hinauf. Eine Maultierkarawane zottelt den Verpflegungsweg entlang. Weg ist der Speck und die Ruhe.

»Nicht schießen, bis ich ›Feuer frei!‹ gib«, ordert Karl.

Daraufhin sagt Johann Keppelmayer, einer der Enneberger: »Herr Fähnrich (ein Offizier wird immer als Herr angesprochen), es gibt a vül einfachere Art und spart Patronen.«

Karl wird rot im Gesicht; diese Bergbauern wollen einem Absolventen der berühmtesten Militärakademie im Land zeigen, wie man eine Feindkolonne vernichtete? Ein Wiener Fähnrich ist dabei, die Finesse der Tiroler Kriegskunst zu entdecken.

»Herr Fähnrich, geh'n S' a bisserl z'ruck, sonst fahr'n S' abi ins Tal.«

Damit wirft besagter Keppelmayer zwei Handgranaten auf die Wechte. Ein dumpfer Knall gefolgt vom verräterischen Knistern, als die Wechte bricht und als Lawine ins Tal saust. Karl blickt nach unten: wie ein Tausendfüßler, der sich in viele einzelne zerteilt. Dunkle Punkte stolpern durch den tiefen Schnee, um dem Tod zu entrinnen. Das wirbelnde weiße Verderben begräbt sie unter einer weißen Masse. Wo vorher ein Pfad war, ragen abgeknickte Zirbeln aus dem Schnee.

Diese Bergbauern haben dem Absolventen der Militärakademie eine wertvolle Lektion erteilt.

10

In großen Höhen ist das Wetter unberechenbar. In einer halben Stunde kann sich ein sonniger Tag in einen Schneesturm verwandeln. Karls Patrouille ist auf halbem Weg zurück, als ein scharfer Wind Nebelschwaden über die Bergkette treibt. Die Temperatur fällt mit erschreckender Geschwindigkeit. Plötzlich hebt Ellecosta die Hand. Aus den Nebelschwaden tritt eine Feindpatrouille. Ein Ausruf, ein Schuss ... der Schnee nahe bei Ellecosta wird aufgewirbelt. Die einzige Hoffnung, den Welschen zu entrinnen, ist der aufsteigende Nebel. In dieser weißen Suppe verlieren sie aber die Orientierung. Die Sicht, auf einige Meter beschränkt, führt zu einem steilen Eisfeld. Ihre Lage ist beschissen, vor ihnen eine eisige Steilrinne und hinter ihnen eine Gruppe *Alpini* mit Blut in den Augen. Sie seilen sich an. Keppelmayer übernimmt die Führung. Mit dem Pickel hackt er Stufen ins Eis. Nach einigen Metern bleibt er stehen.

»Warum bleibst steh'n, beweg dein' Arsch«, flucht Ellecosta.

»Kruzifix noch amal, seh'n tua i nix, und abstürz'n mag i a net.«

»Jetzt seid's endlich still, alle miteinander«, zischt Karl. »Ich übernehme das Seil.«

Er verschwindet im Nebel. Das waagrechte Seil und das Knirschen seiner Steigeisen sind der einzige Hinweis darauf, dass er noch den Hang quert. Sollte er ausrutschen, wird er sie alle in den Abgrund reißen.

Karl muss seinen Weg fühlen. Schritt für Schritt setzt er über das eisige Schneefeld. Mit dem Bauch gegen den Schnee gepresst, so steil ist der Hang, schlägt er seinen Eispickel tief in den Schnee und sucht mit dem führenden Fuß Halt in der gefrorenen Schneedecke. Seine Hände sind fast gefühllos, sein Rücken schmerzt, und seine Zehen sind taub. Mit einer letzten Anstrengung schafft er es zu einem Grat. Mit den Füßen findet er am Felsen Halt, und mit dem Seil um seine Schulter bringt er seine Männer sicher über den Hang. Damit hat Fähnrich Karl seine Tiroler Aufnahmeprüfung bestanden. Nun ist er einer von ihnen.

11

Gelasio Caetani war tief in Gedanken versunken: Es musste eine Lösung aus dieser verfahrenen Situation geben. Ein Frontalangriff über den südwestlichen Gipfelhang hatte sich als selbstmörderisch erwiesen; im Südosten kamen sie nicht an dem befestigten Panettone vorbei; und der Capello di Napoleone war eine wahre Todesfalle. Also, was blieb noch? Jede Burg hat eine Schwachstelle – und das *Fortino Austriaci*, die Felsenwache 2250, war das schwache Glied in der Abwehrkette am Col di Lana.

In der Tat, das *Fortino Austriaci* zu knacken, war eine taktisch kluge Option. Es öffnete zwar nicht den Weg zum Gipfel, dafür war die Wand zu steil, aber mit seinem Maschinengewehr streifte die Felsenwache FW 2250 die Anstiegswege ab. Außerdem gab die Felsenwache Feuerunterstützung für FW 2207, den *Capello di Napoleone* und den Panettone, die Infanteriestellung. Der Fall dieser Felsenwache würde sich entscheidend auswirken und zu einer Kettenreaktion führen. Das *Fortino Austriaci* lag auf 2250 Meter Höhe, also 43 Meter höher und nur 250 Meter vom *Capello di Napoleone* (2207 m) entfernt; außerdem hatte es eine direkte Schusslinie in den Rücken des österreichisch-bayerischen Hauptbollwerks, den Panettone.

In der Nacht vom 22. Oktober bereitete sich unter dem Kommando von Caetani eine kleine Gruppe von neun *Alpini* darauf vor, die Felsenwache 2250 zu überwältigen, denn von Stürmen war keine Rede. Theoretisch war die Stellung uneinnehmbar. Auf einem Felssporn, beidseitig von senkrechten Wänden geschützt, mit einer Eisenleiter als einzigem Zugang vom Gipfelgrat aus, bot sie ein zu kleines Ziel für die Artillerie, außerdem lag sie unter einem Überhang. Aber wie schon Siegfried mit seinem Lindenblatt, so hatte auch diese Felsenwache ihre verwundbare Stelle. Auf der fast senkrechten Ostwand führte ein enger Felskamin auf einer Traverse über den Felssporn, auf dem sie lag. Caetani hatte den Kamin durch sein Feldglas studiert und war zu dem Entschluss gekommen, dass es einigen guten Kletterern gelingen könnte, durch den Kamin die Besatzung des Maschinengewehrs zu überrumpeln. Allerdings musste der Aufstieg in Dunkelheit geschehen.

Caetani präsentierte seinen Plan dem Bataillonskommandeur.

»Machbar?«

»Mit Glück und einigen guten Alpinisten – vielleicht.«

»Wie viel Mann brauchen Sie dazu?«, fragte *Comandante* Pandolfini.

»Nicht viele, aber die besten Kletterer im Bataillon oder der Division.«

Die Suche nach erprobten Bergsteigern begann. Beim Appell traten 50 *Alpini* nach vorne. Caetani nahm die Freiwilligen und brachte sie zu einer 30 Meter hohen Felswand. »Klettern – jeweils vier nebeneinander. Ich gebe euch 15 Minuten bis oben. Ausführen.«

Neun der 50 schafften es unter 15 Minuten, darunter drei Ladiner aus Cortina. Sie waren jung, aber bereits erfahrene Bergsteiger. Caetani wählte die drei als den ersten Trupp der Aktion aus. Zwei Tage lagen sie flach auf dem Bauch, mit dem Feldstecher am Auge, und studierten jede Zacke, jede Spalte, jeden denkbaren Griff an der Wand und im Kamin. Die Wand war insgesamt ungefähr 100 Meter hoch, davon war der erste Teil nicht einsehbar vom Feind. Diese Partie war mit langen Sturmleitern überwindbar. Die Schwierigkeit begann im darauf folgenden Kamin und dem Ausstieg auf die Felstraverse. Im Halbdunkel einer wolkenbedeckten Mondnacht rechnete Caetani für den 40 Meter hohen Kamin mit 90 Minuten Anstieg. Er gab seinen drei Ladinern eine Skizze der Wand, um die ausgedachte Route einzuzeichnen. Der Beste wurde die Nummer eins der Seilschaft. Jeder wurde mit Kletterschuhen mit Filzsohlen ausgestattet und trug eine Beretta-Halbautomatik mit drei Magazinen sowie fünf Eierhandgranaten. Nummer eins war der Seilführer, Nummer zwei und drei trugen zusätzlich je ein 40 Meter langes Seil für die Folgenden. Das war der Plan. Der Rest waren Spekulation und Hoffnung.

Caetani beschrieb später, was in dieser Oktobernacht geschah: »In der Abenddämmerung machten wir uns auf den Weg zum unteren Rand der Wand, wo die Sturmleitern für uns bereitstanden. Ein Viertelmond warf nur diffuses Licht durch eine Wolkenbank. Ohne große Schwierigkeiten erreichten wir eine fußbreite Felsspalte, die zum senkrechten Kamin führte. Unsere Führergruppe stieg in den Kamin ein. In etwas über einer Stunde kletterten die drei Ladiner bis zu einer Stelle kurz unter dem Ausstieg. Von dort ließen sie ihre im Fels verankerten Seile zu uns herunter. Ich war der Zweite der folgenden Seilschaft. Auf halber Höhe stießen wir auf die Leiche eines österreichischen Soldaten, der über die Wand gestürzt war und nun in einer Spalte eingeklemmt lag. Der Verwesungsgeruch war schwer zu ertragen. Im ersten Morgengrauen waren wir alle knapp unter dem Ausstieg. Von dort aus ging es blitzschnell. Unsere Granaten erledigten die Wache, das Maschinengewehr und die Reservemannschaft, die in einer Höhle schlief. Fünf Minuten und das *Fortino Austriaci* war in unserer Hand.«

Mit seinen neun *Alpini* bewies Caetani, dass nicht immer der Angriff in der Masse die Lösung zu einem schwierigen Problem ist.

Von Tschurtschenthaler war sich bewusst, dass ein Gegenangriff mit dem einzig möglichen Abstieg über die eiserne Leiter ausgeschlossen war. Die Männer warfen einige Bündel mit Granaten über die Wand und zerstörten die Leiter. Weitere Granaten detonierten auf dem Felsüberhang der Stellung.

»Hiatzt hab'n s' uns am Kragen«, war Oberlechners nüchterne Feststellung.

»Warum des, Zugführer?«

»Weil der Welsche iatzt direkt auf den Napoleonhuat und den Panettone schiaß'n kann.«

Wie sich herausstellte, hatte der Alte recht. Mit der Felsenwache 2250 in Feindeshand war nun auch die darunter liegende Felsenwache 2207, der Napoleonhut, in großer Gefahr.

12

Am Abend des 26. Oktober starrt *Capitano* Vincenzo Carosi auf die vorgeschobene österreichische Felsenwache 2207, den berüchtigten *Capello di Napoleone*. Mit seiner vollen Einheit diesen Stützpunkt zu erobern, so wie es im Befehl steht, wäre der reine Wahnsinn. Erstens wären die Verluste zu groß, außerdem hatten viele seiner Neulinge noch nie etwas Höheres bestiegen als den Glockenturm ihrer Heimatstadt. Er musste also die *Austriaci* überraschen. Dies war bereits Caetani am *Fortino Austriaci* gelungen. Carosi wählt acht der Besten unter seinen Männern aus. Bei totaler Mondfinsternis umgehen sie kurz vor Mitternacht den Felssporn des *Capello*. Mit Schweiß in den Augen und Schmerzen in den Waden klettern sie den 45 Grad steilen Hang hinauf. Ein falscher Schritt bedeutet den sicheren Absturz in die Schlucht. Carosis Männer pirschen sich bis an den Draht heran. Sie schneiden eine Bresche in den Verhau, während die ersten von Carosis Reserve bereits den leichteren Gratweg heraufstürmen.

In dieser Nacht halten 22 Kaiserjäger unter dem Kommando von Leutnant Albrecht Kaspar und Zugführer Tschann die Stellung auf der Felsenwache. Bei Tageslicht können sie auf Feuerunterstützung von einem Maschinengewehr auf dem Westgipfel zählen. Nicht aber bei Nacht. Als schließlich die ersten Leuchtraketen aufsteigen und die Stellung mit grellem Licht überflutet, teilen sich Tiroler und Italiener mit Bajonett und Spaten den Tod aus.

Dazu kommt noch das Feuer eines Fiat-Revelli-Maschinengewehres, das die Italiener im kürzlich eroberten *Fortino Austriaci* aufgestellt hatten. Der Sturm der Geschosse prallt am Eingang der Felsenhöhle ab und hält den verbliebenen Rest der österreichischen Besatzung in ihrer Schlafbaracke gefangen. Als das Maschinengewehr eine kurze Feuerpause macht, um einen neuen Patronengürtel einzulegen, schreit Zugführer Tschann: »Alles raus!«

Doch Carosis Männer sind bereits durch oder über den Draht ... immer mehr tauchen auf. Carosi und sein Trupp spüren den Sieg. Ihre Handgranaten explodieren zwischen Tschanns Männern.

Capitano Carosi springt auf die Höhle zu. »*Avanti, ragazzi!*« Alle brüllen, alle rennen, schießen und werfen Granaten. Das Tor zum Innersten der Hölle ist weit geöffnet.

Ein irrsinniger Knall wirft den jungen *Alpini* Silvio Campanella zu Boden. Seine Ohren klingeln. Es dauert einige Augenblicke, bis ihm klar ist, dass er noch am Leben ist. Er rappelt sich auf und sieht, dass er nur zwei Sprünge von dem österreichischen Graben entfernt ist. Darin sitzt ein verwundeter *Austriaci,* das Gewehr auf Silvio gerichtet. Mit aufgepflanztem Bajonett landet Silvio im Graben und sticht zu ... dann fällt er auf die Knie ... »Ich sehe einen Menschen sterben ... er stirbt direkt vor mir«, stottert er. Sein Hirn registriert nichts anderes. Er hat einen Schock. »Ich muss weg von hier ...«, schreit er, stolpert noch zehn Schritte weiter, bevor er über den Felsen des *Capello* hinabstürzt.

Ein Häuflein überlebender Österreicher zieht sich entlang des Gipfelgrats zurück.

Capitano Vincenzo Carosi selbst wurde kurz vor dem Ende des Kampfs von einem Granatsplitter seiner eigenen Artillerie schwer verwundet. Er lebte noch zwei Tage, ohne wieder zu Bewusstsein zu kommen. Sein Heldentum ist bis heute auf dem Berg verewigt. Die Position, die er und seine Männer so teuer eroberten, heißt noch heute die *Trincea Carosi,* der Carosigraben. Es sollte zur Schlüsselstellung für den Angriff auf den Gipfel werden.

Der Morgen graut. Eine Kompanie Kaiserjäger starrt vom Gipfel hinab. Eine Gestalt in blutbespritztem Mantel stolpert den steilen Pfad herauf. Tiroler Standschütze Burger trägt ein schweres Kreuz, und dieses Kreuz auf seinem Rücken war sein bester Freund Gottfried.

Standschütze Helmut Burger salutierte seinen Vorgesetzten: »Herr Oberleutnant, melde gehorsamst, auf der Felsenwache 2207 rührt si nix mehr …«

13

Eins – zwei – drei … *Fortina Austriaci – Capello di Napoleone* – die militärische Logik diktierte, dass der nächste Angriff auf den Panettone erfolgen musste. Die Vorbereitungen zum Angriff sind abgeschlossen. Italiens beste alpine Sturmtruppen stehen bereit. Die Angriffsgruppe besteht aus zwölf Kompanien der Infanterie und vier der *Alpini*-Elite. Alles zusammen an die 2500 Gewehre. Berge von Geschossen liegen bereit. 40 Geschütze aller Kaliber warten auf das Signal. Auf dem eroberten *Capello di Napoleone* sind zwei Fiat-Revelli-Maschinengewehre aufgebaut, um von der eroberten Position in den Rücken der Verteidiger des Panettone zu feuern. Ein weiteres Fiat-Revelli-Maschinengewehr ist vom *Fortino Austriaci* auf dieselbe Infanteriestellung ausgerichtet und eingeschossen. Hinter einer Bodenwelle, 150 Meter vom feindlichen Drahtverhau entfernt, liegen 700 Mann aus vier *Alpini*-Kompanien.

Auf der österreichischen Seite wird die Infanteriestellung von einem zusammengewürfelten Haufen gehalten: Kaiserjäger, bayerische Alpenkorpsler und Buchensteiner Standschützen. Das Kommando hat Hauptmann Arthur Eymuth vom 3. Bataillon des 3. Tiroler Kaiserjäger-Regiments. Unter den gegebenen Umständen ist eine strukturierte Verteidigung fast ausgeschlossen. Mit Ausnahme der Wachen haben alle das Artilleriefeuer der letzten zwei Tage in einem der beiden Felsentunnels verbracht. Wenn einmal der Granatenhagel endet, ist der Angriff in zehn bis 15 Minuten zu erwarten.

Im Schutz eines dichten Morgennebels ist es Teilen der 4. Tiroler Kaiserjäger-Kompanie unter Hauptmann Ebner und den 5. Kaiserjägern unter Hauptmann Marenzi gelungen, Eymuths Besatzung auf der Infanteriestellung zu verstärken.

Kurz vor dem erwarteten Angriff sammelt Hauptmann Eymuth seine Männer um sich: »Es geht ein Gerücht um, dass die Italiener nicht zu kämpfen bereit sind. Das könnt ihr vergessen. Uns gegenüber stehen Italiens beste alpine Truppen. Aber wir sind auch nicht schlecht – und das werden wir ihnen beweisen.« Er endet mit dem Kampfspruch aus der glorreichen Zeit des Kaisers Maximillian I.: »In diesem Lager Austria!«[16]

14

Morgendämmerung am 29. Oktober. *Tenente* Caetani sieht auf seine Uhr. Er studiert die dunklen Umrisse des Panettone. Die österreichisch-deutschen Kräfte waren außerordentlich tief gestaffelt. Wo der Hauptvorstoß der Italiener erwartet wurde, stellten sie bis zu 50 Mann auf 100 Meter und dahinter die Maschinengewehre und Grabenmörser, die mit Sandsäcken und Zement geschützt sind. Diese Mörser muss die Artillerie ausschalten.

Mit *Tenente* De Amicis verfügt die italienische Gebirgsartillerie über einen ihrer besten Artilleristen. Er ist Anhänger der revolutionären Taktik des deutschen Oberstleutnants Bruchmüller. De Amicis Tag ist gekommen. Er hat den Befehl über zwei Batterien *Obice* 75, Haubitzen mit 6,5 Kilogramm schweren Granaten, und *Obice* 149, Haubitzen mit 16,3 Kilogramm schweren Geschossen. Beide Kaliber führen außerdem Schrapnellgeschosse in einen mit 294 Stahlkugeln gefüllten Zylinder. Die Feuerrate liegt bei zwei Abschüssen pro Minute. De Amicis Batterien sind sechs Kilometer vom Panettone entfernt, somit gibt es keinerlei Zielprobleme für eine moderne Haubitze.

Um 10 Uhr bellt *Tenente* De Amicis: *»Tutte le batterie – Fuoco!«*, und 40 Kanonen spucken Feuer. Mit einem höllischen Heulen

---

16 Georg Bruchmüller: Er ging davon aus, dass die eigentliche Aufgabe des Artilleriefeuers darin bestand, den Gegner niederzuhalten, bis die Infanterie dessen Stellungen erobert hatte.

geht auf dem Panettone der Tod nieder. Es ist ein Feuerwerk des Teufels. Die schweren Granaten schleudern Felsbrocken in die Luft. In Sekunden verdunkelt eine Rauchwolke die österreichische Stellung. Mehr Salven explodieren. Das Artilleriefeuer fegt wie glühende Lava über den Panettone, um den vorrückenden *Alpini* und *Bersaglieri* freie Bahn zu schaffen. Der Panettone schweigt; keine Maschinengewehrgarbe, kein Gewehrschuss. Nichts!

Die *Tirolesi* und *Bavaresi* sind endgültig und für immer erledigt, niedergestampft!

15

Der Grazer Fähnrichaspirant Reut-Nicolussi kauert in einem tiefen Loch, das er mit dem bayerischen Alpenjäger Frank teilt. »Der Name Infanteriestellung ist eine irreführende Bezeichnung. Es ist keine Stellung. Es ist ein Trümmerhaufen, von Geistern der Gefallenen besetzt. Seit einer halben Stunde sät eine Feuerwalze den Tod. Der Orgelklang von Geschossen überbraust uns. Granaten haben uns zu zitternden Marionetten gemacht. Der heutige Beschuss ist wohl der schlimmste, den ich je erlebt habe. Als ob das nicht genug wäre, schießt uns ein verdammtes Maschinengewehr in den Buckel! Aus dem Loch neben mir starrt mich Zugführer Romagna mit blinden Augen an. Du hast es gut, Kamerad, deine Augen sehen nicht mehr den Schrecken, und deine Ohren sind taub.«

»Herr Aspirant, der Herr Hauptmann will wissen, wie viele ihrer Männer noch kampffähig sind.«

»Wie viele? Was weiß ich? Ich kann nur drei sehen. Vor zwei Stunden waren wir noch 24. Romagna tot, Guggenberger liegt in einem Loch mit einem abgerissenen Bein und blutet sein Leben aus, Riegl, Niederwieser, Bemser, Klammerer ... und wie sie alle heißen, die liegen irgendwo unter dem Geröll. Wenn sie uns jetzt angreifen, können wir sie nicht aufhalten.«

Poldi Hofstetter, ein Gefreiter bei Marenzis 5. Kaiserjägern, sitzt auf einer vorgeschobenen Wache. Für Poldi ist Gewalt nichts Neues. Er stammt aus einer rauen Gegend, wo die Faust spricht, aber das hier ist keine Wirtshausprügelei. Ein Knaller zerreißt die Luft, darauf plötzliche Stille. Poldi starrt durch den Draht, hört Pfeifen und Schreie und sieht eine Bewegung hinter der Bodenwelle. Er läuft zum Tunneleingang.

»Alaaarmmm!« Sein Geschrei reißt alle von ihren Betten. »Alarm! Der Itaker kummt!« Für einen waschechten Wiener »Strizi« ist der Welsche ein Itaker oder, noch besser, ein »Katzelmacher«.

Schatten stolpern in der Dunkelheit des Felsstollens herum. Es kommt zu Zusammenstößen, Schreien und Verwirrung. Niemand aber bezweifelt den Ernst der Lage. »Der Itaker kummt ...«, schreit der junge Poldi ein letztes Mal.

Gefreiter Poldi Hofstetter ist einer der Ersten, die an diesem Morgen fallen.

Ein weiterer Neuling, Freddi Girardelli, 19 Jahre alt, schlüpft in seine Hose und rennt aus dem Tunnel. Er kann nichts sehen, alles ist von einer schmutzig-braunen Rauchwolke verdeckt. Es ist diese Wolke, die ihm das Leben rettet, denn sie verbirgt ihn vor dem Heckenschützen auf dem *Capello,* der bereits seinen Kumpel Poldi erschossen hat. Er springt in einen Granattrichter. Der Boden ist noch heiß von der Explosion, Rauchschwaden steigen auf. Freddi zieht den Bolzen an seinem Gewehr, bereit, sein Leben teuer zu verkaufen. Eine Minute, zwei, fünf ...

Jemand schreit: »Sie san of unserm Land ... schiaßt's em z'amm, aber nur, wann's was siacht's.«

»Girardelli, renn zur Schwarzlosen und hilf ihnen mit Munition.«

»Jawohl, Herr Leutnant.«

Freddi betet: »... und der Herr sagt, wen soll ich senden ...« Er rast in Richtung zweier Männer, die hinter einem Maschinengewehr in einem betonierten Unterstand sitzen.

»Was braucht's ihr?«, schreit er ihnen zu. Der Mann zeigt auf die Blechkiste: »Munition.«

Sekunden, bevor der Angriff beginnt, ist Freddi zurück mit einer Kiste in jeder Hand.

»Feuer frei!«, schreit der Leutnant und fällt mit dem Gesicht zu Boden.

Die erste Angriffswelle stürmt vor. Dann geschieht das Unerwartete: Aus Trichtern und Löchern, wo Minuten zuvor eine Feuerwalze den Tod säte und dabei wohl einige übersah, fliegen die Handgranaten, schießen die *Austriaci.*

Gelasio Caetani wird Zeuge des ersten Angriffs. »Unsere Infanterie geht mutig vor, wird aber durch Handgranaten zurückgetrieben. Dazu kommt noch die Explosion einer 30 Meter langen Mine, die alles zermalmt. Tote und Verwundete rollen über den steilen Hang hinunter …«

16

Handgranaten segeln durch die Luft. Das Knattern wirkt betäubend. Mündungsfeuer sticht durch die Rauchwolke. Die Italiener fallen zurück. Die Tiroler haben dem ersten Ansturm standgehalten.

Überall ist Chaos. Leichen liegen wie gebrochene Vogelscheuchen herum. Verwundete kauern zusammengerollt am Boden: Ihr gedämpftes Schluchzen zerrt an den Nerven der Überlebenden. Die Schreie ihrer Qualen, ihre Verzweiflung, werden jemals in einer Berichterstattung jenseits des Schlachtfeldes bekannt werden.

Die Überlebenden arbeiten wild an ihren zertrümmerten Barrikaden, errichten einen erbärmlichen Schutz, denn sie wissen, dass in wenigen Minuten ein neuer Angriff kommt.

»Verluste?«, bellt die Stimme ihres Hauptmanns.

»Neun in meiner Gruppe, Herr Hauptmann, tot. 14 stehende Verwundete.«

Eine andere Stimme: »Munition, Herr Hauptmann, wir brauchen Munition.«

»Dann sitzt nicht herum, sammelt sie von den Toten ein.«

»Ihr habt den Hauptmann gehört«, dabei zeigt der Feldwebel auf die Körper der *Alpini,* »sammelt auch ihre Waffen ein und erschießt sie mit ihren eigenen Kugeln.« Es ist brutal, aber Krieg ist brutal – und dies ist nicht der Augenblick für sentimentale Gefühle.

»Bisher haben wir die Stellung gehalten«, sagt Hauptmann Eymuth, »aber das nächste Mal wird es schwerer werden, also vergesst nicht, sollten sie an unserer Flanke durchbrechen …« Der Hauptmann verschwendet keine weiteren Worte, denn alle wissen, was bevorsteht. In einer Abwehrkette ist jedes Glied abhängig vom nächsten. Reißt nur eins, dann ist auch der Rest verloren.

»Die haben genug. Die kommen sicherlich nicht wieder«, hofft Freddi Girardelli verzweifelt auf eine Bestätigung.

Der Kamerad sitzt mit rauchgeschwärztem Gesicht, aus dem rote Augen starren, am Maschinengewehr. »Wüllst wetten?«, antwortet er mit müder Stimme.

Der junge Freddi wischt sein verschwitztes Gesicht. Seine Uniform ist von Schmutz und Blut verkrustet; er trägt eine Bandage um sein blutiges Bein. »Wie viele liegen da draußen?«, fragt er.

»Wann'st des wissen wüllst, dann geh raus und zähl sie«, antwortet ihm der MG-Schütze.

Soldat Freddi Girardelli geht nicht hinaus, denn schon taucht die nächste Welle auf.

17

An der Flanke der rechten Maschinengewehrposition liegt *Sottotenente* Caetani im Schutz einer Bodenwelle und wartet mit einer Gruppe von *Bersaglieri* auf das Signal. Er hat zugesehen, wie die erste Welle in ihren Tod rannte. Die letzten 50 Meter den von Granaten aufgewühlten Hang hinauf, das war ihr Verderben.

Das Vorfeld des Panettone zeigt einen höllischen Anblick – übersät mit Leichen.

»Der Welsche kimmt hier net durch«, brüllen trotzig die Standschützen an diesem Morgen. Marenzis 5. Kaiserjäger, verstärkt mit 50 Enneberger und Buchensteiner Standschützen, sind wild entschlossen.

Einer von ihnen ist Feldwebel Matthias Kerschbaumer. »Keiner schiaßt bevur i's sag.« Er ist ein Berufssoldat und kommt aus einem Nest in der Steiermark. Sein Herr ist der Kaiser und seine Herrin die Armee. Für die ihm anvertrauten jungen Wehrpflichtigen ist er die Mutter.

Während des Trommelfeuers der Artillerie liegt Feldwebel Kerschbaumer mit seinen »Buam« in einem Graben – an die Wand gepresst. Granaten schlagen um sie herum ein. Ein Volltreffer schleudert drei seiner Männer in die Luft. Kerschbaumer denkt, sein Leben als Berufssoldat hätte ihn stumpf gegen den Terror der großen Kaliber gemacht. Aber niemand ist gefeit gegen die Angst vor dem Tod. »Nichts ist so furchtbar, wie hilflos unter Kanonenfeuer zu liegen und bebend auf die eine Granate mit deinem Namen drauf zu warten. Ich höre nur das Stöhnen meiner verwundeten Kameraden und das wilde Pochen meines Herzens ...«

Kerschbaumer kriecht von einem Mann zum anderen, um ihnen Mut zu geben. Einer lehnt blass an der Grabenwand: »Ich habe Angst ... Ich habe Angst ...!«

Er hat nicht nur Angst, sondern ein Loch in der Brust. Der Verwundete hebt eine schlaffe Hand, deutete auf einen Trichter im Graben. »Dort ... helft ihnen ...« Sein Gesicht ist schmerzverzerrt, Blut sprudelt aus der Wunde. Lungenschuss. Matthias nimmt eine Handvoll Lehm und schmiert sie auf die Wunde; es soll die Blutung verlangsamen.

»Ich ... kann nicht ... atmen ...«, haucht der Junge.

»I bring di' raus.« Er weiß, dass nichts diese junge Seele mehr retten kann.

Stöhnen kommt vom Maschinengewehrstand. Er findet den Schützen mit einer klaffenden Kopfwunde, den Gürtellader mit blutendem Oberschenkel, und der Dritte der Mannschaft fehlt überhaupt. Ein verwundeter Kaiserjäger sitzt hinter dem Maschinengewehr. Nach dem Granateneinschlag hat er die Waffe übernommen.

»Ich brauch' einen Gürtellader.«

Ein Junge, sicher nicht älter als 18, lehnt erschöpft an einem Felsen. Kerschbaumer ruft ihn: »Soldat, kumm her!«

»Ich bin kein Soldat, Herr Feldwebel. Ich bin Träger.«

»Jetzt bist a Gürtellader.« Der MG-Kanonier hat seinen Gehilfen.

»Sie kummen! Der Welsche kummt!«

Es ist der Moment der Wahrheit. Reihenweise steigt der Feind aus den Schwefelschwaden hervor. Das Maschinengewehr rattert, sein Bleihagel mäht die Angreifer nieder. Sie fallen oder werfen sich in den nächsten Bombenkrater. Dann hört das österreichische Maschinengewehr auf zu rattern. Die *Bersaglieri* in der Nähe des Drahtes haben vielleicht 30 Sekunden – so viel Zeit benötigt man, um einen vollen Kugelgürtel einzulegen.

Caporale Andrea Pirasi brüllt: »*Correre! Avanti!*« Pirasi rennt, gefolgt von seiner Truppe, los. Sie überwinden die letzten 20 Meter und springen in die Granattrichter und werfen Handgranaten über den Drahtverhau. Einige explodieren um das Maschinengewehr herum. Die *Bersaglieri* kriechen unter dem Draht durch und stürzen wie besessen in den österreichischen Graben. Sie finden nur Tote. Darunter Hauptmann Eymuth. Der tapfere Hauptmann ist keinen Schritt zurückgewichen.

Die rechte Grabenflanke der Infanteriestellung ist aufgerissen. Hauptmann Marenzi sieht sich vor einer ausweglosen Situation. Vor ihm wimmelt es von italienischen Uniformen. Seine Männer fallen, die letzte Grabenlinie wird noch von Hauptmann Ebners Kaiserjägern gehalten. Sie werfen ihre letzte Granate, schießen ihre letzte Kugel. Bajonette und Spaten werden zum Instrument des Todes.

Der bayerische Alpenkorpsleutnant Schneider und der Kadett Seebald erhalten den Befehl zum Rückzug von Hauptmann Marenzi, als kurz vor 12.30 Uhr eine Mörserbombe ihren Befehlsstand trifft. Schneider und Seebald fallen schwer verwundet zu Boden. Hauptmann Freiherr von Marenzi ist tot. Hauptmann Ebner übernimmt nun das Kommando. Er zieht seine letzten Soldaten hinter die Sandsäcke an der obersten Kante der Stellung zurück.

Dann tritt eine plötzliche Stille ein. Diese höllische Anspannung dauert kaum zwei Minuten, als Hauptmann Ebner schreit: »Schießt, um Gottes willen, schießt, schießt …!« Die Italiener sind überall. Handgranaten explodieren und brechen die Stille. In einem Graben weiter oben stöhnen Soldaten in bitterer Ohnmacht. Sie sind ohne Munition und können nur zusehen, wie ihre Kameraden fallen, einer nach dem anderen. Feldwebel Kerschbaumer schluchzt voll Wut: »Z' spät. Vül z' spat. Denen könn' ma a nimmer helfen.« Die letzte Position wird von den anstürmenden Italienern mit Granate und Bajonett überrannt. Drei Minuten, dann hat die Kompanie von Hauptmann Ebner aufgehört zu existieren.

Schnell sammelt Feldwebel Kerschbaumer die noch wenigen Überlebenden um sich. Ohne auf einen weiteren Befehl zu warten, rast er mit diesen Letzten den schmalen Pfad hinauf.

Von einem Vorposten am Gipfel aus sehen die Irscharabrüder hilflos zu, wie der Feind durch den Stacheldraht in die Infanteriestellung eindringt.

»Die da drunten san erledigt«, sagt Vinzenz. »Hiaz kumma mir dran.«

18

Capitano Benedetto vom 52. Infanterie-Regiment und *Tenente* Caetani führen den letzten Angriff. 15 Minuten, dann ist alles vorbei.

Ein paar blutüberströmte, rauchgeschwärzte Kreaturen kriechen aus den Trümmern hervor. Caetani steht mit Pistole in der Hand auf ein Zeichen von Widerstand wartend. Es gibt keinen. Gebrochene Augen starren ihn an. Der Panettone ist in italienischer Hand. Ein großer Schritt in Richtung des Gipfels des Col di Lana ist damit getan. Doch niemand jubelt.

»Wir mussten die *Tirolesi* Meter auf Meter zurückschießen«, schreibt Caetani in seinem Kampfbericht, »… passammo accanto ai cadaveri dei nostril fanti; giacevano tutti con la testa rivolta verso il nemico – … wir gehen an den Leichen unserer braven Soldaten vorbei; ihre Körper liegen gegen den Feind gedreht … Meine Aufgabe ist es nun, zu sichern, was wir so blutig erobert haben. Alle, die das Feld am Panettone nicht gesehen haben, können sich keine Vorstellung vom Ausmaß des Schreckens machen …«

Weiterer Widerstand war nutzlos. Die letzten Verteidiger lassen ihre Waffen fallen und heben die Hände. Die Sieger verhalten sich korrekt gegenüber ihren Gefangenen. Dennoch geschieht etwas, wofür es nie eine Erklärung gab. Caetani, gerade über einen jungen Österreicher gebeugt, der im Sterben liegt, sieht vier oder fünf *Bersaglieri,* die um einen Gefangenen stehen, als ein Schuss ertönt. Der Mann fällt zu Boden. Bis Caetani zum Tatort kommt, sind die *Bersaglieri* einer Meinung. »Mir wurde gesagt«, so berichtet Caetani, »dass der Mann, ein Offizier, sich nicht ergeben wollte und seine Pistole zog, also erschossen wurde.« Am Boden liegt ein Toter. Es ist der letzte Kommandeur des Panettone. In seiner Brusttasche findet Caetani ein blutbeflecktes in Leder gebundenes Büchlein.[17]

---

17 In seinem »Col di Lana – Col di Sangue«, fügte Gelasio Caetani einen 30-seitigen Anhang bei, »Diario del Capitano Austriaco Ebner, ucciso il 29 Ottobre 1915«. Es ist Ebners Beschreibung der kritischen Oktobertage, die zu seinem Tod am Panettone führten.

Tod am Col di Lana, Oktober 2015 (Archiv Obwegs)

Es gab noch einen weiteren österreichischen Offizier, der seine Gedanken zurückließ. Zwölf Stunden vor dem Angriff lautet die letzte Eintragung von Kaiserjäger-Hauptmann Freiherr von Marenzi in seinem Tagebuch:

»28. Oktober. Infanteriestellung am Col di Lana.

Die Italiener nennen ihn ›Berg des Blutes‹ und aus gutem Grund. Wie viele meiner Männer sind unter den Trümmern begraben, und wie viele Feinde liegen tot am Hang? Wer bin ich schon, um zu zweifeln, was in einem großen Krieg strategisch wichtig ist? Uns wurde befohlen, die Stellung zu halten. Und das werden wir auch tun. Aber es kann nicht gut enden.«

Freiherr von Marenzis Prophezeiung wurde zur bitteren Wahrheit.

19

Es war geschehen. Die Italiener hatten ein Sprungbrett auf dem Weg zum Gipfel erobert. Doch der Preis war hoch! Die Sieger saßen erschöpft herum; der Gestank von Schwefel und Blut stieg ihnen in die Nase. Die Leichen lagen in Reihen gestapelt und unter gespannten Planen die Verwundeten. Caetani saß auf einer Munitionskiste und zündete sich eine Zigarette an. Seine Hände zitterten, als er schrieb: »... nachdem der Kampf zu Ende war, ging ich über den eroberten Panettone. Es glich Dantes Inferno. Überall lagen Leichen, aus dem Geröll ragten verbogene Gewehrläufe hervor. In den Laufgräben und in der Nähe des Drahtverhaus lagen die Erschossenen und Erstochenen, grotesk verzerrt und zusammengerollt – wie tote Katzen. Gefangene trugen die Gefallenen zu zwei Massengräbern, eines für die tapferen Angreifer, ein anderes für die ebenso tapferen Verteidiger.«

Im offiziellen Heeresbericht stand nichts darüber. Nur: »... unsere tapferen *Alpini*-Regimenter stürmten nach heftiger Artillerievorbereitung eine österreichische Felsenwache am *Cima* Lana. Die Verluste des Feindes sind groß ...«

Nachdem er den Angriff auf die Infanteriestellung vom Gipfel aus mitverfolgt hatte, schrieb Fähnrich Karl in sein Tagebuch:

»29. Oktober 1915. Col di Lana.

Wir denken nicht an die Zukunft. Für uns gibt es nur ein Heute. Morgen ist viel zu weit.«

Das Tal des Todes

1

»Unsere siegreiche *Tricolore* wird vom Gipfel des Col di Lana flattern.« Dieses folgenschwere Versprechen verwandelte einen Punkt auf der Landkarte in ein Symbol für Heldentum. Damit wurde die *Tricolore* auf dem Gipfel zum Prestigeobjekt für eine ganze Nation.

Mit den Oktoberangriffen und dem Fall der drei Feldwachen hatte sich die Situation zugunsten Italiens gewendet. Ihre Vorposten waren nun bis zu 750 Meter an den Gipfel vorgerückt. Ein letzter Angriff – und alles wäre vorbei. Doch die Natur entschied anders. Ein weißer Vorhang fiel. Cadornas Armee stieß auf einen neuen Gegner, mächtiger als ein Haufen von Bauern: General Winter.

Auf den Bergen beginnt es zu schneien. Schnee bedeckt die Nachschubwege und Kampfstellungen; der eisige Sturmwind macht das Wachestehen zur Qual. Männer erleiden Erfrierungen. Bronchitis, Durchfall greifen um sich ... – alle möglichen Epidemien kommen noch dazu. Ein Nachschub mit Verpflegung sowie der Abtransport von Verwundeten oder Kranken werden zunehmend schwieriger. Eine Lösung, um die Männer vor der Kälte zu schützen, muss gefunden werden.

Die Antwort lautet: »Organisieren«, was nicht auf dem legalen Weg kommt, wird zur christlichen Tugend.

» ... und wenn der Herr Oberleutnant erlauben ...« Der Oberleutnant erlaubt, denn natürlich gibt es Ausnahmen, und Franz Oberlechner, die Glucke der 6. Kompanie, geht runter ins Tal.

»Hast g'nug vom Kriag?«, grinst sein Freund Steinbichler.

»I bin auf einer geheimen Mission.«

Seine Mission betrifft warme Kleidung, denn dieser Oberlechner kennt einen Mann, der wiederum einen Mann im Verpflegungslager kennt ...

Wie auch immer, die Mission hat sich gelohnt, denn am Ende kutschiert Oberlechner eine Wagenladung von warmen Sachen – die, dies muss zugestanden werden, nicht vom k. u. k. Zahlmeister »registriert« wurden – aus dem Versorgungsdepot und lagert sie auf dem Heuboden einer freundlichen Bäuerin.

Zurück am Gipfel meldet sich Oberlechner beim Kommandanten. »Melde gehorsamst, Herr Oberleutnant, i bin z'ruck vom geheimen dienstlichen Auftrag.«

»Guat g'macht, Zugführer«, sagt der Oberleutnant gönnerhaft und klopft dem Oberlechner auf die Schulter. »Jetzt nimm dir ein Dutzend Freiwillige und bring die Klamotten rauf.« 24 Stunden später ist die Kompanie mit einer Winterausrüstung von überraschend guter Qualität ausgestattet. Das Problem der Kälte ist teilweise gelöst.

Gerade rechtzeitig, denn im November bricht der Hochgebirgswinter mit brutaler Gewalt über die Alpen herein. Die Tage verrinnen im Nichts. Der Unterschied zwischen einem Winter im Frieden und einem Winter im Krieg ist, dass im Frieden kein Mensch, der seinen Kopf richtig angeschraubt hat, bei Schnee und Eis auf einen Dreitausender steigt. Außerdem gibt es im Frieden keine welschen Artilleristen, die jede Stunde eine Granate abfeuern, als ob sie die Rohre warmhalten müssten. Die Tage sind hart, und sie spielen sich ab zwischen dem Wachestehen im eisigen Gipfelwind und der Ungewissheit, wann und wo der nächste Einschlag kommt. Die größte Gefahr sind die Lawinen. Sie fordern mehr Opfer als alle Granaten.

Eingehüllt in einem Schafpelzmantel, um Mund und Ohren einen Wollschal, stapft Johann Irschara in der Kälte auf und ab. Sein Blick geht hinaus in das unendliche Weiss. Welcher Trottel wird schon in diesem Schneetreiben angreifen? Die Welschen sind ja nicht irre.

Johanns Tage vergehen langsam … mit Kopfschmerzen, Husten und der Müdigkeit. Seine Nächte in der Schlafhöhle sind kalt, eingekeilt zwischen armdick vereisten Steinwänden;

es stinkt nach Schweiß und nassen Socken, todmüde schnarchen die Männer im Konzert. Dort wärmt er sich die Hände an einer Kerze und wickelt sich in seine Decke. Die Höhle ist keine Zufluchtsstätte, sie ist ein Gefängnis. Und finster ist es drinnen – wie in einem Grab.

Wenn er aufwacht, dann dankt er dem lieben Gott, die Nacht überstanden zu haben. Dann steht er wieder Wache. Er wacht über einen Gipfel, seine Kameraden, seinen Bruder Zenz. Dabei ist er allein … Ein Schleier legt sich über seine Augen … Wie lange noch bis zum Erfrierungstod? Diese verdammte Kälte. Das Sterben hat begonnen.

Der einzige Lichtblick ist Oberleutnant Tschurtschenthalers Zuversicht, schier unerschütterlich. Ihre Hoffnung, ihre einzige Rettung, so betont er immer wieder, liegt in der Verteidigung des Gipfels. Wenn einer murrt, dass dieser Opfergang ohnedies umsonst ist, dann blafft er: »Ich will das nicht gehört haben.« Selbst das anderswo bewährte Befehlsgebrüll bleibt hier oben ohne Wirkung; nur sein Wille kann die Männer überzeugen, dass sie diesen schrecklichen Winter überleben werden.

Was der Herr Oberleutnant wirklich empfindet, das vertraut er niemandem an.

2

Ein Sturm heult über Tirol. Wolken scheinen zu platzen und leeren ihre Schneemassen über Berg und Tal. Eine vernichtende Waffe ist geboren. Die Schneelawine. Wo immer sie auch zu Tal braust, fegt sie alles mit sich: Wälder, Unterstände und Soldaten. Der frühe Winter hält das Land in seinem eisigen Griff. Mitte November nimmt die Temperatur eine Wende, und ein Angriff auf dem Gipfel wird durchführbar.

»Am 20. November versuchten meine Truppen erneuert den Gipfel zu stürmen«, schrieb *Comandante* Mezzetti. »Unter dem Befehl von *Capitano* Giglioli und Caetani griffen meine vier besten Kompanien die Gipfelposition an.«

Unter einem dünnen Wolkenschleier gelang es den *Alpini*, ungesehen einen Großteil des steilen Gipfelhangs hinaufzuklettern. Jedoch hatte sich der feste Schnee in höheren Lagen zu Eis verwandelt. Dank seiner Bergerfahrung war es Caetani klar, dass ein Angriff auf dieser gefrorenen Schlittschuhbahn unmöglich war. Er befahl, mit Bajonetten Stufen ins Eis zu hacken und wieder abzusteigen. *Capitano* Giglioli zauderte: Das Resultat war, dass Dutzende seiner Männer in die Tiefe rutschten.

Die Standschützen und Kaiserjäger erlitten Verluste durch Artilleriebeschuss: 16 Tote und 29 Verwundete. Diese Männer konnten nicht ersetzt werden. Oberleutnant von Tschurtschenthaler entsandte eine dringende Depesche. »... Der nächste Angriff kann unsere Gipfelposition infrage stellen ...«

Die Tiroler Einheiten im Sektor »Col di Lana-Monte Sief-Lagazuoi« waren nahezu ausgeblutet. Der Befehlshaber der Pustertaler Division, General Goiginger, berichtete nach Wien: »Ein Durchbruch des Feindes ins Innere des Landes kann nur mehr durch Improvisationen aufgehalten werden.« Im kaiserlichen Hauptquartier gab es nur wenige Militärs, die noch nicht begriffen hatten, wie groß die Gefahr für Tirol nun wirklich war. In dieser kritischen Stunde stand der Herr den Tirolern bei und legte eine Decke aus schimmerndem Eis um den Gipfel.

Während der nächsten Tage häuften sich immer mehr Schneemassen auf den Dächern der italienischen Unterstände im Lager *Costone di Agai*. So viel, dass die Dächer einstürzten. 50 *Bersaglieri*, die den letzten Angriff überlebt hatten, wurde im Schlaf von den Schneemassen begraben. Eis und die Lawinengefahr machten einen weiteren Großangriff auf den Gipfel unrealistisch, obwohl kleinere Kampftrupps nach einer verwundbaren Stelle suchten.

Die Laune der Natur führte zu einem Drama. Anfang November stieg die Temperatur plötzlich über den Gefrierpunkt, und die Schneeflocken verwandelten sich in Regen. Der Regen durchnässte die Uniformen der Männer auf ihrer Wache.

Der Abend brachte einen Temperatursturz. Ein böiger und eiskalter Wind pfiff. Die klirrende Kälte lähmte die Männer, ihre nassen Uniformen gefroren in kürzester Zeit zu Eispanzern. 15 Minuten in diesem »Klamotten-Kühlschrank« und man verlor jegliches Gefühl, wurde unfähig zu denken, der Atem ging flach, der Geist wanderte, man fühlte sich müde ... müde ... Dann schloss man die Augen – für immer.

So kam es wohl auch an diesem Novembertag. Hunderte starben den kalten Tod.

Die italienische Presse berichtete, dass starker Schneefall und der strenge Winter die Angriffe an der Dolomitenfront, insbesondere am Col di Lana, vorläufig zu einem Ende gebracht hätten. Allerdings zählte die Presse dabei nicht auf einen Oberst mit einem berühmten Namen.

3

»*Va pensiero, sull'ali dorate* – Fliege, Gedanke, auf goldenen Flügeln.« Verdis Hymne hatte seinen Großvater Giuseppe Garibaldi begleitet. Nun sollte sie zum Sieg seines Enkels führen: Peppino Garibaldi, *Colonnello* in der *Brigada Garibaldi*.

Seit den Erfolgen des Oktobers hatte sich die Situation kaum verändert. Mitte Dezember erhält die 18. Italienische Division den Befehl zu einem Generalangriff auf den Col di Lana. Dafür sind die *Brigada Calabria*, die *Brigada Alpi*, die *Battaglione Cordévole* und *Belluno* sowie die Veteranen der *Brigada Garibaldi* bereitgestellt – 16 Infanterie-Kompanien und zwei *Alpini*-Bataillone! Eine Unmenge von Einheiten, zu viel für die scharf begrenzte Breite des Angriffsgeländes.

Seit zwei Tagen schlägt am Gipfel ein Trommelfeuer mit satanischer Wucht ein. Das Heulen der Granaten nimmt kein Ende. Nach einem Feuersturm dieser Macht wird man nur noch Tote oder höchstens ein paar nervenzerrüttete *Tirolesi* finden. Mit einer Verteidigung rechnet effektiv keiner mehr.

Tenente Piero Pieri, ein Zugkommandant der 77. *Alpini*, leitet die Vorhut auf dem linken Angriffsflügel: »Von Anfang an steht der Angriff unter einem üblen Stern. Es beginnt am 14. Dezember mit einer Auseinandersetzung zwischen *Colonnello* Tarditi und *Colonnello* Garibaldi über die Angriffsorder. Garibaldi, der wenig von seinem heldenhaften Großvater geerbt hat, denkt, dass sein Name allein genügt, um einen Sieg zu erzielen. Als Tarditi die bisherige Standhaftigkeit der Tiroler Schützen erwähnt, schreit Garibaldi, dass seine Veteranen mit den *Austriaci* den Boden aufwischen werden. Der Divisionskommandeur entscheidet für Garibaldi. Das werden wir noch teuer bezahlen.«

Am Abend vor dem Angriff hält *Colonnello* Tarditi eine aufmunternde Ansprache: »Ich bin zu 60 Prozent sicher, dass der bevorstehende Angriff ein Erfolg wird.« Jubelausbrüche gibt es unter den Zuhörern kaum, denn sie befinden sich vielleicht unter den 40 Prozent, die es nicht schaffen. Zur selben Stunde diktiert *Colonnello* Garibaldi einen Tagesbefehl, der in die Geschichte der italienischen Armee eingehen soll. Der Aufruf ist kurz und von garibaldischem Elan:

»Männer Italiens. Eure Stunde ist gekommen.
Vertrauen! Mut! *Viva Italia! Viva la patria*!«

Die Tiroler sind sich bewusst, dass etwas Großes im Anzug ist. Bauern, besonders Bergbauern sind nie gesprächig, und hier oben am Berg sind sie eine Gemeinschaft, aber mit dem Tod vor Augen entladen sich all ihre persönlichen Probleme. Was ihnen gestern wichtig erschien, gilt heute nicht mehr.

»Ja Hanslbauer, wenn des amoal vorbei ischt, dann red'n ma drüber, wem die Wies'n wirkli g'hört!«, versichern sie ihrem Nachbarn. Und dies aus gutem Grund, denn die Aussicht ist düster: Zwei geschwächte Kompanien, die fünften und sechsten Kaiserjäger, treten gegen eine irrwitzige Übermacht an. Dazu ist es noch so saukalt, dass die bloße Hand am gefrorenen Stahl des Gewehrs kleben bleibt und das Öl der Maschinengewehre zu Melasse wird. Das Überleben der Tiroler hängt an einigen beweglichen Metallteilen.

In dieser verzweifelten Lage kommt ihnen etwas Unvorhergesehenes zu Hilfe: Wichtige Kampfbefehle werden nie übers Telefon durchgegeben. Sie werden einem italienischen Offizier zur persönlichen Übergabe anvertraut, dieser Kurier fällt aber 48 Stunden vor dem geplanten Angriff in Tiroler Hände. Daraufhin ziehen die Österreicher zwei Maschinengewehre vom Rücken des Monte Sief ab und stellen sie im bedrohten Sektor auf.

Der Angriff ist über den Südosthang des Col di Lana vorgesehen. Über diese Variante ist noch nie ein Angriff erfolgt; der Hang ist übermäßig steil und viel zu eng für einen Großangriff. In der Nähe des Stacheldrahts vor dem Gipfel ist der Hang keine 100 Meter breit. Zahlenmäßige Überlegenheit zählt hier nicht, nur das Element der Überraschung. Dafür aber sind die Tiroler bereits im Besitz von Garibaldis Angriffsplan. Trotz der Enge des Angriffsraums stellt Garibaldi fünf Kompanien als seine erste Stoßwelle auf; mit sechs weiteren Kompanien 200 Meter dahinter. Diese Aufstellung kann nur zu einem Riesenstau führen. Und das ist noch nicht alles. Tagelang hatte es geschneit, und der Neuschnee liegt lose auf einer Decke von windgepresstem Schnee.

Für den Tag der Attacke prophezeit die Wettervorhersage starkes Schneetreiben. Garibaldi interpretiert die Wetterprognose als günstig: Schneegestöber wird die Sicht der *Austriaci* verringern.

In der Nacht vor dem Angriff fällt das Thermometer auf minus 20 Grad Celsius. Der Steilhang vereist. Neu gefallener Schnee findet darauf kaum Haftung. Eine perfekte Situation, die nur eines bedeuten kann: Unheil.

4

Den grau verhangenen Wintertag verbringen die Irscharabrüder im Schutze der Höhle beim Reinigen ihrer Waffen und der Vorbereitung ihrer Magazine mit jeweils fünf Kugeln. Die Messinghülsen der Patronen blinken im Licht der Kerzen.

»Das ischt's dann. Zehne, des macht fuffzig Schuss, glaubst, des ischt gnua?«, fragte Johann.

»Scho', wann'st halt wirkli' scharf zielst.«

Vinzenz dachte nicht einen Augenblick an die Brutalität seiner Worte … »Scharf zielen« hieß: Jeder Schuss ein Treffer. Die langen Monate unter einem Granatenhagel, die vielen abgewehrten Angriffe, die Anzahl der Toten, die sie täglich um sich herum sahen und die täglich anschwoll, all dies hatte sie alle abgestumpft. Sie steckten in einem Krieg, der mit modernen Waffen geführt wurde und einen außerordentlich hohen Blutzoll forderte. Menschenleben zählten wenig, und es kam nicht die göttliche Offenbarung, dass Töten Sünde sei.

Allzu bald graut der Morgen. Die Artillerie verstummt. Auf den Gipfelstellungen gehen die Verteidiger in Stellung. Zwei Schwarzlose und ein Mauser-Maschinengewehr plus 180 Gewehre der 5. Kompanie der Kaiserjäger unter Oberleutnant Trnozka und der 6. Kompanie von Oberleutnant von Tschurtschenthaler warten in der Gipfelstellung. Dazu noch drei Dutzend Tiroler Standschützen, die in Felsennestern an der Hangflanke lauern.

Währenddessen reiht Garibaldi einen taktischen Fehler an den nächsten. Seine erste Kampfwelle von fünf Kompanien steht bereit. Eines seiner Bataillone wird energisch zum Gipfel vorstoßen, angeführt von Offizieren, die ihre Erfahrung vor Jahren im sonnigen Griechenland gesammelt haben. Um die erste Welle in Angriffsposition zu bringen, wurde am Tag zuvor ein Laufgraben ausgeschaufelt. In kürzester Zeit ist dieser schmale Graben so vollgestopft, dass keine weiteren Einheiten nach vorne gelangen. Während der nächsten halben Stunde wartet die aufgestaute Truppe in eisiger Kälte. Der Schweiß vom Anstieg gefriert ihnen auf Brust und Nacken. Die Körpertemperatur sinkt und macht die Männer lethargisch.

Schon kommen die Kompanien der zweiten Welle nach. Als sie den Laufgraben blockiert sehen, versuchen sie auszuweichen, um ihre Ausgangsposition zu erreichen, bleiben aber unter hohen Schneewehen stecken. Dies soll zu ihrem Verderben führen.

7.30 Uhr und der Höllentanz kann beginnen. *Colonnello* Garibaldi gibt den Befehl. Eine grüne Leuchtkugel steigt in den Himmel. Auf der vereisten Halde erhebt sich eine waffenstarrende, olivgrüne Welle. Eine garibaldische Menschenwalze ist im Anmarsch auf die österreichische Gipfellinie.

Auf dem Gipfel liegen die Tiroler Schützen, die Gewehre im Anschlag. Johann und Vinzenz Irschara in deren Mitte. Im Schneegestöber ist die Sicht schlecht, also lassen sie den Feind näher kommen. Dazu gehört eine gesunde Nervenstärke – und diese haben die Buben und Greise. 300 Meter ... 150 ... noch 80 ... Ein Schuss gibt das Signal, und dann setzt ein wütendes Gewehrfeuer ein. Kugeln peitschen den Hang hinab. Maschinengewehre fegen den Steilhang mit ihrem bleiernen Besen. Standschützen, ihre Gewehre auf Sandsäcken, suchen ihre Ziele wie bei einem Truthahnschießen. Es ist die bittere Rache für das, was sie tagelang zu ertragen hatten, als sie ohnmächtig unter dem Granatenhagel lagen, mit den Fingern in den Schnee gekrallt und Zorn in der Seele. Die Irscharas und hundert ihrer Kameraden zielen – schießen – laden – zielen – schießen ... und denken dabei an das Standschützenmotto: »Und ist das Schwarze noch so klein ...«

Fünf Minuten im Kreuzfeuer der Mannlicher und Spandaus, und die erste garibaldische Welle existiert nicht mehr. So sicher waren sich die Italiener des verlustlosen Durchbruchs, dass keine Verbandstellen vorhanden sind. Ihr *Colonnello* hatte auf die Wirkung der menschlichen Übermacht gesetzt und mit einem raschen, relativ verlustlosen Durchbruch gerechnet. Da liegen sie auf dem Berghang – zu Hunderten – mit verrenkten Gliedern und gebrochenen Augen. Ihr Opfer war sinnlos.

Inzwischen hat sich die zweite Welle in Bewegung gesetzt. In enger Formation erstreckt sich ihre Linie über die Breite des Gipfelhangs.

»Vinz', i hab' nur mehr zwoa ...«

»Nimm die vom Wagner-Lois, der braucht's eh nimmer.« Richtig, denn der Körper von Lois hängt leblos über dem Grabenrand.

Für die Italiener, eingepfercht zwischen Felsen und Schlucht, welches seitliches Manövrieren fast unmöglich macht, spielt sich das endgültige Drama dieses Morgens ab. Eine bayerische Berg-Batterie auf der Valparolahöhe konzentriert ihr Feuer auf die massiven, windgepressten Schneemassen hoch über der Angriffsfläche. Eine Salve mit drei Schüssen – und eine Wechte bricht. Eine Monsterlawine donnert zu Tal. Wo Augenblicke vorher noch Linien von tapferen Männern den Berg hochstiegen, ist nun eine Schneise aus braunem Schlamm und geknickten Bäumen. Als ob es das Bataillon nie gegeben hätte.

Der italienische Kriegsbericht gibt eine Zahl von 692 Toten und Vermissten an.

Das wirkliche Ausmaß der Opfer zeigt am »Weißen Freitag«, dem 13. Dezember 1916. Es wurden 10.000 italienische Soldaten von Lawinen begraben.

Die Frage, wer für dieses Debakel verantwortlich war, kam nie zur Diskussion. Der Kommandeur führte die Schuld auf die Inkompetenz seiner jüngeren Offiziere zurück und auf Mangel an Mut derjenigen, die bis zur nächsten Schneeschmelze unter den Schneemassen begraben liegen sollten. Der Kommandeur der 18. Italienischen Division wurde verabschiedet. Garibaldis taktische Fehler wurden nie erwähnt.

Tenente Gelasio Caetani sah den Untergang der *Garibaldistas* vom Agairücken aus. Auf einer Skizze des Col di Lana markierte er diese Stelle des Dramas mit einem Namen, der bis zu diesem Tag noch gängig ist:

Vallone della Morte – Das Tal der Toten.

Die Art, glorreich zu sterben

»Es gibt keine glorreiche Art zu sterben.
Am Ende wartet nur der Tod.«
Aus den Tagebuchnotizen des Fähnrichs Karl,
Col di Lana, Winter 1915/16

1

Die Tage wurden kürzer und die Temperatur fiel unter null. Ein Problem war die Versorgung der Verwundeten. Um Lawinenopfer brauchten sie sich keine Sorge zu machen; zumindest nicht bis zum Tauwetter im Frühjahr. Die Schneefälle erschwerten den Transport ins Lazarett im Tal – wenn nicht gar unmöglich.

Jene, die in extremer Kälte Wache standen, litten. Der Atem am Bart gefror und führte zu Erfrierungen. Finger und Zehen wurden hässlich schwarz. Eiterblasen bedeckten Beine, blutende Geschwüre auf Rücken und Bauch klebten an der wollenen Unterwäsche. Für eine Evakuierung musste ein Verwundeter auf eine Unterbrechung des Schneetreibens warten. Manche, deren Chance zum Überleben gut war, sie kamen in der langen Wartezeit um. Eines weiteres Problem waren die vielen, nur notdürftig begrabenen Leichen. Ein Kratzer, das Leichengift drang in den Körper und führte zu einer tödlichen Infektion.

Ein Junge mit wächsernem Gesicht lag auf einer Pritsche in der Felsenhöhle. Sein Bein war angeschwollen und sah wie eine glänzende Wurst aus. Ein Sanitäter hob das Bein an der Ferse an und sah die allsagenden roten Streifen. Ärzte nennen es Tetanus – besser als Wundstarrkrampf bekannt –, zusammen mit Gangrän die meist gefürchtete aller Infektionen im Krieg. Ein infizierter Körper ohne sofortige Amputation hatte keine Chance.

Die Lippen des Jungen zitterten, seine Augen waren mit unendlicher Hoffnungslosigkeit gefüllt. Sein Atem endete mit einem leisen Seufzer. Der Sanitäter sah in das leblose Antlitz, und ihm kamen die Tränen; nicht weil er den Jungen kannte, sondern weil er dieses junge Leben mit einer Prise eines Antiseptikums hätte retten können. Schwefel von einer Gewehrkugel allein genügte nicht. Bevor die Sonne aufging, und der Krieg aufs Neue erwachte, versenkten sie den Jungen in einem Loch im Schnee. Der Oberleutnant sprach ein kurzes Gebet, bevor sie mehr Schnee auf seinen Körper schaufelten. Dort würde er bis zum Frühling liegen – es sei denn, eine Granate schlug im Grab ein …

2

»Warum, liaba Gott, warum hast du uns verlass'n?«, kam eine schluchzende Frauenstimme. Aus der offenen Kirchentür trat die Prozession, allen voran ein Priester mit dem Kreuz: »Ich bin die Auferstehung und das Leben … Wer an mich glaubt …« Vor dem Sarg marschierten ein Veteran mit weißem Bart und mit der Fahne von Tirol in der Hand. Dahinter trugen zwei Greise und vier Frauen den Sarg aus groben Brettern sowie ein blaues Samtkissen mit einer Tapferkeitsmedaille. Dem Sarg folgten die Frauen; schwarze Kopftücher bedeckten ihre gesenkten Köpfe, alle im stillen Gebet für ihre Männer oben auf dem Berg. Sie lebten in der Hoffnung, dass ihre Männer eines Tages heil zurückkehren würden.

Wenn die Nachricht von einem Gefallenen ins Dorf kam, dann gingen sie zum Haus der Trauer, um den Schmerz mit der Mutter oder der Ehefrau zu teilen. Zumindest am Anfang des Krieges. Bald aber gab es so viele Söhne und Männer zu beweinen, dass eine Art von Akzeptanz des Unvermeidlichen eintrat. Daraufhin pilgerten die Frauen in den Wald aus Zirbeln am Rande des Dorfes – zu den Holzkreuzen. Viele Gräber waren rein symbolisch, denn die Gefallenen ruhten fern der Heimat. Was an sie erinnerte, das war eine Tafel mit einem Namen, manchmal ein Foto mit einem jungen Gesicht.

Der Bote des Herrn war Pater Isidor Alvera; ihn schockte nicht die Beichte einer fleischlichen Sünde; er erteilte Absolution und gab Rat. Vor dem Krieg diente Pater Isidor dem Herrgott in Pfarren auf beiden Seiten des Berges. Für Gott und seinen Diener gab es keine Nationalität. Italiener, Österreicher, Ladiner, Tiroler, alle waren Kinder ein und desselben Schöpfers. Wann immer der Vater das Sakrament der heiligen Ehe teilte, war dies ein fröhliches Fest. Die Kirchenbänke waren gefüllt und ebenso danach die Tische beim Postwirt. Alle kannten Vater Anselm, und er kannte sie. Beispielsweise den Carlo Bonasera aus Rocca Piétore, jetzt ein Gefreiter bei den *Alpini,* oder die Enneberger Standschützenbrüder Irschara aus Untermoi. Auf der Schulbank hatte er ihnen die Liebe Jesu gelehrt. In diesen schweren Tagen gab er ihnen, was sie am meisten brauchten: den christlichen Glauben. Ihre Inbrunst war groß, und ihr Glaube brannte wie Feuer. Sie sprachen offen darüber, wie nahe sie sich dem Herrn fühlten, denn Er war nur einen Herzschlag entfernt.

Vor dem Krieg kümmerte sich Vater Isidor um das Seelenleben von ein paar 100 Familien. Jetzt aber waren es zweitausend verwirrte Soldaten, die auf seinen Segen vertrauten. »Meine Brüder, lasst uns vor dem Herrn knien und beten, dass Er in seiner göttlichen Weisheit eine Lösung findet, die uns wieder zu Brüdern macht ...« Sie knieten nieder und beteten. Ob das in einer Kirche oder auf dem schroffen Felsen geschah, war dem Herrgott egal. »Gott mit uns«, beteten sie. Der Spruch war sogar auf der Gürtelschnalle eingraviert. Gott mit uns! Nur war Er so weit und der Welsche so nah!

Dann kam der Tag eines Scharmützels nahe der Edelweiß-Stellung. Pater Isidor blieb bei einem sterbenden Italiener zurück und wurde von einer *Alpini*-Patrouille gefangen genommen. Den Posten des guten Hirten der Enneberger übernahm ein Oberösterreicher, Feldkurat Anselm Blumenschein, ein 31-jähriger Mathematik- und Astronomieprofessor vom Stiftsgymnasium Kremsmünster.

Pater Anselm streifte seine weiße Soutane über die Uniform; es gab ihm Augenblicke der Meditation. In den Jahren, die zu diesem universellen Wahnsinn führten, waren die großen

Nationen wie Schiffe, die täglich weiter auseinanderdrifteten. Monarchen und Diplomaten wählten Torheit über Weisheit und lösten ein Inferno aus. Niemand verstand, wie hilflos der Mensch in einem modernen Krieg wirklich war.

Die Waffen sind heutzutage perfektioniert und töten sicherer und schneller. Die Nacht vor einem Sturmangriff verläuft fast immer gleich. Der kommandierende Offizier geht von Mann zu Mann und redet Mut zu. Der Priester sitzt in einem Eck und hört sich die Beichten an. In einem Schützengraben gibt es keine Atheisten. Jeder wird zum Gläubigen. Für den Frontsoldaten wird der Regimentspfarrer der Nächste zu Gott. Sein Wort ist die Botschaft des Herrn. Ein Priester gibt seiner Herde Hoffnung. Für die Männer auf dem Col di Lana erschien Feldkurat Vater Anselm Blumenschein in der Rolle des Hirten. Er trug eine Uniform ohne Zeichen von Autorität; seine Kirche hatte kein Dach, und sein Altar war ein Klapptisch mit einem Holzkreuz und einem Messingkelch für Hostien.

Im Krieg öffnet jeder seine Seele dem Mann, der das Wort des Herrn verkörpert. Man findet Trost in des Priesters Worten. Es gibt Dutzende gebrochener Seelen zu flicken, von all jenen, denen die Hoffnungslosigkeit ins Gesicht geprägt zu sein scheint. Und für sie alle war Vater Anselm ein Mann des absoluten Vertrauens.

Vinzenz Irschara stand Wache. In letzter Zeit war er zu lange der seelischen Finsternis ausgesetzt, hörte zu oft das Stöhnen seiner Freunde, die wie blutige Bündel herumlagen. Er wollte schlafen, vergessen ... Nach zwei Stunden Wache musste er rasten. Er sank auf die Knie, wie ein Mann im Gebet.

»Guten Morgen«, kam eine Stimme. Es war Pater Anselm.

»Guten Morgen, Hochwürden.«

Anselm machte das Zeichen des Kreuzes. »Der Herr ist mit dir.«

»Für immer und ewig. Amen«, antwortete der Ältere der Irscharabrüder, so wie seine Mutter es ihren Buben gelehrt hatte, den Diener des Herrn anzusprechen.

»Ich sehe, du betest früh am Morgen. Das ist gut. Wofür auch immer du betest, mein Sohn, ich schließe deine Bitte in mein Gebet ein.«

»Dank' schön, Vater.« Vinzenz war auf den Knien, um zu rasten, nicht um zu beten.

»Du musst mir nicht danken. Wir sind alle in Gottes Hand. Hab Vertrauen in den himmlischen Vater. Er hilft uns, auch wenn wir Ihn manchmal nicht verstehen.«

Was gab es da schon zu verstehen? Vinzenz dachte an seinen Bruder Serafin und die vielen Tausenden, weggerafft in Galizien von den Kugeln aus russischen Maschinengewehren. Was hatten die nicht verstanden? Vinzenz war bereit, sein Heil der Hand Gottes anzuvertrauen, aber er war nicht in großer Eile, den lieben Gott auf die Probe zu stellen. Die Schrecken, die er bisher durchmachen musste, hatten ihn seiner Unschuld beraubt. Seine Augen blickten unruhig, wie ein scheues Tier, hungrig nach dem Leben, das er in Erinnerung hatte. Der Vater segnete Vinzenz: »Der Herr ist mit dir ...«

»Für immer und ewig ...« Wie weit entfernt war die Ewigkeit? Heute? Morgen?

Ein Priester stand auf dem Gipfel des Col di Lana. Hier oben fühlte er sich dem Herrn nahe. Er flehte Ihn an, die Welt in seine Arme zu schließen. »Vater im Himmel, begrabe nicht unsere Welt. Setz dem Wahnsinn ein Ende.« Das hölzerne Kreuz, das er an einem Lederriemen um den Hals trug, war eine schwere Verantwortung. Seine verlorenen Schafe erwarteten Wunder, und er hatte keine zu verteilen. Nur die Gewissheit, dass dieser Krieg seinen mörderischen Gang fortsetzen würde.

»Pacem me exanimis et martis sorte peremtis – Oh Herr, gewähre Frieden den Lebenden und den Toten ...« Eine Granate heulte über seinen Kopf. »Die nächste gilt mir. Des Herrn Wille geschehe ...«

3

Im Zuge des Debakels vom 16. Dezember kam ein Befehl von Oberkommando *Esercito Italiano* – mehr als ein Befehl, es war ein Ultimatum. »*Si deve prendere la Col di Lana. Non sono tollerate scuse* – Der Col di Lana ist zu nehmen. Ausreden werden nicht toleriert.«

Es kam zusammen mit einem Dekret von General Cadorna. Der Text war eindeutig: »Offiziere sind hiermit bevollmächtigt, sofort und ohne Gerichtsverfahren, alle jenigen, die sich feig vor dem Feind zeigen, schmählich den Rückzug antreten, oder versuchen, sich zu ergeben, vor deren Einheit durch ein Exekutionskommando hinzurichten.« [18]

Damit hatte der italienische Soldat die Wahl zwischen der Kugel eines Tiroler Scharfschützen und der eines italienischen Erschießungskommandos. Zur Ehre der Nation sei gesagt: Nur wenige Offiziere befolgten diesen Befehl. Es gab Hinrichtungen, diese wurden aber von den hinter der Frontlinie stationierten Carabinieri (Militärpolizei) ausgeführt.[19]

Eine kleine Gruppe aus dem 52. Infanterie-Regiment saß im Offiziersquartier. Je mehr der *Grappa* floss, desto düsterer wurde ihre Stimmung. Es gab wirklich keinen Grund zum Feiern. »Für ein paar Minuten dachte ich, wir hätten sie überrumpelt … aber dann war es aus«, gestand ein schockierter *Tenente* Gandolfo. »Uns hat ein Maschinengewehr an der Flanke erwischt. Ein Drittel meiner Kompanie krepierte für nichts … *Montagna maledetta* – verfluchter Berg!« Er hielt sich die Hand vor die Augen,

---

18 Im Originaltext: »*Chi tenti ignominiosamente di arrendersi e di retrocedere sarà raggiunto prima che si infami dalla giustizia sommaria del piombo delle linee retrostanti e da quella dei carabinieri incaricati di vigilare alle spalle delle truppe, sempre quando non sia freddato da quello dell'ufficiale.*«

19 Forcelli/Monticone, *Polotone di esecuzione*

um seine Tränen zu verbergen. »Es war nicht Feigheit, es waren Kugeln und Handgranaten.«

»Sagt einmal, habt ihr etwas über ein Standgericht für unsere Leute gehört? Das kann doch nicht wahr sein.«

»*Si*, Cadorna hat einen Tagesbefehl erteilt, dass Feigheit vor dem Feind, zumindest was ein kommandierender Offizier für Feigheit erklärt, um seinen eigenen Arsch zu retten, mit der Erschießung vor der aufmarschierten *Compania* durchgeführt werden soll.«[20]

»Glauben diese Idioten wirklich, dass ein Angriff mehr Erfolg hat, wenn sie jeden Zehnten an die Wand stellen. Stellt euch vor, so irgendein 23-jähriger Unterleutnant der *Carabinieri* pflanzt sich hinter der Kampflinie auf und fällt das Todesurteil über einen Mann, der alt genug ist, um sein Großvater zu sein …«

»Ein diesbezüglicher Befehl wurde unserer zuständigen Kompetenz übermittelt …«

»… und diese Kompetenz ist ein *imbecille*«, sagte Gandolfo, mit Überzeugung und zu viel *Grappa*. »Ich habe im Laufe der letzten Monate einiges dazugelernt. Er aber nichts.«

»Gandolfo! Halt besser dein Maul, sonst stellen sie dich auch noch an die Wand.«

Die Stimmung der Truppe war schon lange nicht mehr die eines goldenen Tages im Wonnemonat Mai. Der Krieg hatte viel von seiner siegesfreudigen Faszination eingebüßt.

Als ein übereifriger *Generalmajor* Mulazzani seiner *Brigada Calabria* einen weiteren Angriff auf den Gipfel befahl, was für viele den sicheren Tod bedeuten würde, hielt ihn sein Stab mit der Begründung ab, nach einer »alternativen Lösung« zu suchen. Angesichts der schrecklichen Verluste hatte Gelasio Caetani

---

20 Cadornas Armee vollstreckte mehr Urteile als jede andere Armee im Ersten Weltkrieg, viele davon anhand von nicht überprüften Aussagen.

schon seit Langem beschlossen, alles zu tun, um das Ende dieses Gemetzels herbeizuführen. Nur wusste er nicht was. Die drei Musketiere Boisio, Grimaldi Casta und Caetani saugten an einer Flasche *Grappa*.

Boisio fluchte: »Wenn dieser verfluchte Berg nur bersten würde. Dann ware alles vorbei.«

Woraufhin Grimaldi Casta fauchte: »*Ma che sei matto* – du bist ja verrückt!«

»Mal nicht den Teufel an die Wand«, antwortete Boisio. »Nichts wird hier bersten!«

Caetani sah auf: »Was hast du da gerade gesagt?«

Boisio zuckte mit den Schultern und sagte: »Dass dieser verfluchte Berg bersten soll.«

Dies war der Keim zu einer vollkommen verrückten Idee: »Wenn du nicht oben drüber kommst, geh unten durch ...«

Diese Konversation fand zwei Monate vor der Suche nach einer »alternativen Lösung« statt. Einer, der die Aufforderung erhielt, mit Vorschlägen vorzutreten, war *Tenente* Gelasio Caetani, »*un ragazzo di valore*«. Aus unerklärlichen Gründen hatte das Kriegsministerium diesen qualifizierten Mineningenieur in eine Einheit im Gebirge abkommandiert. Mit *Sottotenente* Rodolfo Grimaldi Casta und *Sottotenente* Bruno Boisio war er Teil der »*Tre Moschettieri* – Drei Musketiere«. In diese Liga der Herren stieß noch der Vierte, *Sottotenente* Giovanni Maggio, ein zynischer Intellektueller mit einer romantischen Seele. Im Krieg oder Frieden: Nichts ist wichtiger, als Freunde zu haben, auf die man sich verlassen kann. »Einer für alle und alle für einen«. Gelasio, Rodolfo, Bruno und Giovanni.

Wieder einmal saßen die vier bei Kerzenlicht und einer Flasche *Grappa*. »Kann mir jemand sagen, warum wir hier sind?«, fragte Boisio nach der vierten oder fünften Runde Schnaps.

»Wenn du es herausfindest, dann lasse es uns bitte wissen«, antwortete Caetani. »Im Frühjahr 1911 war ich am Gran Lagazuoi – zusammen mit einem Tiroler Bergführer – netter Bursche. Wahrscheinlich sitzt er jetzt da oben und schießt auf mich. Wenn du einmal da oben stehst, dann liegt vor dir ein herrliches Panorama. Eine Bergkette, ein Gipfel höher als der nächste. Aber eins kann ich euch bestätigen, dieser Col di Lana steht weit vor der Hauptkette der Gipfel, und er führt nirgendwohin.«

Maggio betrachtete sein leeres Glas. »Gelasio, musst du eine gemütliche Aperitifstunde mit deinen negativen Gedanken versauen?«

»Was ist so besonders an diesem Berg? Als ob es das achte Weltwunder wäre. Unser *Supremo* will diesen Gipfel, und damit basta!«

Grimaldi Casta leerte sein Glas. »Eines Tages sieht auch er das Licht und bläst den Irrsinn ab.«

»Für Wunder ist ein Krieg ja bekannt, auch wenn es keinen richtigen Ausweg gibt …«

»… dann gibt es zumindest das verzweifelte Hoffen auf einen … Hat denn niemand einen verwegenen Geistesblitz?« *Tenente* Bruno Boisio sah seinen Freund an: »Rodolfo, manchmal redest du wirklich Mist. Unser hoch geschätzter Oberbefehlshaber hat uns allen angeordnet, seine Priorität zu erfüllen. Und die ist der Col di Lana.«

Maggio stöhnte auf: »Oh Gott, müsst ihr immer über diesen Krieg reden? Habt ihr nichts anderes im Hirn?«

Was war da schon anderes? Seit Monaten brachen die Angriffe an den Felswänden zusammen, und nicht ein einziger General hatte einen Plan mit einer reellen Chance. Jeden Tag wurden brave Soldaten sinnlos verheizt.

»Unfähige, Verdammte!«, Caetanis Verzweiflung zeigte sich in seinem Ton.

»Wir können nur beten, das irgendeiner unserer hohen Politiker zur Besinnung kommt und den Frieden unterzeichnet«, murmelte Maggio verzweifelt.

»Weißt du, was ein Politiker ist?«, antwortet sein Freund, »ein Arsch, auf dem noch niemals ein fühlender Mensch gesessen hat!«

Der Klang einer Glocke wehte dünn durch die Abendstille, wie eine Mahnung von fern. »Es ist der Herr«, schien die Glocke zu verkünden.

Bruno Boisio legte seine Hände vor das Gesicht. »Verdammter *Cima di Sangue.*«

4

Eine Geschichte machte die Runde, und sie war nicht dazu angetan, die Moral der Männer zu stärken. Sie zeigte nur, wie archaisch die Donaumonarchie geworden war. Der Krieg war nicht nur an der Front gekämpft, auch Meilen dahinter. Nicht mit Kugeln, sondern mit Knödeln.

»Habt's g'hört, was dem Treuhofbauern passiert ischt?«

Schorschi Fronleitner, der Treuhofbauer, war einer der wenigen, die den Angriff auf die Infanteriestellung überlebt hatten. Ein Träger brachte ihm die Nachricht, dass seine Mutter in einem kritischen Zustand im Krankenhaus von Bruneck lag. Der Oberleutnant gab dem Schorschi einen Urlaubsschein für fünf Tage, um seine Mutter zu besuchen. Er war auf dem Weg ins Krankenhaus, als eine Stimme rief: »Hallo, du da, salutiere, wenn du einem Offizier begegnest.«

Schorschi drehte sich um und sah einen Hauptmann vom Quartiermeisterkorps, unter der kämpfenden Truppe eher als »Knödelbrigade« bekannt. »Herr Hauptmann, i hab' di net g'seh'n.«

»Stillgestanden!«, bellte der Hauptmann.

In großer Eile, da er seine kranke Mutter sehen wollte, murmelte Schorschi nur das Wort »Knödelkapitän«, salutierte und ließ den Hauptmann, dessen Gesicht rot anlief, stehen. Kurz nachdem er am Krankenbett seiner Mutter saß, kamen zwei Feldgendarme und nahmen ihren Schorschi mit. Er wurde zu einer dreimonatigen Haftstrafe wegen Vorgesetztenbeleidigung verurteilt. Oberleutnant von Tschurtschenthaler schrieb eine Petition an die Division. Sein Ansuchen ging die Leiter der

k. u. k. Hierarchie hinauf, bis sie von »dem zuständigen Beamten« gelesen und gestempelt wurde und Schorschi zu seiner Einheit zurückkehrte. Inzwischen war seine Mutter gestorben.

Die Männer am Gipfel waren schon seit fünf Tagen ohne Nachschub. Es fehlte ihnen an Munition und Nahrung. Johann Irscharas Bauch flatterte, diesmal nicht vor Angst, sondern vor Hunger. Wahrscheinlich hatte einer der Knödelbrigardiere vergessen, das richtige Stück Papier zu stempeln. Er dachte an die Geschichte vom Schorschi und an den Knödelhauptmann, der sich in seiner Amtsehre beleidigt fühlte. Johann warf sich hungrig auf sein Strohlager.

»I hoff', sie lassen uns heut' Nacht in Ruah', i brauch' nämli' an Schlaf.«

Korporal Seyr zuckte die Schultern. »Tuan mir des net alle?«

Der junge Johann lag auf der noch warmen Pritsche seines Wachablösers, neben dem Orakel der Kompanie, dem 60-jährigen Sebastian Seyr.

»I bin sechzehn«, flüsterte Johann, »und was weiß i scho vom Leben? Was wird mit uns g'schehen?«

Alle durchlebten die gleichen Ängste, den gleichen Terror. Sie wollten nicht viel, nur die nächste Stunde, den nächsten Tag überleben.

»Wenn'st vorm Feind stehst, der genauso Schiss hat wia du, dann erkennst, wie unbedeutend wia san, wie wenig unser Leben zählt«, so sprach der Bauernphilosoph Sebastian. »In ganz Europa zahlen Zehntausende mit ihrem Leben für diesen Wahnsinn, und du denkst, jemand stößt auch nur einen Schrei aus über uns? Die da oben sagen uns nur, unsere Pflicht z' tuan, und das ist, was wir tuan. Und hoffen, dass wir aus dem Krieg lebendig rauskumma.«

Sebastian Seyr würde es nicht bis zum Ende schaffen.

Der Winter war kalt, die Tage kurz, und die Nächte länger. Niemand hatte Nachrichten von zu Hause. Sie konnten vom

Gipfel aus auf ihr Dorf hinunterblicken, aber niemand wusste, was im Tal vorging. Post kam nur selten herauf. Es gab nichts mehr Ermunterndes als einen Brief von zu Hause. So ein Brief war wie die Nachricht von einem anderen Stern, besonders wenn die Welt, in der sie lebten, auf die Größe eines halben Fußballfeldes geschrumpft war.

»Weißt scho', wenn dei' Familie immer no auf der welschen Seite ist, wird die italienische Zensur sicher nichts von der Wahrheit durchlassen, und wenn deine Leut' auf unserer Seite san, dann wird unsere Zensur alles kassieren.«

Sie mussten davon ausgehen, dass die Alten, die zu schwach waren, um sich der Flüchtlingskarawane über den Pass anzuschließen, noch lebten. Bis zu der Nacht, als sie hilflos zusehen mussten, wie ein Licht über ihrem Dorf aufging. Ein Haus stand in Flammen! Welches? War es das seiner alten Mutter? War es ein Unfall durch eine umgefallene Kerze? Oder war es ein Vergeltungsakt? Sehen, aber nicht wissen – das machte es noch schlimmer.

Während oben am Berg die Kanonen donnerten, lebten in jenen Dörfern, die kampflos aufgegeben wurden, einige Alte, die sich geweigert hatten, ihre Häuser zu verlassen. Manchmal beschlagnahmten italienische Soldaten einen Hof für ihre Verwundeten. Oder sie nahmen eine Kuh; aber sie bezahlten immer dafür. Ihr Leutnant hatte seine ladinischsprachigen Soldaten aufgefordert, einen persönlichen Kontakt mit den Einheimischen herzustellen. Sie trafen nur auf schweigende Abneigung. Eine alte Frau kam aus dem Teil der Kirche in Andraz, der nicht durch Granaten zu Schutt reduziert war. Ihr graues Haar war mit einem schwarzen Kopftuch bedeckt. Ein junger *Alpini* versuchte freundlich, mit ihr ins Gespräch zu kommen.

Der Feindschaft der Frau war fühlbar. »Nix *parlo italiano*.« Damit drehte sie sich um und ging weg. Der Soldat wandte sich an seinen Leutnant. »Die Alte könnte meine Großmutter sein. Ich kann ihren Hass nicht verstehen.«

»Na ja, so schlimm ist das auch nicht. Diese Leute müssen unsere Präsenz akzeptieren.«

5

Nicht so glimpflich verlief die Sache mit Josef Ladiner; sie wurde von Mund zu Mund weitergegeben. Dieser 76-jährige Bauer wollte auf den Berg hinauf, um noch einmal seine Enkel zu umarmen, wurde aber dabei von einer Carabinieri-Streife geschnappt. Hinzu kam, dass er eine Schrotflinte bei sich trug und nicht in Uniform war. Das machte ihn zum Freischärler, und damit stand er nicht unter dem Schutz der Genfer Konvention. Die Strafe hierfür war der Tod durch Erschießen.

Um der trotzigen Bevölkerung ein warnendes Beispiel zu geben, wurden auf Befehl des *Carabinieri Comandante* die wenigen verbliebenen Angehörigen auf den Kirchplatz befohlen, um bei der Vollstreckung des Urteils dabei zu sein. Es war eine Inszenierung wie auf einer Bühne. Eine Kirchenmauer, ein Zwölfertrupp und eine Menge alter Frauen und Kinder, die zusehen mussten, wie zwei Soldaten den alten Josef unter den Armen nahmen und zur Kirchenmauer führten. Er trug eine abgetragene Hose und ein offenes Hemd; sein Gesicht mit dem grauen Bart war ausdruckslos, obwohl ihm Tränen über die Wangen liefen.

Eine der Frauen wagte es, es laut auszusprechen: »Josef, du bischt a Held. Wia unser seliger Anderl Hofer, den ham's a an die Wand g'stellt! Nix guat's hat's ihna tan ...«

»Wohl, wohl«, sagte die Menge und bekreuzigte sich.

»*Attenzione!*«, rief der Leutnant in seiner gebügelten Uniform der Carabinieri. Klicken, als zwölf Kugeln in die Gewehrkammern sprangen. Der Leutnant hob seinen Säbel. Der alte Mann hob den Kopf und starrte in den endlosen Himmel. Zwölf Gewehre spuckten Feuer ...

Es war nicht die beste Idee, die Zivilbevölkerung zu terrorisieren, die bis dahin (mehr oder weniger) nicht am Krieg teilgenommen hatte. Nicht nur wurde auf diese Weise eine Untergrundbewegung ins Leben gerufen, sondern auch das Feuer eines passiven Widerstands entfacht. Informationen über Truppenbewegungen wurden weitergeleitet, und Maschinenräder drehten sich nicht mehr. Daraufhin erschossen die Besetzer weitere Geiseln und schafften damit mehr Märtyrer. Die Geschichte des Josef Ladiner verbreitete sich wie ein Lauffeuer. Nun hatten die Italiener den Feind an zwei Fronten: einen vor sich, oben auf dem Berg, und einen hinter sich, entlang der Nachschubstrecken. Holzbrücken stürzten ein.

6

»Herr Oberleutnant, wia lang geht dieser Kriag no weiter?«, fragte Johann Irschara seinen Kompaniechef, als ob der in eine weissagende Kristallkugel blicken konnte.

»Bis der Welsche g'nua hat«, antwortete von Tschurtschenthaler, und er wusste, dass dies nie der Fall wäre. Dieser Bub, der vor ihm stand, war so jung. Sie alle waren es. Sie verlangten nicht viel vom Leben: Eine gute, arbeitsame Frau zu finden, Kinder zu bekommen, sich um das Vieh zu kümmern, genug Holz und Heu für den Winter einzulagern und am Sonntag in die Kirche zu gehen. Indessen lebten sie im Elend, spürten den Schmerz und hatten die ständige Angst, es nicht durch die lange Nacht zu schaffen ...

»Was hast g'sagt?«

»Das da glei unten is unser Hof, und mei Muatta, Herr Oberleutnant.«

»Mach dir keine Sorgen. Wir sind nicht dabei, diesen Berg aufzugeben«, sagte er mit einem aufmunternden Lächeln.

Kein Grund zur Sorge? Das war einfach für den Herrn Oberleutnant. Er war aus Innsbruck.

Mutter Irschara stand am Herd und rührte lustlos die Suppe um. Sie sah einen leeren Tisch ... Ihr Zenz liebte dicke Bohnensuppe mit einer Scheibe Speck. Honnes mochte alles, solange es nur essbar war. Wie ernähren sich wohl die Buben? Natürlich waren es keine Buben mehr, sondern Männer; aber für ihre Mutter würden sie immer Buben bleiben.

Der Krieg zwingt Frauen viel zu ertragen. Am Schlimmsten ist das Warten auf eine offizielle Nachricht.

Der Winter lag weiß und kalt, wie ein Leichentuch, über dem Land. Schnee bedeckte die tiefen Narben, die der Mensch der Natur zugefügt hatte. Winterstürme begruben die gefrorene Welt mit meterhohen Wechten. Frost bemalte Glasfenster mit wunderlichen Mosaiken. Der Dorfbrunnen war ein Block Eis. Frauen holten das Heu vom Heuboden, sie reinigten die Ställe und melkten die Kühe. In der Nacht, wenn der Schlaf nicht kommen wollte, saßen sie an ihren Fenstern, starrten auf das Aufleuchten der Blitze am Gipfel und beteten den Rosenkranz für ihre Männer.

Im Gehöft der Irscharas stand die Mutter am Feuer und starrte auf eine Fliege, die brummend um die flackernde Öllampe kreiste. Auf dem Ofensims standen die Bilder ihrer zwei Buben, von einem Fotografen aufgenommen, der ihr Dorf während der alljährlichen Kirchweih besucht hatte. Dies war Mutter Irscharas heiliger Schrein, ein Hoffnungsschimmer.

7

Es hatte schon tagelang geschneit, aber es kam noch mehr. Mit den Schneefällen war ein erneuter Angriff kaum zu erwarten, und so gab Oberleutnant von Tschurtschenthaler den Irscharabrüdern einen Passierschein, um ihre Mutter zu besuchen.

Von fern sah ihr Dorf wie eine Siedlung auf einem toten Planeten aus. Der trübe Winternachmittag hing schwer über den schneebedeckten Häusern, ein Hauch von Leblosigkeit. Vinzenz erinnerte sich an die roten Blumen an den Balkonen aus Holz und den Duft von frisch gebackenem Brot. Das war damals. Ein Hund bellte. Es gab also doch noch Leben im Dorf. Sie gingen am Schulhaus aus rotem Backstein vorbei, wo sie ach so viele Tage und Monate auf einer Holzbank gesessen hatten und ihr Lehrer ihnen die weite Welt außerhalb ihres Tals geschildert hatte. Die Schule war verriegelt, der Lehrer war im Krieg – so wie seine Schüler. Die wenigen Frauen, die ihren Weg kreuzten, starrten sie an wie Wesen von einem fernen Stern.

Bis eine ausrief: »Des san ja die zwoa Irscharabuam!«

Ihr Hof lag unter einem Berg aus Schnee. Sie hielten für einen Augenblick an. Das Haus hatte sich nicht verändert. Gardinen in den Fenstern und der Holzpflock in der Stalltür.

Als Mutter Irschara, müde nach einem sorgenvollen Schlaf, endlich Licht machte, fröstelte sie. Das Feuer war fast ausgegangen. Sie schob Reisig ins Ofenloch, das feurig aufprasselte. Dabei entging ihr, dass von draußen jemand die Haustür öffnete. Als sie die Kammer betrat, um sich für ihren Kirchgang zu rüsten, hörte sie einen Laut. Sie eilte erschrocken die Stufen hinab und – sah ihre Buam!

Eine Mutter machte das Zeichen des Kreuzes. »Jesus sei gelobt, meine Buam ...« Mit den Händen, knorrig von der harten Arbeit, zog sie ihre Söhne an die Brust und drückte ihnen einen Kuss auf die Stirn. Tränen flossen die Wangen runter. Für lange Zeit standen die drei sprachlos und starrten einander an. Meine Buam, dachte eine Mutter ... groß sind's g'worden und stark. Als Kinder sind sie ausgezogen und als Männer zurückgekehrt. »Mei, wia groß ihr seid's ... kummt's in die warme Stub'n ...«

Die Stube war makellos sauber und roch nach Kerzenwachs und Seife. Die Jungen standen still, ihre Augen wanderten herum, als ob sie nach Anhaltspunkten suchten, die ihnen vertraut waren. Es war gut, zu Hause zu sein, wenn auch nur für zwei Nächte. Vinzenz und Johann stellten ihre Gewehre ins Eck, lösten ihre Gürtel mit Bajonett und Proviant und setzten sich auf die Holzbank am Kachelofen. Niemand hatte dort gesessen seit dem Tag, als die Sturmglocke läutete. Die Augen der Mutter waren feucht vor Tränen des Glücks.

»Seid's wirkli' da?« Sie konnte es noch immer nicht fassen. »Wie ischt's da oben?«, wollte sie fragen, aber dann ließ sie es bleiben. Als Bergmensch war sie nicht gesprächig und zeigte selten, was sie bedrückte. Genau wie sie ihnen nichts von ihren schlaflosen Nächte erzählte.

Die Kunde, dass die Irscharas »vom Berg z'ruck san« verbreitete sich schnell im Dorf. Frauen strömten in die Stube. »Wia geht's mei'm Schorschi?«, »Was macht mei' Loisl?«, »Habt's g'nug zum Essen?« und immer wieder, »Mei' Gott, schaut's euch de Buam an ... wia de zwoa g'wachs'n san ...« Eine der Frauen bekreuzigte sich: »Der Zenz schaut aus wia unser Erlöser.« Mit seinem Stoppelbart glich Vinzenz einer jüngeren Version von Jesus Christus bei der Bergpredigt. Ein Bild davon hing über dem Altar in der Dorfkirche.

Die Frauen brachten Briefe und Geschenke, und bald war der Tisch aufgetürmt mit Seiten von Speck, gestrickten Socken und Schnaps. Während Mutter Irschara frisches Brot und Krüge mit Rotwein ausschenkte, sprachen die Brüder über ihre Bergkameraden. Die Worte kamen langsam, denn sie dachten nach, wie man es am besten ausdrücken konnte, ohne die Ehefrauen und Mütter in Panik zu versetzen. Sie hatten alle einen hohen Tribut bezahlt. Die Welt, in der sie lebten, war kein Paradies.

Eine der Mütter saß abseits von den anderen. Sie sah Johann an und weinte. Mutter Irschara nahm ihre Hand. Das Bild zweier Mütter, die eine Qual teilten. »Mei' Seppi ischt oben, und der Bua ischt erst 15«, schluchzte seine Mutter. »Unsere Männer kämpfen für ihr Land ... aber warum müss'n die kloan Buam sterben ...?«

Ja, warum? Mutter Irschara verstand die Furcht der Frau. Ihre beiden Söhne waren für zwei Nächte hier, danach waren sie wieder »oben«.

Endlich hatte die Mutter ihre Söhne für sich allein. Johann zog seine schweren Bergschuhe aus und stellte sie neben den Ofen. Er würde den Luxus, warme Schuhe am Morgen, genießen. Die Mutter goss heißes Wasser in die Wanne, das erste Bad seit Monaten. Während die Buben im Wasser saßen bereitete sie eine Mahlzeit, die eigentlich nur für eine Hochzeit (sie wagte nicht an ein Begräbnis zu denken) bestimmt war. Sie hatten nur zwei Nächte zu Hause, und das machte es umso kostbarer. Johann schlief in einem anständigen Bett unter einer richtigen Daunendecke. Er drehte sich jede Stunde im Halbschlaf um. Lang genug, um sich warm und sicher zu fühlen und zu murmeln: »Ich bin zu Hause!«

Vinzenz war diese Nacht nicht zu Hause, und auch nicht die nächste.

Der nächste Tag verging damit, Grüße auf die abgelegenen Bauernhöfe zu bringen. Johann kam früh nach Hause, während Vinzenz wieder »auf Besuch« ging. Jemand wartete mit Sehnsucht auf ihn. Der Abend kam viel zu früh, und Mutter Irschara war klar, dass am nächsten Morgen bereits der Abschied kam. Allein der Gedanke daran brachte sie zur Verzweiflung.

Später, als sie in die Kammern sah, fand sie Johann tief schlafend vor. Vinzenz war nicht nach Hause gekommen, und sie wusste, warum. Die Mutter verbrachte die Winternacht auf den Knien, um zu einer anderen Mutter zu beten, eine mit dem Christkind in den Armen.

»Liabe Jungfrau Maria, b'schütz meine Buam …«

Der Morgen kam und auch Vinzenz kehrte kurz heim. Eine Mutter machte das Zeichen des Kreuzes über jeden ihrer Söhne. Dann drehte sie sich weg, denn sie wollte nicht, dass sie ihre Tränen sahen.

Die Rückkehr der Irscharabrüder auf dem Gipfel wurde mit Speck, Schnaps und viel Lachen gefeiert. Am nächsten Morgen standen die beiden Jungen erneut Wache.

Sie waren rechtzeitig angekommen für einen Artilleriebeschuss.

8

Stolz und unbesiegt steht ein Kreuz am Gipfel. Ein Kreuz aus Fichtenbalken, von Stürmen gepeitscht, mit einer angefrorenen

Fahne aus Schnee. Für die einen ist dieses Kreuz der Altar ihrer Kathedrale, für die anderen ein Magnet, der Tausende an sich zieht. Für die langen Kolonnen von *Alpini* und *Bersaglieri*, die mühsam bergauf stapfen, Gewehre über der Schulter und Helme auf dem Kopf, sieht das Gipfelkreuz furchterregend und unerreichbar aus. Die *Tricolore* auf dem Berg der *Tirolesi* flattern zu sehen, zählt nichts für einen kalabrischen Wehrpflichtigen wie Tullio Rofredo, mit einer Kiste Munition auf seiner Schulter und einem Rücken, der schmerzt. Wenn er Glück hat, und es müsste viel von diesem Glück sein, wird er vielleicht eines Tages lebend nach Hause zurückkehren.

Dieselben Gedanken hat der Kroate Goran Jankovic. So wie für den Sizilianer sind auch für ihn hohe Berge Neuland. Er sieht in dem Gipfelkreuz sein Grabmal. Acht Monate Angriffe und Beschuss haben die Österreicher erschöpft; Standschützen-Kompanien zählen kaum noch 50 Mann, und diese 50 sind zusammengeflickt und bandagiert. Ersatz, wenn überhaupt, kommt aus den fernsten Winkeln dieses Vielvölkerstaates der Donaumonarchie. Ungarn, Tschechen, Polen und Kroaten haben wenig patriotischen Geist. Tirol ist nicht ihr Heimatland. Die letzten Ankömmlinge für die 6. Kaiserjäger sind junge Kroaten; ihre Gesichter spiegeln die Angst vor dem Unbekannten wider. Sie kennen den Krieg nicht und haben auch keine Zeit zum Lernen. Im Hagel der Granaten sterben viele von ihnen, bevor sie ihren ersten Feind sehen.

Ein schweres Unwetter mit viel Schnee war die erste Vorwarnung der bevorstehenden harten Zeit. Als es endlich aufgehört hatte zu schneien, hatte sich die Landschaft verändert und war fast nicht wiederzuerkennen. Die Granatentrichter waren verschwunden – und die verwesenden Leichen auf den Hängen ebenso. Eine endlose weiße Decke bedeckte alles. Es erinnerte Fähnrich Karl an die Tage seiner unschuldigen Kindheit, wie zauberhaft es war, wenn die ersten Flocken die Bürgersteige der Kaiserstadt mit ihrem makellosen Weiß bedeckten und sich

Kinder mit viel Geschrei Schneeballschlachten lieferten. Es war eine Welt in Frieden, und die große Glocke des Stephansdoms rief die Gläubigen zum Gebet.

Karl konnte nicht die Besessenheit verstehen, brave Männer auf ein Ziel anzusetzen, das in einer Sackgasse endete. Denn vom Col di Lana gab es kein Tor ins Herz Tirols. Nur eine Steinwüste und dahinter noch mehr Berge mit schroffen Wänden. Ein Dutzend angeseilte Alpinisten könnten es eventuell schaffen, nie aber tausend Soldaten mit aufgepflanzten Bajonetten. Ein halbes Jahr war vergangen, seitdem eine Handvoll Veteranen und Jugendliche am Valparola eine Armee zum Halten gebracht hatten. Nichts würde diese Situation ändern – es sei denn, etwas Unvorhergesehenes würde geschehen.

Ein dumpfer Knall ... nur eine Granate ohne Wirkung, denn sie explodierte tief unter den Schneemassen; aber dies brachte Karl zurück in die Gegenwart, und die war nicht besonders rosig. Es war saukalt, sogar die Kanonen im Tal machten Urlaub. Nicht, dass sich die Männer am Berg über die Inaktivität beklagten. Sie schaufelten Laufwege zu den vorderen Gräben. Ein Spaßvogel baute einen Schneemann mit einer Kugelhülse als Nase und einem *Bersaglieri*-Hut. »Da habt's euren Cadorna.« Mit viel Gelächter bombardierten sie den General mit Schneebällen; Sieger war, wer die Nase traf. Mehr gab es allerdings wenig zu lachen.

Die Feiertage brachten eine kurze Feuerpause. Die Weihnachtsnacht war klar und das Firmament von Sternen übersät. Für einen kurzen Augenblick herrschte Frieden auf der Welt. Auf beiden Seiten des Drahtverhaus beteten die Soldaten zum selben Gott für ein Ende dieser Tragödie. Sie alle waren vereint in einem universellen Glauben.

In der Schlafbaracke hinter dem Gipfel des Col di Lana war die Stimmung entspannt, dank einer gehörigen Portion Birnenschnaps. Schnaps half, das Elend zu vergessen. Einer, der diesen Ausbruch von Weihnachtsfreude nicht teilen konnte, saß schweigend in einer Ecke. Vinzenz Irschara sah die Vergangenheit an sich vorüberziehen ... als er mit seinem Vater in den Wald ging, um einen Weihnachtsbaum zu schlagen. Dann war sein Vater plötzlich weg, verschwunden – und Vinzenz stand verloren im dunklen Wald, zitternd vor Angst. Da erschien ein Engel mit dem Gesicht von Mirli, und alles war wieder gut. Er schloss die Augen und sah sie in seinen Armen ... Er liebte seine Mirli von Tag zu Tag mehr, unsterblich ... Er wusste, sie wäre gerne zu ihm auf den Berg gelaufen und hätte ihm atemlos vor Angst und Liebe erklärt: »Hier bin ich, dein Madl!«

Vinzenz begann, ein Weihnachtslied anzustimmen. Die Stimme des jungen Soldaten ließ es ansonsten im Raum still werden: »Stille Nacht, Heilige Nacht ...«, bis alle mitsangen und das Lied über die Gipfel schwebte und unten in den Tälern ein Echo fand. Und dann, von weit unten, erklang diesselbe Melodie: *»Astro del ciel, Pargol divin ...«*

Für eine Nacht war die Welt kein hässlicher Platz.

Frohe Weihnacht – *Buon Natale* ...

9

Es war ein prachtvoller Wintermorgen. Die weißen Spitzen der Dolomiten erhoben sich im Tribut zum Herrn: Felskathedralen, die in feierlicher Stille in den Himmel ragten. So spektakulär auch ihre Pracht war, die schroffen Wände waren und blieben nicht das, was ein Kletterer als »den Spaziergang für eine alte Dame« nannte. Geologisch betrachtet, waren die Dolomiten jung. Die Zeit, das Wetter und der zerstörende Wahn des Menschen hatten ihre scharfen Zähne noch nicht abgenutzt. Aber wenn das noch lange so weiterging, dann war das Paradies verloren ...

In den letzten fünf Tagen hatte es keine größeren Aktionen gegeben. Nur Granaten, die sporadisch auf die Grabenstellung herunterkamen. Die Kampfesstille war ungewöhnlich, aber nichtsdestoweniger willkommen. In den wärmenden Strahlen der blassen Wintersonne hatte sich Fähnrich Karl ein Schneeloch gegraben und lag auf seinem Mantel ausgestreckt, als er ein dünnes Kreischen hörte. Ein Adlerpaar schwebte hoch über ihm. Grell spiegelte sich die Sonne im Gletschereis der Marmolada. Karl kniff die Augen zu, denn er wusste, dass ein paar Minuten ausreichten, um schneeblind zu werden. Diese nie enden wollenden Albträume ... Jeder Mensch, zumindest die meisten, hören auf das Diktat des Glaubens: »Du sollst nicht ...!« Ein Mensch muss an Etwas glauben. Darin lag Karls größtes Problem. Er zweifelte, war nahe in ein Phlegma zu fallen – nach dem Motto: »Alles ist mir so wurscht!« Jeder Augenblick des Zweifelns, des Loslassens, war aber nicht von Dauer. Im Krieg ist nichts von langer Dauer.

Er hatte das Adlerpaar im Sinn. Welche Übel, welche Schrecken sahen sie wohl von dort oben hoch am Himmel? »Wir leben von Stunde zu Stunde, auf Wache oder im Unterschlupf.

Da sitzen sie herum: Bruno, Klaus, Sepp und wie sie so alle heißen, mit den Spielkarten in der Hand. Dann wandern sie ›nach oben‹ ... Die Granate kommt herunter, und sie sind weg. Unser Überleben ist ein Lotteriespiel. Man muss nur die Glücksnummer ziehen.« Karl hatte keine Vorahnung, wie sehr dieses Lotteriespiel zur bitteren Wahrheit werden sollte ... Der Augenblick seiner stillen Überlegung fand ein jähes Ende. Ein Pfiff, ein bis ins Mark erschütternder Schrei ... dann nur krachender Donner...

Als Karl wieder die Augen öffnete, waren die Adler verschwunden.

Am Neujahrstag 1916 bestand das 2. Bataillon des 2. Kaiserjäger-Regiments aus 41 Offizieren und 1044 Unteroffizieren und Soldaten. Sie hielten die strategischen Passhöhen über dem Campolongo und dem Valparola – und die Gipfellinie Hexenstein–Monte Sief–Col di Lana. Bataillonskommandeur war Hauptmann von Gasteiger. Seine Kompanien waren: 5. Kompanie Kaiserjäger unter Hauptmann Homa, 6. Kompanie unter Oberleutnant von Tschurtschenthaler, 7. Kompanie unter Hauptmann von Falkenhausen, 8. Kompanie, unter Oberleutnant Walther. Hinzugekommen war eine Maschinengewehreinheit unter Hauptmann Geisenberger. Die Verluste in den Offiziersrängen waren hoch. Diese Kommandeursverluste wurden durch Anwerbung ersetzt. Was dies bedeutete, war ernüchternd genug.

Fähnrich Karl wurde zum Bataillonskommandeur gerufen, der ihm zwei Sterne an den Kragenspiegel steckte und die Hand schüttelte: »Glückwunsch, Leutnant Karl.«

Sein neuer Rang bereitete Leutnant Karl auf die höchste Opfergabe vor.

Ein eisiger Wind pfeift über die Gipfel, die Temperatur in den Gräben sinkt bis minus 35 Grad Celsius. Träger gibt es keine mehr, und Hunger macht sich breit. Viele, besonders die Alten, leiden an chronischer Amöbenruhr. Die Nächte versinken in undurchdringliche Finsternis, und die Tage sind wintergrau. Mit geschlossenen Augen und dem Kinn auf den Händen aufgestützt, sitzt er auf einer Munitionskiste. Seine Augenlider sind vereist, der Stoppelbart von Eis bedeckt. Der rasselnd ausgehauchte Atem fällt wie Schnee nieder. Am empfindlichsten sind seine Fußsohlen. Dazu kommt die nervöse Anspannung. Apathie und Schlafsucht sind die Folge und führen zum Erfrieren. Wie jeder Soldat, so leidet auch er unter dem Auftauen erstarrter Glieder – oder der Erkenntnis, dass diese Glieder nichts mehr empfinden. Dazu noch der eisige Wind, der zu Wahnvorstellungen führt. »Denk daran, Karl«, sind die warnenden Worte des Oberleutnants, »wer auf Posten erfriert, hat kein Recht auf eine Medaille.« Er reibt das Gesicht mit Schnee ein, zählt von eins bis 100, dann wieder zurück, um ja nicht einzuschlafen. Er hat das Kommando über die Gipfelwache … vier Stunden eisige Kälte, ohne eine Minute Rast. Seine Gedanken sind verwirrt, und er ist nahe am »letzten Loslassen«, von dem ein Mann nie wieder aufwacht.

»Leutnant, gehen Sie hinunter«, kommt eine Stimme von hinten.

»Was?«

»Sie haben mich verstanden. Sie brauchen eine Pause«, sagt Oberleutnant von Tschurtschenthaler.

»Aber ...«

»Kein aber, Leutnant. Dies ist kein Vorschlag, dies ist ein Befehl. So wie Sie jetzt drauf sind, tun sie niemandem gut. Sie brauchen Schlaf.«

Leutnant Karl stolpert in Richtung Quartier. Er löst mit steifen Fingern die Schnalle an seinem Schafpelzmantel. Noch mit den Schuhen an den Füßen fällt er auf den Strohsack – und schläft. Karl träumt ... Es ist kein schöner Traum ... ein Berg, der von einem grellen Blitz getroffen wird, Fontänen glühenden Gesteins ausspuckt und gute Männer in seinem feurigen Rachen verschlingt ...

10

Im Krieg wird der Nutzeffekt eines Waffensystems an der Anzahl seiner Opfer gemessen. Die Österreicher leiden unter Artilleriebeschuss. Aber Kanonen feuern von Weitem, und nicht jeder Schuss erzielt einen Volltreffer. Eine gut gezielte Kugel dagegen tut es.

Die italienischen Städte und Dörfer, von Bergamo bis nach Lecce, waren mit Todesanzeigen überflutet: *»Caduti per la patria!«* Lorenzo, Marco, Fausto ... Namen, auf ein Stück Papier gekritzelt und an die Tür der Kirche genagelt. Dort für alle zu lesen. Manchmal stand sogar der Ort des Todes dabei: Col di Lana. Mehr als ein anderes Symbol begann ein Berg die Moral der Bevölkerung in der Heimat zu beeinflussen.

Etwas musste geschehen. Dieser verdammte Gipfel musste erobert werden. *Vittoria!* So diktierte es die Politik. Aber die Wochen vergingen, und der *Tirolese* war immer noch in seiner Gipfelstellung. Kein Heeresbericht konnte die Situation am

Col di Lana beschönigen. Wie würde er wohl dastehen, vor dem strengen Urteil der Geschichte, dieser Oberbefehlshaber, der monatelang seiner Nation einen schnellen Sieg vorgaukelte? Geschichte ist die Zukunft – aber das Jetzt ist kriegerische Gegenwart. Der *Generalissimo* sprach mit erhobener Stimme: »*Signori*. Es geht um Italien. Ich appelliere an Ihre patriotische Gesinnung.«

General Luigi Cadorna hielt hartnäckig an seiner zynischen Schlussfolgerung fest: »Der Verlust von 500 Mann ist ein annehmbarer Preis für die Eroberung des Col di Lana.« Noch vor dem Ende des ersten Kriegsjahres war der Preis ins Zehnfache angestiegen – und der Gipfel befand sich noch immer in österreichischer Hand. In einer improvisierten Pressekonferenz wies Cadorna darauf hin, dass die italienischen Truppen dem Feind schwere Verluste zugefügt hatten, während die eigenen Verluste leicht waren. Dabei nutzte er die von den Militärs so gerne missbrauchte Relativierung der Zahlen: 30 Tote in einer Division von 20.000 sind leichte Verluste. Dieselben 30 Soldaten in einer Kompanie von 200 Mann sind massiv. Militärisch gesehen hatte dieser Berg keinen Wert – und rechtfertigte niemals diese hohen Verluste.

»Unser einziger Blick ist der in das Rohr eines Standschützen«, schrieb Gelasio Caetani in sein Tagebuch. Er sah den Weiterlauf dieser Angriffe mit den Augen des Gladiators, der, sich des Todes bewusst, in die Arena marschierte. Etwas musste sich ändern. Aber wie sollte man diesen Gipfel erobern? Der *Tenente* dachte an seinen Professor, der seinen Studenten erklärt hatte, wie Heerführer bei Belagerungen in der Antike Stadtmauern zum Einsturz brachten. Sie nannten ihr Verfahren: unterminieren. Dazu bohrt man einen Stollen und sichert ihn gegen Einsturz mit soliden Holzbalken. Dann zündet man das Holz an; stützenlos bricht der Stollen ein, und mit ihm die Mauer darauf. Hier waren keine Mauern. Jedoch die Idee mit einem Stollen war durchführbar. Selbst bei einem solch riesigen Berg.

Colonnello Perelli, Stabschef der 18. Division, erschien unangemeldet im Regimentsquartier des 52. Infanterie-Regiments. Die lahmen Antworten auf seine Fragen waren alles andere als überzeugend. Es war dem Oberst klar, dass er vom Regimentsstab keinen vernünftigen Plan erwarten konnte. Er entschloss sich also, die Frontlinie zu inspizieren.

»*Signor Colonnello,* wir werden Ihnen einen Bergführer zur Verfügung stellen.«

»Ich brauche niemanden, der mich an der Hand herumführt. Ich finde meinen Weg.«

Wie es der Zufall und das Schicksal so wollten, traf Perelli im Frontgraben auf einen großen Mann mit Hakennase und stechenden Augen. Der Mann salutierte: »*Tenente* Caetani, *Colonnello.*« Der Oberst grunzte, täuschte Kompetenz vor und studierte den Gipfel durch sein Feldglas. Alles, was er sah, war ein weißer Hang, der bis auf den Gipfel führte. »*Tenente,* Erklärung!«

Caetani, der nicht die optimistische Stimmung seines Regimentskommandeurs teilte, nahm einen Stock und begann die Umrisse des Berges im Schnee zu zeichnen. »Wir sind hier unten, und die *Tirolesi* sind dort oben – mit einem Scharfschützen hinter jedem Felsblock. Der Gipfelhang ist übermäßig steil, und wir können die Steigung nicht ohne inakzeptable Verluste stürmen.«

»*Tenente*«, schnappte der Oberst nach Luft, »im Krieg muss man Verluste hinnehmen. Die moderne Kriegsführung ist eine Kalkulation des Objetivs und der dafür nötigen Artillerie. Wir haben die Kanonen.« Der Oberst sah den Leutnant zynisch an. »Glauben Sie wirklich, die *Contadini* können mit ihren Flinten unsere Kanonen wegschießen?«

Caetani hatte Mühe, sich zurückzuhalten. »*Signor Colonnello,* wir haben die großen Kaliber. Nicht jede Granate trifft, aber jeder gezielte Schuss der *Tirolesi* tut es. Und noch etwas: Die *Tirolesi* haben den Glauben und kämpfen für ihr Vaterland!«

»Wollen Sie damit sagen, dass unsere Leute nicht an ihre *patria* glauben? Signore, dieser Berg ist zu einer Prestigefrage geworden. Unsere Ehre steht auf dem Spiel.«

Wie viele würden noch aus Gründen der Ehre aufgeopfert werden? Mit seinem angeborenen Sinn für diese ritterliche Tugend, aber auch der der Wertschätzung für ein Leben bedurfte es keinen Obersts, ihn an seine patriotische Pflicht zu erinnern. Dieser Paradeoberst hatte keine Ahnung vom Krieg im Gebirge, in welchem die bergerfahrenen Einheimischen bereits Dutzende Male ihre absolute Überlegenheit bewiesen hatten. Deshalb sollte man, wenn der erste Plan in die Hose geht, einen Plan B haben; und diese Schreibtischkommandanten hatten keinen.

»Da Sie anscheinend die Lage bestens kennen, ihr Vorschlag, *Tenente?*«

Der herablassende Ton des Obersts verärgerte Caetani. Er wurde rot im Gesicht. Ohne einen Gedanken an die Konsequenzen seiner Worte zu verschwenden, platzte er heraus: »Lass diesen blöden Berg in die Luft fliegen!«

Ein wie vom Blitz getroffener Oberst starrte Caetani an. »*Saltare quella montagna* – Diesen Berg sprengen?«

11

»*Si, Signor Colonnello,* wir jagen diesen Berg in die Luft!«
Der Oberst suchte nach Worten, um seine Überraschung zu verbergen. War sowas möglich? »Saltare quella montagna – È possibile? – Diesen Berg in die Luft zu sprengen, ist das möglich?«

Es war klar, dass der Oberst keine Ahnung davon hatte, dass er es mit einem hoch qualifizierten Bergbauspezialisten zu tun hatte. »Bisher hat niemand daran gedacht. Aber ist es ... ist es technisch durchführbar?«, fragte der verdutzte Oberst Perelli.

»*Chi lo sa* – Wer weiß?«, antwortete Caetani hochmütig. Er riss ein Blatt aus seinem Notizbuch und skizzierte einen steil ansteigenden Tunnel zu der im Oktober eroberten Hangstellung. »Die Dolomiten sind aus relativ weichem Kalkstein. Mit zwei Pressluftbohrern von hier aus ...«, Caetani unterstrich die neue Frontstellung am *Capello di Napoleone,* »könnten wir in etwa, sagen wir …«, er machte eine kurze Kalkulation, »in zwei bis drei Monaten unter dem Gipfel sein.«

Der Oberst nahm das Stück Papier und steckte es in seine Brusttasche. Ohne ein weiteres Wort ließ er Caetani stehen. Der *Tenente* griff sich an den Kopf. Ausgespuckt in einem Augenblick von Frust und Wut, so war es doch ein vollkommen idiotischer Vorschlag. Caetani erwartete, nie wieder von dem *Colonnello* zu hören.

Drei Tage später hatte *Tenente* Gelasio Caetani seine Antwort.

Der Wurm nagt im Berg

»Nirgendwo auf dieser Erde ist es so schön wie in unseren Dolomiten. Und gerade weil die Berge so schön sind, kam der Mensch und zerstörte sie.«
Günther Obwegs, Chronist von Südtirol – kam im Jahre 2012 auf tragische Weise ums Leben.

1

Die Nacht ist still, als ob der Krieg zu Ende wäre. Vier Offiziere sitzen auf ihren Feldbetten um eine Flasche *Grappa* herum, ihre Hände um Gläser gelegt, die groß genug für einen Goldfisch wären. Sie trinken auf ewige Freundschaft und eine bessere Zukunft. Vor allem trinken sie, um zu vergessen. Sie trinken zu viel – und am Morgen werden sie den Preis bezahlen.

Caetani nimmt die Zigarette aus dem Mund. »Der General will diesen verfluchten Berg haben!« Sie wissen, wen er damit meint. »Zu mir kam ein *Colonnello* aus der Etappe. Wir tun nicht genug, behauptet er.«

Boisio grinst: »Einer dieser Spaßvögel. Was hast du dem *Colonnello* erwidert?«

»Sie sollen doch diesen verfluchten Berg in die Luft jagen!«

»Was?!«, kommt aus drei Kehlen zugleich, »den Berg wegblasen? Du bist ja wohl völlig verrückt.«

»Ich habe schon viele dumme Sachen gehört, aber dies ist wohl die dümmste Idee«, und Grimaldi Casta leert sein Glas in einem Zug. »Ich hoffe, der Mann hat dich nicht ernst genommen!«

»Ich war so wütend und konnte mein Maul nicht halten.« Dennoch hat er mit dem Sprengen ein realistisches Argument: »Diese Irren werden diesen Berg nur dann nehmen, wenn sie ihn absägen und die *Tirolesi* mit ihm.« Natürlich ist es blanker Unsinn, einen Berg zu sprengen. Dies wird wohl selbst den Etappenscheichen klar sein. Aber was ist schon unmöglich in einem Krieg? Wo doch die größte Unvernunft als glorreicher Sieg gefeiert wird.

2

Bewaffnet mit Caetanis Skizze trat *Colonnello* Perelli in Kontakt mit einem Sprengstoffexperten, *Tenente Colonnello* Edoardo d'Ippoliti. »Welch interessanter Vorschlag. Wer ist dieser Mann?«

»Ein gewisser *Tenente* Caetani.«

»Caetani wie die *principi*?«

»*Principi*?«

»*Si, Duci di Sermoneta*. Wenn es sich um diesen Gelasio Caetani handelt, dann kennt dieser Mann sein Geschäft. Er war in meiner Klasse in Bologna.«

»Aber was er vorschlägt, ist das wirklich möglich?«

»*Chi lo sa* – Wer weiß?« Die gleiche Antwort war schon vor ein paar Tagen von einem anderen gefallen.

»Ein Roulettespiel?«, wollte Leutnant General Marini wissen, der an der nächsten Planung der Operation teilnahm. Oberstleutnant d'Ippoliti zuckte mit den Schultern. »Niemand hat es je versucht. Ein Berg ist keine Stadtmauer. Aber geben Sie diesem Mann die Mittel, vielleicht kann er es.« Der General zog eine Zigarre aus der Brusttasche, biss die Spitze ab und spuckte sie aus. Ein Assistent eilte mit einem Feuerzeug herbei. »*Signori*, wir sind nicht nur die Berater unseres *Supremos*, ich halte auch das Kommando über die Operationen unseres Korps. Und dieser Berg ist in meinem Abschnitt.« General Marini hatte das letzte Wort: »*Va bene* – Also gut. Der vorgelegte Plan ist angenommen. *Eseguire* – Ausführen!«

Kurz darauf erhielt Gelasio Caetani einen Anruf. »*Tenente*, ich gratuliere Ihnen zu Ihrem Scharfblick. *Piuttosto! Le scavo una galleria sotto il sedere degli Austriaci e li facciamo saltare pro arie!* ... Mir gefällt die Idee. Lassen Sie uns eine Galerie unter die teuflischen *Austriaci* graben. Unser Projekt erlaubt keine Verzögerung.«

Caetani stellte fest, dass sich sein verrückter Vorschlag in »unser Projekt« verwandelt hatte. Dieser *Colonnello* war ein Paradebeispiel für einen Militär, der seine Beförderungen damit verdiente, die Ideen anderer als seine eigenen zu verkaufen. Der

Erfolg ist seine Heldentat, aber sollte etwas schiefgehen, dann gibt es immer einen Schuldtragenden – im niedrigeren Rang.

Caetani erkannte, dass er tief in der Scheiße steckte. Denn selbst wenn die Sprengung erfolgreich war, moralisch gesehen gab es keine Absolution. Hunderte würden bei der Sprengung umkommen, um Tausenden das Leben zu retten. Aber es war ein blutiger, unmoralischer Krieg – und er war kein Seelsorger. Nur der Knopfdrücker.

Den Berg mit allem Drum und Dran in die Luft zu jagen, das war jetzt nicht mehr eine wilde Fantasie, die aus der Frustration geboren war. *Tenente* Caetani wurde befohlen, den großen Propaganda-Coup im ersten Gebirgskrieg der Geschichte herbeizuzaubern:

»*La conquista di Cima di Sangue* – Die Eroberung des Blutberges.«

3

Der letzte Sonntag im Jänner des Jahres 1916 war ein prachtvoller Tag. Am Morgen schien das Licht auf die Berge. Die Trümmer des Krieges, die hässlich schwarzen Trichter und die Tonnen von Schrapnell und Eisen lagen unter frischem Schnee begraben. Pater Anselm Blumenschein feierte einen Gottesdienst auf dem Gipfel.

»Ich hebe meine Augen zum Himmel, von wo meine Kraft kommt …«

300 Männer, Tiroler, Kaiserjäger und Standschützen, hoben ihre Augen zum hölzernen Kreuz. Durchlöchert und gesplittert stand es am Gipfel. Trotzig, wie die Männer Tirols. Ihr Kreuz erfüllte sie mit neuer Hoffnung.

Pater Anselm Blumenschein (Archiv Obwegs)

»Ave Maria«, betete der Pater. »... und gegrüßt seist du, Maria, Muttergottes«, antworteten sie im Chor. Sie wussten, dass hoch oben die heilige Mutter sie hörte, denn sie war einst ein Mensch, die Mutter des Christus am Kreuz.

Und das Kreuz auf dem Gipfel war Er, der Erlöser.

»Wir glauben an Gott, den Allmächtigen, dass er seine schützende Hand über uns hält ...«

Sie fühlten sich von einem göttlichen Funken getroffen. »Wir sind die heil'ge G'meind ...«

Diesen 300 Tirolern war bewusst, dass sie nicht unversehrt aus diesem Wahnsinn herauskommen würden. Aber sie waren bereit, dafür zu stehen und zu kämpfen – wie schon, einst vor 2500 Jahren, andere 300, am Pass von den Thermopylen. Und wie die Spartaner hatten auch die Tiroler ein unendliches Vertrauen in die Stärke des Mannes, der neben ihm stand. Dieses gegenseitige Vertrauen war ihr stärkster Halt.

»Die Himmel rühmen des Ewigen Ehre ...« 300 Mann waren auf den Knien und hatten die Augen aufs Kreuz gerichtet, »und Seiner Hände Werk zeigt an das Firmament ...«

Die Dornenkrone des Erlösers war aus Stacheldraht geflochten.

Mutter Irschara starrte durchs Fenster. Vom Tal aus konnten sie wohl das Kreuz ausmachen, nicht aber dessen Dornenkrone. Ihre Augen wehrten sich gegen die Tränen. Sie zeigte nie ihre Verzweiflung, nur mütterliche Würde und Güte. Ein Geruch aus den vielen Kräutersäckchen mit Arnika, Lavendel, Pfefferminz und Kamille, die an der Decke hingen, lag über der Stube. An dunklen Wintertagen saß sie beim Fenster und strickte Socken für ihre Buben, ab und zu auch ein Paar für den Herrn Pfarrer. Am Abend versorgte sie das Vieh und betete zu Gott für ihre Söhne. Sie gehörten zu den Jungen und Zähen, die mit Leidenschaft und Hingabe in die Zukunft stürmten. Dann kam dieser furchtbare Krieg und riss sie aus ihrem friedlichen Dasein. So ging nun das Leben seinen schweren Gang im Campidellhof.

Mutter Irschara dachte an andere Mütter, die genauso wie sie großes Leid trugen. Lieber Herrgott, was, wenn ihre letzten Buben … und kein Erbe? Als ihr diese Erkenntnis in einer dieser schlaflosen Nächte kam, biss sie vor Schmerz und Elend in ihr Kissen. Dann hörte sie das Donnern … und dachte voll Entsetzen an ihre Buam …

Auch Vinzenz träumte: Er war auf der Alm, die Luft um ihn herum sang, über den Alpenrosen summten die Hummeln, und die Rinder starrten ihn mit ihren großen, glänzenden Augen an. Ein Zitronenfalter, Frühbote des Frühlings, segelte gegen Süden. Das weiße Kopftuch seiner Mirli leuchtete vom Tal herauf. Zuweilen hob sie ihr Gesicht und lächelte, zeigte ihm offen ihre Liebe, so wie es nie Sitte war in diesem bäuerlichen Umfeld. Sie schlang ihre Arme um ihn, sodass er ihre Wärme spüren sollte. Ach, fiel ihm denn nichts ein, womit er sie erfreuen konnte …?

Dann erschütterte ihn ein Donnerschlag … Er starrte um sich und sah nur die brutale Realität – und am Ende den dunklen Reiter.

4

Sie standen in der Morgendämmerung eines violetten Winterhimmels. Ein eisiger Wind kroch ihnen in die Knochen. Gelasio Caetani stellte den Pelzkragen an seinem Mantel auf. Er starrte auf den majestätischen Gipfel, in den er sich verliebte hatte, lange bevor ihm befohlen wurde, ihn zu zerstören. Mit einem Knopfdruck würde er Hunderten den sicheren Tod bringen. Solch ein Akt war gegen seine katholische Erziehung.

»Frag mich nicht, was diesen Berg so wichtig macht. Und wenn wir einmal oben sind, was machen wir dann mit diesem Felsen?«

»Sei doch nicht so negativ. Wir hissen unsere Fahne.«

»Und danach?«

»Dann, mein Freund, dann gehen wir wieder nach Hause.«

Zweitausend Jahre Geschichte hatte bewiesen, dass eine unüberwindbare Festung nirgendwo existiert. Eine »feste Burg« ist das absurdeste Konzept der Verteidigung. Eine Festung wirkt wie ein Magnet und zieht den Feind an. Tirol war zwar keine Festung, aber die Kette von Felszacken machte eigentlich jeden Versuch zu einem Selbstmord.

Diese Tatsache führte Gelasio zu einer Neubewertung der Situation. Für jedes Problem gibt es eine Patentlösung: Geht es nicht oben drüber, dann geht es eben unten durch. Damit begann er das *Progetto di San Andrea*. Mit zwei Geologen und Landvermessern studierte Caetani die geologischen Schichten. Sie kamen zu dem Ergebnis, dass der beste Startpunkt für eine Mine im Stollen war, den die Österreicher zum Schutz hinter dem *Capello di Napoleone* begonnen hatten. Geologische Tests zeigten eine ansteigende Kalksteinader; wenn sie sie richtig gemessen und eingeschätzt hatten, führte sie nahe an die Gipfelstellung.

Gelasio Caetani übernahm das Kommando über die 8. *Sappeure* und 12. *Minatore,* Experten im Tunnelbau. Die meisten kamen aus den Marmorbrüchen von Carrara. Als seine Adjutanten wählte er seine Musketierfreunde Bruno Boisio und Rodolfo Grimaldi Casta. Blieb noch die Frage der benötigten Arbeitskräfte, um das Geröll aus dem Stollen herauszuschaffen.

»80 Mann für eine besondere Aufgabe. Freiwillige, einen Schritt vortreten«, Grimaldi Casta fand keine Freiwilligen. Die Sorge der Männer war durchaus berechtigt, denn von den ursprünglich 80 schafften es nur ein Dutzend bis zum Ende, die meisten wurden Opfer von Unfällen und Lawinen. Grimaldi Casta zuckte mit den Schultern, machte einen Anruf zu *Colonnello* Perelli, und hatte seine 80 *Volontari*.

Bruno Boisio stellte eine Lieferkette für Material auf und übernahm den Schutz des *San-Andrea*-Projektes. Ausfälle durch Erschöpfung, Krankheit oder Tod waren zu erwarten. Doch nichts durfte den Zeitplan aufhalten. Deshalb begann Caetani mit zwölf Bohrmannschaften, jeweils mit zwei Bohrern im Tandem, dazu einem Vormann und zwei Ersatzbohrern, die einspringen konnten. Dazu kam die Arbeitsbrigade mit Schaufeln und Säcken zum Wegräumen von Geröll.

Caetani konzentrierte sich voll auf die Berechnung des Steigungswinkels des Tunnels, um genau unter das feindliche Grabensystem zu gelangen. Dazu kam die Abschätzung der notwendigen Menge des Sprengstoffs und dessen Platzierung für eine optimale Wirkung. Im Bezug auf die Kalksteinschichten und die Dichte des Gesteins vertraute er auf seine Geologen, für die Kalkulation der notwendigen Ladung seinen Munitionsexperten, und für den richtigen Steigungswinkel seinen Landvermessern. Es gab Hunderte von Einzelheiten auszuarbeiten und unter ständiger Kontrolle zu halten. Dazu bekam er fast täglich die Anfrage von einem zunehmend nervösen *Colonnello* Perelli, dem die Rolle des Verantwortlichen zuteilgeworden war. Seine Hauptaufgabe bestand in der Beruhigung seines ebenso nervösen Generals.

Der Fortschritt des Stollens wurde von der Anzahl der täglichen Bohrlöcher diktiert. Diese variierten in ihrer Länge mit der Härte des Gesteins und der physischen Verfassung der Minenarbeiter. Im Durchschnitt war ein gebohrtes Sprengloch zwischen ein und zwei Meter tief. Dann musste erst das Bohrmaterial vor der Sprengung geräumt werden, um die Pressluftschläuche vor Schaden zu bewahren. Der Sprengmeister stopfte je eine Dynamitstange in die beiden Löcher, zündete die Zündschnur, und ein Knall erschütterte den Berg. Dann kam die Wartezeit, bis sich die Giftgase verzogen hatten und der Staub sich gesetzt hatte, bevor die Ausräumung des Gerölls erfolgen konnte. All dies kostete Zeit – und Eile war der Tagesbefehl.

Gut gerechnet, mit drei Sprengungen pro Tagschicht, konnte Caetani mit etwa sechs bis acht Meter Fortschritt des Schachtes rechnen: eine Bohrrate, deutlich höher als im zivilen Bergbau zugelassen. Alles wurde *pronto* vorangetrieben, allerdings zu einem hohen Preis, den der fundamentalsten Sicherheitsmaßnahmen. Der Stollen wurde nicht mit einer ausreichenden Holzverbalkung versehen, um ihn vor dem Einsturz zu bewahren. Die Vibrationen der Pressluftbohrer und der Sprengungen hätten das Gewölbe zum Einsturz bringen können. Was würde geschehen, sollte der Feind eine Gegenmine zünden? Dann würde der Tunnel über ihnen zusammenbrechen! Der Gedanke, in einem Berg begraben zu werden, nagte an den Nerven der Bohrer und Schuttträger. Einem Trompetensignal und dem Ruf »*Esplosione in cinque minuti* – Sprengung in fünf Minuten« folgte eine rasche Evakuierung des Tunnels. Bei Schichtwechsel kam einer von Caetanis Leutnants, um den Fortschritt zu überprüfen und den Steigungswinkel zu korrigieren. Sie kamen mit Flaschenbier bewaffnet, »um den Bohrer (Mann, nicht Maschine …) zu ölen«.

Sappeur Tullio Roffredo war erschöpft. Mehr als erschöpft, seine Arme schmerzten und die andauernden Schwingungen des Bohrers hatten seine Rückenmuskulatur entzündet. Als der Aufruf für Bergleute kam, war Tullio vorgetreten, weil er sich dachte, Bergbau war eine unterirdische Aktivität und er somit aus der Reichweite der gefürchteten Zielgenauigkeit der *Tirolesi*.

Aber dieses Schnellbohren war schlimmer, als er sich es vorgestellt hatte. Der Abbau im Marmorbruch von Carrara war harte Arbeit, aber nichts im Vergleich zum Bohren in einem langen, schlecht belüfteten Schacht. Durch die Hitze waren die Körper in Schweiß gebadet; der feine Bohrstaub verkrustete in den verschwitzten Gesichtern, bis sie wie Masken aus einer griechischen Tragödie aussahen; nur der offene Mund war sichtbar. Diese Öffnung ließ die Männer atmen – und oft fluchen. Eine Schicht arbeitete zwei Stunden Vollgas; jeder Bohrer hatte einen Assistenten, um die schweren Pressluftrohre in Position zu halten und außerdem Wasser in den offenen Mund des Bohrers zu gießen. Die Mannschaften lösten sich alle 30 Minuten ab, und nach einer zweistündigen Schicht hatten sie eine vierstündige Ruhepause. Selbst das half nicht; einige

Bohrmannschaften waren bereits durch akute Muskelentzündung, Unfall oder Überermüdung ausgefallen.
Caetani stieg in den Schacht und fühlte die Vibration der Bohrer. Die Luft stank von Maschinenöl und Schweiß, und der Staubnebel schien undurchdringlich. Klaustrophobie packte ihn. Jeden Moment könnte der Berg auf ihn herunterkommen – begraben. Der dumpfe Lärm schwoll zu einem schrillen Kreischen an. Am Bohrplatz erwartete ihn ein Bildnis aus Dantes Inferno: Durch Staub verkrustete Männer mit vibrierenden Bizepsen und Schultern hämmerten mit ihren pneumatischen Bohrern ins Gestein. Der noble Prinz Caeatni war sich plötzlich bewusst, dass sein Werk ein Massengrab vorbereitete.

»Am 13. Jänner 1916 begannen wir mit der Arbeit am *San-Andrea*-Stollen. Mein ursprünglicher Entwurf sah 15 Grad Steigung vor, die sich allmählich bis zu 32 Grad steigerte. Der Stollen hatte eine Breite von 1,20 Meter mit einer Höhe von 1,90 Meter; dies war nötig, um die Abfuhr von Geröll und den Zugang für die Sprengstoffladung zu ermöglichen. Wir hatten Glück, auf eine ansteigende Schicht aus relativ weichem Gestein zu stoßen. Nur die Spitze des Berges bestand aus kompaktem Dolomit. Als Anreiz zahlten wir unseren Bohrmannschaften 50 Lire Prämie für zusätzlichen Aufwand.

Inzwischen hatte unser Sprengexperte, *Signore Colonnello* d'Ippoliti, berechnet, dass 5000 Kilogramm Sprengstoff, in zwei getrennten Sprengkammern gestapelt, erforderlich waren, um das gewünschte Ergebnis zu erzielen. Für eine simultane Zündung der Zwillingskammern mussten wir zwei Stahlmantelkabel installieren. Mit unserer hohen Bohrrate, abgesehen von Überraschungen, hofften wir, unser Ziel in 52 Tagen zu erreichen.«[21]

Der Prinz von Sermoneta würde den Frühling 1916 mit einem Riesenknall einleiten.

21 Caetani, Lettere di guerra, Perugia 1919

5

Schon seit Wochen waren die italienischen Aktivitäten ungewöhnlich verhalten. Die österreichischen Maschinengewehre lagen schön eingepackt in Decken. Eiszapfen hingen am Stacheldraht. Männer in dicken Mänteln mit Wolltüchern über ihren Gesichtern waren auf der Suche nach einem Ziel, nur damit sie nicht aus der Übung kamen. Aber außer einigen hungrigen Dohlen bewegte sich nichts.

Ende Jänner erreichte ein Bote den Gipfel mit einer versiegelten Nachricht vom Bataillon.

Während eines Scharmützels auf dem Campolongopass war ein italienischer Leutnant in österreichische Hände gefallen: Eine »mit anderen Mitteln geführte Operation« war am Col di Lana im Gange. Er wusste nicht, welche Mittel dies waren.

Am Tag darauf stolperte ein österreichischer Spähtrupp in einen Hinterhalt. Drei Mann kamen dabei ums Leben; einer wurde gefangen genommen. Gustl Giovardi, ein Ladiner, der fließend Italienisch sprach, wurde ins Bataillon-Hauptquartier abgeführt. Dort belauschte er ein Gespräch zweier Kommandanten. Die am häufigsten verwendeten Worte waren *minatori* und *esplosione*. In einem gestohlenen *Alpini*-Umhang und mit Federhut schlich Giovardi an den Wachposten vorbei und verschwand in der Nacht. Nach seiner Version vom belauschten Gespräch über *minatori* – Bergleute begann man, Ausschau nach ungewöhnlichen Aktivitäten zu halten, bis ein Artilleriebeobachter, der auf dem Pordoijoch stationiert war, von Steinen berichtete, die in regelmäßigen Intervallen einen schneebedeckten Hang am Col di Lana hinabrollten.

Toni von Tschurtschenthaler studierte diesen Bericht. Dafür gab es nur eine Erklärung: »Sie sind dabei, einen Schacht zu bohren, um uns in die Luft zu sprengen!«

Diese Neuigkeit wurde der Gipfelbesatzung zunächst vorenthalten.

6

Es war Abend. Ein neuer Ton hatte sich zum Heulen des Windes gesellt: ein dumpfes, vibrierendes Brummen. Johann Irschara war der Einzige, der weder schlief noch Karten spielte. Er war dazu bereit, dem neuen Ton auf den Grund zu gehen.

»Du muasst net aussi geh', Bua, 's ischt no net dei Schicht«, sagte Oberlechner.

»I hab' Bunkerfiaber, Zugführer. I geh' gern aussi.«

Ein paar Minuten vergingen, und Johann kehrte mit dem verdutztesten aller Gesichter zurück. Er stotterte: »A Wurm … a Wurm nagt im Berg.«

Alle lachten. Der Bub hatte zu viele Märchen gelesen. Die Dolomiten lagen nicht im Reich des heldenhaften Siegfrieds und seinem Feuer speienden Drachen …

»Du bist ja narrisch, Bua.«

»Na, des bin i net. Geht's selba aussi und hört's es euch an.«

»Hast vielleicht an Drach'n am Berg nag'n g'hört, Kloaner?«, lachte ein anderer.

»Net am Berg – im Berg drin.«

In jeder Gruppe gibt es immer einen, der nicht lacht: Hier war es der Hinterstoisser-Kaspar, von Beruf Sprengmeister in einem Kufsteiner Steinbruch. Was immer die anderen so lustig fanden, er würde seine Gedanken für sich behalten. Aber erst musste er dringend mit dem Oberleutnant sprechen.

Hauptmann Erich von Gasteiger, Kommandeur des 2. Bataillons im 2. Tiroler Kaiserjäger-Regiment, entsandte einen Spähtrupp, um die Berichte zu überprüfen. Johann Winding, ein Bauer aus St. Lorenzen, wurde Patrouillenführer, weil seine Kühe während der Sommermonate in der Nähe gegrast hatten. Die Kugel des Heckenschützen traf Winding, lange bevor jemand den Schuss hörte. Er stolperte und fiel. Blut spritzte aus seinem Oberschenkel. Johann war ein großer Kerl und an Schmerz gewohnt. Das kleine Loch einer Welschenkugel würde den großen Johann nicht aufhalten. »Du

Welscher wirst dafür zahlen«, brüllte er. Vier Tage später, bandagiert und hinkend, saß er wieder hinter einem Felsblock und schoss auf sie.

Jedoch musste für den verletzten Johann ein anderer einspringen. Eine neue Patrouille wurde zusammengestellt. Die Wahl fiel diesmal auf einen versierten Bergsteiger, Leutnant Karl, zusammen mit einem einheimischen Bergführer, dem Heinzi Schuhmacher, der mit trockenem Witz erklärte: »Herr Leutnant, jetzt san wir dran, Schatzsuacher zu spiel'n …«

Zu Beginn klappte es gut. Ihr Anmarsch mit dem Seil über die Steilwand wurde von einer Wolke verdeckt. Sie kamen bis zu einer Felskante. Karl gab ein Handzeichen. 200 Meter von ihrer Position entfernt registrierte er rege Bewegung, aber zu weit entfernt, um Einzelheiten zu erkennen. Karl sah keine Möglichkeit, sich dem Ziel zu nähern, ohne dabei entdeckt zu werden, denn vor ihm lag eine Schneehalde und dahinter zwei feindliche Wachposten. Die Wachen mit gezielten Schüssen auszuschalten, würde die Aufmerksamkeit auf ihn ziehen.

»Ich muss ums Schneefeld herum.« Es gab keine andere Wahl. »Bleib hier und warte auf mich«, flüsterte Karl. Seine Steigeisen und sein Eispickel bissen sich in den kompakten Schnee auf der Traverse. Steine, von der Größe einer Faust, pfiffen herab, in seiner Situation genau so gefährlich wie eine Kugel. Er schlug einen Felshaken in eine Spalte und sicherte daran sein Seil für die Rückkehr. Für die letzten zehn Meter zu einer Felskante ließ er sich Zeit. Der Umweg hatte sich gelohnt, denn jetzt war er nur 80 Meter von den Wachposten entfernt. Ihre Gewehre waren an einen Felsen gelehnt. Einer stopfte gemächlich seine Pfeife, während der andere an etwas knabberte. Karl kroch langsam bis zur Kante vor. Er sah ein dunkles Loch unter einem Felsüberhang. Der Eingang zu einem Schacht! Sein Warten lohnte sich, denn alsbald trat eine Gruppe Männer aus dem Stollen, und sie leerten ihre Jutesäcke aus. Steine rollten den Abhang hinunter. Gemessen an den schwachen Bohrgeräuschen war der Schacht bereits tief in den Fels getrieben. Eine Mine – und die Gefahr für die Kameraden auf dem Gipfel wurde reell.

»Wie schaut's aus?«, fragte von Tschurtschenthaler, als Karl in die Hütte trat.

»Sie sind im Berg, wie weit kann ich nicht sagen.« Karl zeichnete eine Skizze und erstellte einen schriftlichen Bericht:

»Bohrarbeiten auf der Südwestflanke des Gipfelhangs. Das Geräusch deutet auf mehrere Bohrer in Betrieb. Der Schachteingang ist 20 Meter westlich und 50 Meter über der Position unserer Felsenwache 2207 und durch einen Felsüberhang von Direktbeschuss geschützt. Ein Gegenangriff ist nur auf den schmalen Kammweg möglich, und dieser ist mit zwei Revelli-Maschinengewehren abgesichert.«

Auf Leutnant Karls Beschreibung hin sagte der General eine Kommandooperation ab. Darüber hinaus waren sich österreichische Experten nicht einig über das tatsächliche Potenzial einer solchen Mine. Als vorbeugende Maßnahme begann eine Kompanie von Pionieren die natürliche Felsenhöhle, das bisherige Schlaflager der Kompanie hinter dem Gipfel, zu vergrößern. Es sei denn, der Fall …

7

Oberleutnant Toni von Tschurtschenthaler stopfte seine Pfeife und zündete sie an. Er hatte gelernt, immer ein gelassenes Äußeres zu zeigen. Er schwor nie. In Tirol war es ungehörig, in der Öffentlichkeit zu fluchen. Das tat man nur zu Hause oder im Wirtshaus nach viel Schnaps.

»Plattner, uns fehlen Einzelheiten, was der Welsche da unten bastelt, und das heißt, wir müssen uns einen Welschen schnappen. Schau zu, ob du mir einen Lebenden bringen kannst, einen der redet …«

Vier Stunden später kehrte Feldwebel Plattners Patrouille zurück, zusammen mit einem italienischen Gefangenen. Der

Feldwebel erwähnte nicht, wie sie ihn »geschnappt« hatten, und der Oberleutnant fragte auch nicht.

»Der wird scho' reden«, sagte Plattner trocken. Das tat der Gefangene auch. Er kam aus einer Trägereinheit, die Mahlzeiten für die Bohrer nach oben trug. Seine Informationen stützten sich auf Plaudereien mit den Bergleuten. Er bestätigte, dass die Mine mit größerer Geschwindigkeit als erwartet vorangetrieben wurde. Eine ungefähre Berechnung ließ eine Fertigstellung noch vor dem Tauwetter erwarten.

Am selben Abend betrat von Tschurtschenthaler die Felshöhle.

»Habt acht!«, rief einer, und alle sprangen auf und salutierten. Ihre Gesichter waren besorgt. Seit der Rückkehr von Leutnant Karl machten Gerüchte die Runde.

»Männer«, von Tschurtschenthaler sprach mir ruhiger Stimme, »der Welsche bohrt einen Stollen.«

»Ischt's wirkli wahr, Herr Oberleutnant?« Sie hatten Trommelfeuer überstanden, tägliche Angriffe und Lawinen. Aber eine Mine? Es wurde zu einer erschreckenden Gewissheit, denn niemand überlebt eine Mine, auf der man sitzt. Eine Frage kam allen in den Sinn: »Wie viel Zeit hab' ich noch?«

»Ich weiß es nicht«, antwortete der Oberleutnant. »Jedenfalls erst, nachdem der Bohrlärm aufhört.« Dies war nicht der Moment für wohlige Lügen. Ihre Zeit war in Wochen, Tagen, Stunden gemessen. Vielleicht sogar in Minuten. Und es gab nichts, was sie dagegen tun konnten. Dazu noch die Ungewissheit, wann dieser Moment kommen würde. An diesem Tag nahm ihr Krieg eine neue Dimension an – eine, die in einer Gewissheit enden musste:

Ein Tanz auf dem Vulkan.

Tanz auf dem Vulkan

»La Garde meurs, mais se ne rend pas!«
(»Die Garde stirbt, aber sie ergibt sich nicht!«)
General de Cambronne, Napoleons Alte Garde bei Waterloo, 18. Juni 1815

1

Passiert es diese Nacht? Wird ihn der Tod im Schlaf überraschen? Leutnant Karl macht genau das, was Soldaten am Vorabend der letzten Schlacht tun: Er schreibt einen Brief an seine Familie. »Meine Liebsten, all meine Gedanken sind bei euch ...« Er hat schon einige solcher Briefe geschrieben – und in seine Brusttasche gesteckt. Wenn der Herr ihm beisteht, und er die Nacht überlebt, wird er den Brief zerreißen. Und am Tag darauf einen neuen schreiben.

Angst ist ein Urinstinkt und beherrscht alle anderen Gedanken. Wo endet Angst, und wann beginnt die Panik? Mit der Aussicht, in die Luft zu fliegen, beginnt der Terror. 300 Tiroler Bauern werden über Nacht Opfer eines psychologischen Spiels, bei dem der Feind die Karten mischt. Zeit bedeutet nichts. Sie warten – auf den sicheren Tod. Es bleibt ihnen keine Wahl, ihre Zukunft ist der Pfad zur Hölle. Nur die inspirierende Führung eines Mannes wie Toni von Tschurtschenthaler verhinderte den Zusammenbruch der Moral.

So gingen Tage und Wochen dahin. Der Gedanke an die sich immer weiter nähernde Mine pochte wie ein Hammer im Gehirn. Es machte sie unfähig, noch rational zu denken. Es führte zu Nervenzusammenbrüchen. Einer wanderte in die Nacht, um ewige Ruhe zu finden. Nächsten Morgen fanden sie ihn steif gefroren wie ein Brett. Zwei sprangen über die Wand. Diese Freitode hinterließen einen psychologischen Schock, der die wahre Situation deutlich machte. Aber dazu kam noch etwas anderes. In voller Bewusstheit, dass sie dem sicheren Tod ausgeliefert waren – denn keiner der Österreicher hatte die geringste Illusion, dass er die Explosion überleben könnte –, trat eine im Krieg bekannte Reaktion ein: Ein Todgeweihter nimmt in der kurzen Zeit, die ihm noch bleibt, möglichst viele Feinde mit in den Tod.

Auf Tirolerisch: »I stirb', aber du und du und du stirbst mit mir.«

Mit dieser Wut im Bauch stieg die Zahl der Verluste der Italiener sprunghaft an.

Seit Tagen hatte der Feind seinen Artilleriebeschuss unterbrochen. Der Donner der Granaten wurde durch das deutliche Brummen der Bohrer ersetzt. Es war fast, als ob die Welschen diesen Lärm produzierten, um dem Feind zu zeigen, wer der Herr der Lage war.

»Karl«, Tschurtschenthalers Stimme war schroff, »der Welsche spielt mit uns.«

»Das tut er auch, Herr Oberleutnant. Stellen Sie sich vor, ein Mann sitzt mit dem Finger am Auslöser. Er weiß, mit seinem Druck auf den Knopf wird er Hunderte umbringen. Nun hat dieser Mann ein Gewissen. Also tut er alles, um die Schuld abzuschieben. Er versucht, den Feind zu einer Gegenreaktion zu verleiten. Oder er wartet auf den Befehl von oben. Damit ist er nur ein Roboter, der abdrückt. Das nennt man Schuldübertragung.«

Von Tschurtschenthaler saß am Tisch und hatte das Gesicht in seinen Händen verborgen. Er hatte einen Treueeid geschworen, das Heimatland mit seinem Leben zu verteidigen. Hier aber war das Ende vorgezeichnet. Der Feind war dabei, seine ganze Kompanie in die Luft zu jagen. Das Leben seiner tapferen Männer lag in der Waagschale. Karls Worte hallten in seinen Ohren: »Die Entscheidung gehört jetzt uns ...«

»Wir wissen, was auf uns zukommt«, schrieb Toni von Tschurtschenthaler in sein Tagebuch, »aber wir wissen nicht, wann. Gott hilf uns!«

Der Kommandant des Col di Lana fragte sich, ob der Herr sein Gebet erhörte.

Von Mitte März an wurde die Gipfelbesatzung alle drei Tage abgelöst. Die 5. Kaiserjäger-Kompanie unter Hauptmann Homa wechselte sich mit Tschurtschenthalers Kompanie der 6. Kaiserjäger ab.

Die Frage war nur: Welche der beiden Kompanien zieht den »Schwarzen Peter«?

2

Die harten Tage des Winters näherten sich dem Ende. Militärisch hatte sich nichts geändert: Die Tiroler standen oben und die Italiener unten. Gelasio Caetanis Gedanken wanderten zu einem anderen Berg, wo jetzt Zitronenbäume in voller Blüte standen und Olivenhaine zu einer anderen festen Burg aufstiegen: Castello Sermoneta, dem Stammsitz seiner Adelsfamilie, weit vom Donner der Kanonen entfernt …

»Es ist Ihre patriotische Pflicht als Offizier und Edelmann …«, der General hatte befohlen … *Per la patria!* Der Schacht näherte sich täglich mehr dem Gipfel. Dem Feind im offenen Kampf entgegenzutreten, nach dem Gesetz der ritterlichen Ehre, das entsprach seiner Herkunft. Nicht aber den Feind mit Mitteln umzubringen, gegen die er sich in keiner Weise zur Wehr setzen konnte? Die patriotische Pflicht im Gegensatz zur moralischen Schuld ging ihm nicht aus dem Sinn.

»Was hat dieser Krieg aus uns gemacht?«

Sein Freund Grimaldi Casta tat, die Hände tief in den Taschen vergraben, als ob der sichere Tod vieler keine moralische Belastung in sich trug: »Gelasio, die da oben am Berg werden so oder so sterben. Wir kommen alle um, jetzt oder später, ich sehe keinen Unterschied; mit der Kugel im Kopf oder durch Syphilis und Sauferei, macht keinen Unterschied … am Ende hat alles seinen Preis.«

»Wer von uns kann voraussehen, was geschehen kann? Wir spielen mit dem Feuer.«

»Dann haben wir einen Logensitz, weil Rom brennt.«

»Hör doch auf mit deiner zynischen Art.«

Grimaldi Casta zuckte mit den Schultern. »Wo ist der Unterschied? Tot ist tot!«

Bruno Boisio beendete das Wortduell mit einer Flasche *Grappa*. Er goss jedem eine große Ration ein. »*Chi beve per dimenticare è pregato di pagare prima* – Wer sich betrinkt um zu vergessen, muss erst zahlen ...« Die düstere Stimmung lichtete sich mit der Anzahl geleerter Gläser. »Ein wahrer Mann zieht es vor, in der Arena zu sterben als zu Hause im Bett.« Mit diesem profunden Gedanken endete der *Grappa*-Abend.

Kurz vor Sonnenaufgang waren Gelasio und Bruno auf dem Weg zur Mine, als eine Granate einschlug. Wahrscheinlich ein zu kurzer Schuss ihrer eigenen Artillerie. Um sie herum verbluteten ihre Männer im Schnee. Dieser Wahnsinn hielt nun schon seit neun Monaten an – und seit neun Monaten sah Gelasio zu, wie seine Landsleute von Kugeln der Scharfschützen durchsiebt wurden. Im Prinzip würde er nichts anderes tun als irgendein Soldat: Er drückt ab, um zu überleben.

Im Krieg gibt es keine Gewinner – nur Verlierer.

3

Das Frühjahr war mit der Sonne in die Täler Tirols eingezogen. Einst war es die schönste Zeit des Jahres: mit Schneeglöckchen zwischen Flecken von Schnee und dem Klang von Kuhglocken. Nicht so 1916. Es war ein trauriger Frühling. Dieser Krieg war keine Gewitterböe, die über das Land mit Donner und Blitz fegte, bevor sie wieder verschwand. Nein, dieser Krieg war dauerhaft.

Das Klima der Berge hatte Tirols Bauersfrauen schon immer hart gemacht; aber jetzt übernahmen die Frauen die Arbeit des Mannes; sie pflügten den Acker, reparierten das Dach und hackten Holz für den Ofen. Für sie war der Krieg nichts Abstraktes. Granatendonner von den Gipfeln ließ sie nie vergessen, dass ihre Männer, Väter und Söhne dort oben kämpften. Jeder Tag brachte neue Tragödien. Florian Bachmann kehrte mit nur einem Bein zurück, der Blitz einer Granate ließ Joschi Pfeiffer erblinden, und Anton Pichler starb unter einer Lawine. Briefe, die an der militärischen Zensur vorbeischlüpften, enthielten nie eine gute Nachricht. »Um uns herum geht die Hölle los …!«

Sein Bruder Johann schlief, und seine Mutter saß in der Küche und betete, als Vinzenz Irsara in seiner letzten Urlaubsnacht, es war kurz vor Weihnachten, zu seiner geliebten Mirli schlich. Sie trafen sich auf dem Heuboden. Ihre Tränen durchnässten sein Hemd.

»I hab' a solche Angst, i werd' di nie wiedersehen«, flüsterte sie.

Sie kuschelte sich an ihn und erzählte ihm von all den Dingen, die sie in ihrem Herzen verschlossen hielt. Über ihr Leben als Magd und wie die Frauen die Vertreibung aus dem Nachbartal nur schlecht überstanden hatten. Vinzenz tröstete sie, und sie fühlte sich wohl.

»Halt mi fest …« Er tat es, und in dieser Nacht gab sie sich ihm voll und ganz hin: »I hab' di so liab …« Ihre Leidenschaft überdeckte jede andere Emotion. Für einen kurzen Augenblick vergaß Vinzenz sogar seine Furcht vor dem nächsten Gemetzel am Berg. Bevor der Morgen graute, nahmen sie Abschied. Die Magd ging zurück in ein liebloses Haus, und der Soldat stieg auf den Berg.

Drei Monate danach fand Mutter Irschara eine weinende Mirli vor ihrer Tür vor.

»Ja was ischt denn, Maderl?«

»Mutter Irschara, i muass dir was g'schteh'n …«, schluchzte das Mädchen.

»Ja so red doch was.«

»I … i … trag dem Zenz sei Kind.«

Mutter Irschara zog den Kopf des weinenden Mädchens an ihre Brust und strich ihr übers Haar. »Des ischt ja was ganz Schönes.«

Mirli schaute sie an und sank an die tröstende Brust einer Mutter, die ihre Not ahnte, denn sie hatte selbst schon gelitten. Die Frau war überwältigt von der Sanftmut der schwangeren Magd. Das Kind musste in Ehren geboren werden: Es war der Erbe oder die Erbin für den Campidellhof. Mutter Irschara klammerte sich förmlich an diesen wohltuenden Gedanken. »Alsdann, das Kind braucht an ehelichen Namen ...«

»Aber des geht ja net.«

»Warum net? Du hast den Zenz liab und er di a, ischt's net so?«

»Ja das scho', aber i hab ja nix.«

»Du tragst sei Kind. Des ischt gnua für mi.«

Mutter Irschara pilgerte zum alten Dorfgeistlichen, der die Rolle des Ordinarius von Vater Anselm übernommen hatte, als dieser in den Krieg ziehen musste. »Hochwürden. mei Bua, der Zenz, will sei Mirli ehelichen. Aber er ischt oben am Berg und kann nit abakumma. Sie wissen scho'...«

»Eilt's sehr?«

»Ja, des tuat's scho', Hochwürden ...«

Der alte Pfarrer nickte und fragte nicht, warum. »Dann will ich's gerne tun, Mutter Irschara. Ich brauch' dazu die Genehmigung meines Bischofs, aber die kriag ich scho'.«

So geschah es denn auch. Das ungeborene Kind hatte einen Namen, und Mirli zog als Schwiegertochter auf den Hof. Sie arbeitete hart und tüchtig. Da waren das Gebet und die Arbeit, das Heu und das Vieh, die Bibel und das Spinnrad, der Kirchgang – und auch der Feierabend. Vor allem aber war da der Segen Gottes, ein Erbe. Langsam schwoll ihr Leib an, und ihre Brüste wurden voller. Sonntags, auf dem Weg zur Kirche, wurde sie von den Dorfbewohnern respektvoll mit »Jungbäuerin vom Campidellhof« gegrüßt. Während der heiligen Messe klammerten sich die Hände einer Mutter und einer schwangeren Frau aneinander, und sie dachten an ihre Männer am Gipfel. In der Stille ihres Gebets segnete Mutter Irschara das ungeborene Wesen und bat den Herrn, ihr die Kraft zu geben, dieses

Kind zu beschützen, dieses neue Leben, welches das Erbe ihrer Familie sicherte.

4

Auch auf den Bergen stand der Frühling vor der Tür. Die Tage wurden länger. Die einzigen Gäste waren die schwarzen Dohlen mit ihren gelben Schnäbeln. Sie kamen mittags, hüpften von Stein zu Stein, und pickten Kartoffelschalen. Außer diesen Vögeln und dem Bataillonspfarrer gab es nur noch einen Besucher, ein hochrangiger Offizier. All jene, die für eine Medaille auserkoren waren, standen Schlange. Ihre Begeisterung über diese Ehre hielt sich in Grenzen.

»Standschütze Johann Irschara, im Namen Seiner Kaiserlichen Majestät ...«, und Johann hatte ein Stück glänzenden Blechs.

Der Offizier sprach kurz zur versammelten Truppe. »Soldaten, ich bringe euch Grüße von Feldmarschall Leutnant Goiginger«, und er fügte hinzu: »Er zählt auf euch. Dieser Berg muss gehalten werden.«

»Um Himmels will'n, weiß dieser Aff' net, dass wir mit 'm Arsch auf einer Bombe sitzen?«

»Tritt vor und erklär ihm des«, antwortete ein anderer. Jeder neue Tag brachte sie dem Augenblick näher; ihre Mägen schmerzten – und nicht vom Hunger. Diese verflixte Ungewissheit, das »Wann«! Die Männer konnten sich gegenseitig alles anvertrauen; nicht so Leutnant Karl. Er war Offizier und hatte wie einer zu handeln. Er durfte sich nicht anmerken lassen, dass er unter derselben Ungewissheit litt. Es war nicht die Kugel eines Scharfschützen, denn die kam unerwartet. Sogar mit einer Granate hatte man noch eine Chance. Aber nicht mit einer Mine. Sie ließ keine zweite Chance. Die nervliche Anspannung auf der Gipfelwacht wuchs täglich. Über allem lag eine Atmosphäre des angekündigten Untergangs. Ihre Augen schweiften fünfmal, zehnmal zum Glas am Boden; solange das Wasser darin vibrierte, war keine Sorge. »Wann? Wann?«

Der Kufsteiner Sprengmeister Kaspar Hinterstoisser gab eine ungefähre Zeitspanne vor: »Nachdem der Bohrlärm aufhört, brauchen s' no' zirka 48 Stund', um die Mine zu laden.«

»Jetzt geh' i halt aufi, schiaß Welsche und wart' aufs End'. Aber mei Herz ischt nimmer dabei.«

»Scheiße«, rief ein anderer. »Wenn'st du's net machst und i a net, dann finden's halt an anderen Trottel, der's macht. Im End ischt's dasselbe, alle san ma hin.«

Zugführer Oberlechner bellte mit zorniger Stimme: »Jetzt halt's doch euer Maul!«

Sie konnten nicht herumsitzen und aufs Ende warten. Sie hatten zu reagieren. Eine Gegenmine! Dafür benötigten sie einen pneumatischen Bohrer. Nach zwei Tagen kam die Antwort vom Divisionshauptquartier: »Wir warten noch auf Ersatzteile. Ihr müsst improvisieren.« Das taten sie: mit Meißel, Pickel und Schaufel. Die ersten fünf Meter waren Kalkstein, dann aber stießen sie auf extrem hartes Gestein. Sie stopften das kurze Loch mit all dem Pulver, das ihnen zur Verfügung stand: 110 Kilogramm. Nicht annähernd genug, um die Felsen zu sprengen. Aber die Explosion könnte unter den Italienern einen Schock auslösen.

5

Am 7. April war *Tenente* Bruno Boisio mit zwei Bohrtrupps im Schacht, als ein Riesenschlag die Wände erschütterte. »Mir war, als hätte mich ein Hammer auf den Kopf geschlagen. In Sekunden war der Schacht von einer erstickenden Staubwolke gefüllt. Felstrümmer brachen aus der Decke und verletzten zwei meiner Männer. Ein Pressluftschlauch hatte ein Leck und die ausweichende Luft wirbelte noch mehr Staub auf. Ich tastete meinen Weg zum Ausgang, fand ihn aber von Trümmern blockiert. Ich rief um Hilfe, und eine Stimme antwortete, dass ein Arbeitskommando bereits am Graben war. Zwei Stunden später war die Passage offen, und sechs Stunden danach brummten unsere Bohrer wieder.«

Die Gegenmine hatte versagt. In Anbetracht der harten Gesteinsschicht und der geringen Sprengstoffladung, welchen Schaden hätte wohl eine größere Gegenmine verursacht? Die fünffache Menge hätte den Tunnel zum Einsturz gebracht, die Erschütterung hatte die Bohrer verbogen und die Luftschläuche zerfetzt. Die Tiroler saßen niedergeschlagen um den wackligen Tisch herum. Um sich auf andere Gedanken zu bringen, erzählte Leutnant Karl Geschichten von den weißen Städten an der Adria, von azurblauen Meeresbuchten und vom Wind geküssten Palmen. Ein Land, wo Vögel zwitscherten und Liebespaare am Strand entlangschlenderten. Seine Geschichten waren eine Flucht der Gedanken. Alles erschien so hoffnungslos. Nein! Sie durften nicht aufgeben. Durchhalten war ihre einzige Chance.

Karl legte sich auf seine Pritsche und schloss die Augen. Es war nicht länger das Krachen der Granaten, die ihm den Schlaf raubten. Im Untergrund grollte ein dumpfes, vibrierendes »Bbrrrr … brrrr … BRRRRRrrr …«.

6

In der weltweiten Berichterstattung wurde der Kampf um den Dolomitengipfel unter »ferner liefen …« behandelt. Nicht so in Italien: *L'ultimo dalla montagna*. Die Volkspresse hatte das Ganze von Woche zu Woche in ein Drama vewandelt: Das Neueste vom Berg … Es war nicht irgendein Berg, es war der Col di Lana. Was dort oben geschah, oder besser, was bisher noch nicht zum Triumph in eisiger Höhe geführt hatte, erschien in Leitartikeln. Der Befehl von General Cadorna an die *Brigada Calabria* versetzte *Maggiore Generale* Mulazzani in Panik, denn seine Karriere stand auf dem Spiel. Der Angriff auf den *Cima* Lana musste in einem tosenden Erfolg enden, und die Glocken des Landes ein Halleluja läuten!

Mulazzani befahl seinen Infanterie-Regimentern 59 und 60 höchste Bereitschaft, Minuten nach der Sprengung würden seine Truppen den Gipfel stürmen. Hunderte von Kaiserjägern waren dem sicheren Tod geweiht – denn was immer das Ergebnis der Sprengung sein sollte, ein zusätzlicher Befehl lautete: »*Nessun prigioniero!* – Keinen Gefangenen!«

(Wer gab diesen inhumanen Befehl? Generalmajor Mulazzani, oder kam er von oben? Zur Ehre der italienischen Armee sei gesagt, es liegt kein Beweis vor, dass dieser Befehl befolgt wurde.)

Ein gefangen genommener Slowene gab Caetani den Namen des Gipfelverteidigers: Toni von Tschurtschenthaler. Caetani kannte den Ruf seines Gegners; seine Erfolge als Bergsteiger waren legendär. Beide waren Brüder der Berge, und beide blickten von hoch oben auf die Welt. Sollte er dem Bergkameraden eine Warnung zukommen lassen? Es würde sein Gewissen entlasten. Aber es gibt Regeln, die selbst das moralische Gefühl eines Ritters nicht brechen darf. »*Amico* Toni. Ich kann dir nicht helfen, du bist auf dich allein gestellt.«

Colonnello Petracchi, Kommandeur des *Cima* Lana, rief an. Dies war bereits sein sechster Anruf in dieser Woche. »*Tenente* Caetani, *che novità ci sono* ... Ihre Fortschrittsmeldung!«

Im Schacht wurde Tag und Nacht gebohrt und gesprengt und die Mine mit enormer Schnelligkeit vorangetrieben. Seit Monaten schufteten Bohrmänner mit trockenen Kehlen und roten Augen. Und zum fünften Mal in dieser Woche gab Caetani dieselbe Antwort: »*Saremo pronti in tempo* – Wir sind rechtzeitig fertig.«

7

Maggiore Generale Mullazani schickte den nervösen *Colonnello* Petracchi zum Blumenpflücken, dort, wo er keinen Schaden anrichten konnte, und beförderte den sachlichen *Maggiore* Vincenzo Mezzetti zum neuen *Comandante*. Nichts wurde für den Angriff nach der Sprengung übersehen. Pferdegespanne zogen schwere Geschütze in ihre Stellungen. Insgesamt waren

129 Kanonen vorgesehen, um den Gipfel unter einem Bombenhagel zu begraben. (Pro Quadratmeter ergab dies das Zehnfache der Feuerwalze von Verdun!) Es war außerdem vorgesehen, dass *Maggiore* Mezzetti das Zeichen zum Zünden der Mine gab. Caetanis Mine war dazu bestimmt, Italiens kämpfender Truppe einen moralischen Anstoß zu geben.

Das Telefon klingelte. Eine Stimme. »Gib mir den *Comandante.*«

Der *Comandante* kam ans Telefon. »*Maggiore* Mezzetti.«

»*Mezzetti, come stai* – wie geht es dir? Nur um dich vorzuwarnen, General De Bernardis ist auf dem Weg, um deine Vorbereitungen zu inspizieren.«

Befehle gingen hinaus: »Poliert eure Stiefel, der General kommt.«

Die goldenen Sterne am Kragen des Generals funkelten. »Wie geht es, Mezzetti?«

Maggiore Mezzetti war nicht wohl zumute.

»Siamo pronti – Sind wir bereit?«

»Wir sind bereit, *Signor Gene*rale.«

Der General sah sich um: »Wo ist Caetani?«

»Oben in der Mine, *Generale.* Er trifft die letzten Vorkehrungen.«

»*Bene Comandante, deve conquistare la montagna, a qualsiasi prezzo* – Sie müssen den Berg erobern, was immer es kostet ...«

Die Aussage seiner Worte waren eindeutig: Schwere Verluste waren zulässig.

Mezzetti salutierte. Das Auto des Generals wirbelte Schnee auf und verschwand in der Dämmerung.

Es war nun 18.30 Uhr am Abend des 9. April 1916.

8

»Es tuat nix mehr ...«, kam Johanns Stimme von irgendwo hinten aus der Schlafhöhle.

»Was sagst, Bua?«

»Es bewegt si' net ...«, und er deutete auf das Wasserglas am Boden.

»Mei Gott, der Bua hat recht, schaut's euch 's Wasser an ...«

Das Wasser war wie ein Spiegel – keine Vibration mehr! Und dann noch etwas: Der Bohrlärm war verstummt. War dies der Anfang vom Ende?

Als Oberleutnant von Tschurtschenthaler in die Felshöhle trat, flackerten auf dem Tisch zwei Kerzen – wie am Altar der heiligen Jungfrau.

»Was gibt's, Mander?«

Ein Mann zeigte schweigend auf das Wasserglas am Boden.

*

»Am 9. April war der Schacht fertig«, schrieb Caetani in seinen Bericht. »Dann begann es zu schneien. Wir hatten mit allem gerechnet, nur nicht mit dem Wetter. Außerdem hatten wir die Zeit, um die Mine zu laden, weitgehend unterschätzt.«

Eine Kolonne aus Lastwagen, jeweils 100 Meter voneinander entfernt, zog sich entlang der Straße über die Dolomiten. Jeder Wagen trug eine rote Fahne und ein handgemaltes Schild mit der Aufschrift *»Pericolo Esplosivi«*. Ihre Ladung war Nitrogelatine! Nicht nur ein paar Kisten – nein, fünf Tonnen davon! Fest angeschnallt lagen die Kisten auf dicken Strohschichten. Das machte es kaum weniger riskant für den Fahrer. Sollte sein Lastwagen auf ein Schlagloch treffen, oder sollten die Räder von der vereisten Straße abrutschen, wäre dies ein weiterer Punkt in der Statistik.

Und dann begann es auch noch zu schneien. Bald bedeckte hoher Schnee die Bergstraße. Außerdem donnerte im Engpass bei Andraz eine Lawine ins Tal und blockierte die Straße. Im Licht der Scheinwerfer schaufelte eine Pionierkompanie die Nacht hindurch. Am Morgen war der Durchgang frei. Als die Lastwagen ihr Ziel erreichten, wo seit vielen Stunden 300 Träger auf sie warteten, um die gefährliche Ladung den

Berg hinaufzutragen, hatte der Schneesturm mehr als einen Meter Schnee auf dem schmalen Bergpfad aufgetürmt. Die Lawinengefahr war wieder zu hoch, und der Bergtransport wurde auf den nächsten Tag verschoben. Dadurch verzögerte sich die Ladung der Mine um weitere 24 Stunden.

Diese schneebedingte Verzögerung von zwei Tagen war den Österreichern nicht bewusst. Nach Angaben ihres Kufsteiner Sprengmeisters rechneten sie mit zehn Stunden Anfahrt der Transportfahrzeuge, zwölf Stunden Trägertätigkeit bis zur Mine und mit einer Ladungszeit von 48 Stunden. Dabei konnte der Temperaturunterschied zwischen dem im Freien liegenden Stapelplatz und dem warmen Inneren der Mine zu einer Instabilität beim Nitro führen. Deshalb war die Sprengung kurze Zeit nach der vollendeten Ladung zu erwarten. Mathematisch gesehen ergab dies: 10 + 12 + 48 + 2 = 72 Stunden – oder drei Tage.

Die Bohrgeräusche verstummten am Abend des 9. April 1916. Dieser Dreitagesaufschub sollte eine entscheidende Rolle bei dem Rotationsplan der Gipfelkompanien spielen.

300 Tiroler waren bereit für einen letzten Stand. Der große Unterschied: Welche 300 würde das Schicksal auserwählen? Hauptmann Homas 5. Kaiserjäger – oder Oberleutnant Tschurtschenthalers 6.?

9

Seit zwei Tagen lag der Gipfel nicht unter Beschuss, was an sich selbst ein Wunder war. Die Männer der Ablösung schlüpften in ihre Mäntel und stolperten hinaus in den kalten Morgen. Die bleiche Wintersonne badete den Gipfel in diffusem Licht. Dann aber begann es zu heulen … Fontänen aus schmutzigem Schnee stiegen in die Luft. Zum ersten Mal schlugen Granaten der superschweren 210-mm-Kanonen ein. Der Beschuss dauerte nur wenige Minuten, aber für die Tiroler waren es Minuten der Hölle.

Ein geschockter Vinzenz Irschara saß in seinem Loch und murmelte vor sich hin.

»Zenz, was zum Teufel murmelst du?«, fragte der alte Wegener.

Vinzenz suchte nach Worten: »I red' net mit dir, i red' mit 'm liabn Herrgott.«

Das tat er auch. Er vertraute dem Herrn an, was er so alles nach dem Krieg vorhatte. Den Hof und das Vieh bestellen, Gott zum Lobe am Sonntag in die Kirche gehen, sein holdes Weib lieben …

»Und du glaubst wirkli, dass der Allmächtige dir zuahört? Der Herrgott sitzt auf seiner Wolk'n und schaut zua, wie wir uns abschlachten.«

So war es auch. Die Gipfelhelden fielen, einer nach dem anderen. Überlebende der alten Bauerngarde dachten nicht mehr normal – oder was man eben normal nennt. Rund um sie lagen die gefrorenen Leichen ihrer Kameraden, ihre Gräber waren Löcher vom frischen Schnee bedeckt. Einer von ihnen war der Dorfdichter von Corvara: Franz Gasser. In seiner Tasche fanden sie sein letztes Gedicht:

»Teure Heimat lebe wohl,
hier liegt ein treuer Sohn von Tirol …«

10

Der Schneesturm hatte nachgelassen, und die Lawinengefahr wurde mittels Mörserbomben beseitigt. 300 Trägern wurde eine 20 Kilogramm schwere Holzkiste mit Nitrogelatine auf den Rücken geschnallt. Der Pfad war eng und steil, und sollte nur einer in dieser Dreihundertschaft stolpern … Sie dachten nicht daran, denn Nitrogelatine war ein höchst volatiler Sprengstoff. Auf dem eisigen Anstieg würde es eine Kettenexplosion auslösen. Ein wahres Todeskommando. *Leutnant* Grimaldi Casta und *Sergante* Mariotti überwachten die Sicherung jeder einzelnen Ladung auf den Rücken der Träger. Das brauchte Zeit – viel Zeit.

In der mondhellen Nacht des 12. April setzte sich die Menschenschlange auf dem vereisten Pfad in Bewegung. Zur

Sicherheit wurde zwischen den Trägern eine Lücke von jeweils 50 Metern gelassen. Es dauerte Stunden, bevor alle 300 auf dem Weg waren – mit Schweiß im Gesicht, auf wackeligen Knien und einem Knoten im Magen. Alle mit nur einem Gedanken: »Rutscht einer von uns aus …« Am Ende lief alles gut; jedoch waren diese zusätzlichen Sicherheitsmaßnahmen nicht im ursprünglichen Zeitplan einkalkuliert gewesen, und deshalb dauerte der Transport volle 24 Stunden.

Am 13. April setzte der letzte Träger kurz vor Sonnenuntergang seine 20 Kilogramm schwere Sprengstoffkiste ab. Ihre Aufgabe war damit abgeschlossen, nicht aber die der *Sappeur*-Kompanie: Fünf Tonnen Nitrogelatine lagen gestapelt vor dem Eingang in die Mine. Die 300 Kisten mussten entlang des Schachts bis zu den beiden Explosionskammern befördert und sorgfältig gestapelt werden. Dies würde 40 bis 50 Stunden in Anspruch nehmen. Hinzu kamen noch weitere 15 Stunden für die Verkabelung der Sprengsätze und die sorgfältige Verteilung der Zündkapseln. In den feuchtwarmen Explosionskammern wurde unter permanenter Aufsicht von einem der »Drei Musketiere« nur bei Kerzenlicht gestapelt. Die Funkengefahr einer elektrischen Lampe war dafür zu groß. Das flackernde Licht gab jedem das Gefühl, sich in einem Grab zu befinden, aus dem kein Entkommen war.

Im Hauptquartier der *Brigada Calabria* war die Angriffsplanung im Gang. Befehle wurden verteilt. Die erste Angriffswelle von 650 Soldaten des 59. Infanterie-Regiments unter der Führung der *Capitani* Marinoni, Munzo und Fiorina würden sieben Minuten nach der Explosion aus ihren vorgelagerten Posten ausbrechen. Genügend Zeit, damit die sich toxischen Gase des Nitros verflüchtigt hätten. Allerdings dachte niemand an die kolossale Masse von Geröll und heißer Lava, die ein ausbrechender Vulkan ausstößt. Italien hatte einige der besten Vulkanologen, sie aber wurden nicht konsultiert.

Der K.-o.-Schlag, 15 Minuten nach der ersten Welle, war den 800 Männern des 60. Infanterie-Regiments überlassen.

Drei weiteren Kompanien wurde die Inbesitznahme des Siefsattels zugeordnet. Zusammen standen 2000 Mann für den Gipfelangriff bereit. Um diese Masse von Soldaten vor dem Feind zu verbergen, wie auch zum Schutz gegen die Tiroler Kugeln, wurden lange Galerien in die Schneewehen gegraben. Diese vorgelagerten »Menschenparkplätze« befanden sich nur 300 Meter vom Gipfel entfernt.

Der letzte Countdown hatte begonnen …

11

Die Österreicher am Gipfel standen vor einer aussichtslosen Situation. Sie standen vor der Wahl, ihren Mann zu stehen und dabei in die Luft zu fliegen, wonach die Italiener über den toten Berg vorstoßen würden. Und sollten sie sich kampflos zurückziehen, dann wanderten die Italiener einfach über den Berg – ohne die Mine zu zünden.

Oberleutnant von Tschurtschenthaler erinnerte sich an den Satz seines Ausbilders an der Militärakademie: »Wenn sich ein Offizier pflichtverbunden fühlt und sich nicht von seiner Stellung zurückzieht, die in Gefahr ist, überrannt zu werden, und dadurch seine Männer aufopfert, wird niemand sein Lob singen. Zieht deshalb eure Truppe in eine bessere Position zurück.«

Es war ihm befohlen, den Gipfel nicht kampflos aufzugeben. Aber zumindest würde er so viele Männer wie möglich in die Felsenhöhle zurückziehen, damit sie dort, mit etwas Glück, das Ärgste überstanden. Die Sprengung war jetzt jeden Augenblick zu erwarten.

Am Morgen des 13. April 1916, kurz nachdem man vom Falzarego aus das Feuer eröffnet hatte, zerschlug ein Schrapnell die Telefonleitung zwischen dem Col di Lana und dem Bataillon-Hauptquartier. Leutnant Karl machte sich bereit, über den Siefgrat zum Monte Sief zu gehen, von wo aus eine Telefonleitung vom Posten zur Artilleriebeobachtung zum Hauptquartier führte. Der Siefgrat war schmal und konnte teilweise vom Feind eingesehen werden. Alles ging gut, und sein Bericht kam durch. Es war bei seiner Rückkehr zum Col di Lana, als er eine Glocke hörte, deren sanfter Ton in der Luft zu schweben schien. War es eine Vorwarnung? »Der Tag des Jüngsten Gerichtes ist nahe!«

12

»Wachablösung!«

Am späten Abend des 13. April übernahm Hauptmann Homa mit seiner 5. Kaiserjäger-Kompanie die Gipfelwacht. Die Männer der 6. Kompanie von Oberleutnant von Tschurtschenthaler atmeten auf und konnten nicht schnell genug den Berg hinunterstolpern. Ihnen stand eine dreitägige Rast im Alpenrosen-Lager bevor. Bei ihrer Ankunft wurden ihnen eine Schüssel mit dicker Kartoffelsuppe, eine Scheibe Speckbrot und heißer Tee serviert.

Der alte Hochleitner bekreuzigte sich und dankte vorerst dem lieben Gott, bevor er den Löffel in die Suppe steckte. Seine selige Mutter hatte ihn als Kind gelehrt: »Bekreuzig dich vor unserem Erlöser.« Als Bergbauer war sein Leben eine unendliche Bekreuzigung. Er betete, dass sein Vieh nicht von der Seuche befallen wurde, Lawinen sein Haus verschonen; und als er seine besten Freunde zur ewigen Ruhe bettete, betete er für ihre Seelen. Er begrub die Welt, die er einst kannte. Und jeden Morgen betete er, dass der liebe Gott es in seiner Güte fand, um ihn noch einmal die aufgehende Sonne über den Gletschern der mächtigen Marmolada sehen zu lassen. Während der alte Hochleitner betete, saß ein anderer daneben und rührte lustlos in seiner Suppe herum.

»Was ischt mit dir los?«, wollte der Hochleitner wissen. »Kannst net beten?«

Der Mann schüttelte den Kopf. »Na, des kann i nimmer.« Wenn der Glaube weg ist, so auch die Hoffnung.

Nach dem Essen saßen sie schweigend herum oder schliefen mit dem Kopf im Arm ein. Drei Tage lang würden sie nur schlafen und essen. Dann, am Abend des 17. April, würden sie wieder Gipfelwacht stehen – das heißt, sollte es noch einen Gipfel geben!

Wegen Mangel an Männern befanden sich nun auch Johann und Vinzenz Irschara in der Gruppe von Tschurtschenthalers. Das vergangene Jahr hatte aus ihnen Veteranen gemacht. Von der ursprünglichen Gruppe, die mit viel Hurra und Gesang in den Krieg marschierten, waren sie die Letzten.

13

Am Morgen des 15. April nahm die Bombardierung ein dramatisches Ausmaß der Zerstörung an. Feurige Blitze spalteten den Himmel und warfen Erdklumpen und Gestein meterhoch in die Luft. Viele in der doppelten Grabenstellung fanden dabei den Tod. Angelus Ellecosta, der vor neun Monaten als Erster den Gipfel erreicht hatte, war einer der wenigen, die heil durch das Höllenfeuer kamen. »Vor mir lag eine Kraterlandschaft. Eine Granate zerschmetterte das Gipfelkreuz; seine Splitter ragten wie gebrochene Knochen in den Himmel, ein Denkmal an meine gefallenen Kameraden. Wir kletterten die eiserne Leiter zum Gipfel, als es krachte, und um mich herum stand niemand mehr. Schorschi Neureither, ein 16-Jähriger aus Corvara, immer fröhlich, das Maskottchen unserer Kompanie, lag mit offenem Mund nicht weit von mir. Er würde nie wieder lachen.«

Drei Stunden Schlaf, das war alles, was der Feldarzt in der Verbandsstation am Monte Sief in den letzten 24 Stunden hatte. Als Chirurg wusste er, dass Müdigkeit zur physischen – aber auch geistigen Erschöpfung führt. Dies reduziert die Aufmerksamkeit des Chirurgen. Unter solchen Umständen, wie konnte er schneiden und flicken? Er hatte keine Wahl, denn das Leben von vielen Menschen hing von ihm ab.

»Herr Doktor, es ist 4 Uhr, und ich habe Ihnen Kaffee gemacht.«

Der Kaffee mit einem Schuss Schnaps brannte in der Kehle des Arztes. Sein Tag hatte kaum begonnen, und es waren bereits 15 Mann, die auf sein Skalpell warteten. Fünf mit Magenwunden. Hoffnungslos. Ein abgerissener Arm und eine klaffende Brustwunde. Hoffnungslos. Drei mit offenen Verletzungen, nicht schlimm. Das war vor 20 Stunden, aber seither hatte Gangrän eingesetzt. Ihre Zeit war abgelaufen. Wenn einer das Glück hatte, rechtzeitig auf dem Operationstisch zu landen, war für ihn die Chance gut. Ein Schnitt mit der Säge – besser ein einbeiniger Krüppel als ein toter Zweibeiniger. Einem jungen Medizinstudenten wurde die schwere Verantwortung der Triage aufgebürdet. Er allein entschied, wer noch eine Chance zum Überleben hatte und auf den Operationstisch kam. Bei der Wahl spielte der Rang keine Rolle. Ein Verwundeter war ein Mensch, und eine blutende Brust trug kein Rangabzeichen.

Für den Chirurgen waren es Stunden des konzentrierten Schneidens, dabei musste er die Schreie und Flüche von jenen hören, die er retten konnte, und von jenen, für die es keine Hilfe mehr gab. Dr. Mutschlechner trat aus seiner Sanitätsbaracke. Die Hände zitterten, als er eine Zigarette anzündete. Er sah die Blitze am Col di Lana, hörte das grölende Echo ...

14

In der Sprengkammer, direkt unter dem Gipfel des Col di Lana, hörten sie nichts von dem Getöse. Dazu waren sie zu tief im Felsen. Für Gelasio Caetani und seine Helfer begann nun der weitaus gefährlichste Teil ihrer Arbeit: die Platzierung der elektrischen Kabel zu den Zündkapseln.

»*Tenente* Maggio, *Sergente* Mariotti und ich markierten bei Kerzenschein die Einschubstellen der Zündkapseln. Dann legten wir die individuellen Zündkabel, danach die Sammelkabel. Nach kaum 30 Minuten brach Maggio von den zunehmenden Giftgasen des Nitros zusammen. Es war uns allen eine Warnung. Ich hatte Sauerstoffflaschen in den Tunnel gebracht, und wir legten alle zehn Minuten eine Pause zum Einatmen ein. Den Anschluss der Kabel an die Zündkapseln würde ich später allein vollziehen.«

Caetani schickte alle aus dem Schacht. Der Erschöpfung nahe, machte er sich mit einer Metallkiste voll Zündkapseln den langen Weg zu den Sprengkammern hinauf. Die Kapseln waren auf Sägespänen gelagert, doch sollte er stolpern, konnten sie seine Überreste von der Tunnelwand abkratzen. In der ersten Explosionskammer begann er mit Sorgfalt seine Arbeit. 40 Zünder waren es, und jede Platzierung war ein heikler Vorgang. Obwohl er es stundenlang geübt hatte, ließ er sich trotzdem Zeit, denn jeder der einzelnen Komponenten musste in einer präzisen Reihenfolge angekabelt werden. Ein Fehlgriff, ein Ausrutscher auf dem glitschigen Boden, jede Gefahr war ihm bewusst.

Die unschuldig aussehenden Metallröhrchen von der Größe einer Zigarre waren der Albtraum eines Sprengmeisters. Aus dem Zünder standen zwei Enden aus blankem Draht hervor. Diese beiden durften nicht in Kontakt kommen – oder Gott helfe Caetani! Ein weiterer Draht schloss die Zündkapsel an einen Sammeldraht. Dieser Vorgang wurde auch vierzigmal durchgeführt – und dies mit schwitzenden Händen und zitternden Fingern. Das Resultat war ein Spinnennetz von Sammeldrähten. Diese wieder wurden an eines der vier Hauptzündkabel angeschlossen. Kurz vor der Sprengung würde er die vier Hauptkabel an vier elektrische Sprengdosen anschließen.

Während dieser hektischen Arbeit saß Caetani auf fünf Tonnen Nitro im Bauch des Berges. Schweiß lief ihm über das Gesicht; wenn seine Finger zitterten, machte er Pause und saugte kurz an der Sauerstoffflasche. In neun nervenaufreibenden Stunden, mit vier kurzen Unterbrechungen, war die Verkabelung bereit.

Vom Tunnelausgang sah *Tenente* Maggio einen Geist mit kreidebleichem Gesicht auf sich zukommen und stellte ihm die wohl dümmste aller Fragen: »Wie fühlst du dich?«

Caetanis Tagebuch beschreibt, wie er sich fühlte: »Insgesamt hatten wir 5020 Kilogramm Sprengstoff in zwei Detonationskammern gelagert. Meine ständige Panik vor einer frühzeitigen Explosion half mir über die Stunden hinweg. Außer den 40 elektrischen Sprengzündern setzte ich noch 100 zerbrechliche Säurezünder ein. Sie waren als Sicherung im Falle eines Fehlanschlusses der elektrischen Zünder.«

Der Berg war nun ein Vulkan, der auf die Eruption wartet.

15

Bataillonskommandeur Hauptmann von Gasteiger starrte auf das stumme Telefon. Zum ersten Mal in der Kriegsgeschichte war ein neues entscheidendes Element hinzugekommen: schnelle Kommunikation. Das Telefon war eine großartige Erfindung – wenn es funktionierte! Und war dies nicht der Fall, dann verlor der Kommandant jeglichen Überblick über eine laufende Aktion. Ein gestresster Hauptmann von Gasteiger fluchte: »Dieses verdammte Telefon, ich weiß überhaupt nicht, was mit Homa los ist. Toni, schenk dir ein Glas ein«, und er schob eine Flasche Rotwein über den Tisch. »Ich habe Ersatz angefordert, und was haben sie mir gesandt? 80 slowenische Rekruten. Die gehören alle dir.« Er nickte in Richtung des Gipfels. »Wie lange können wir halten?«

»Das kann ich nicht sagen, aber herein dürfen sie nicht.« Von Tschurtschenthaler war sich der Alternative bewusst.

Das Telefon klingelte. Die Pioniere hatten den Bruch im Draht gefunden und repariert. Homa war am Telefon. Sein Bericht über die extremen Verluste war geradezu katastrophal.

»Du kriegst Verstärkung«, versprach von Gasteiger. Aber woher sollte er die Leute nehmen?

Im Telefon begann es erneut zu knistern: »... keine ... Kompanie ... können nicht mehr tun ... nur mehr Verluste ...« Damit war die Kommunikation wieder unterbrochen.

Von Gasteiger schilderte von Tschurtschenthaler den Ernst der Lage. Eine weitere Bestätigung kam eine Stunde später.

Ein Leichtverwundeter brachte eine gekritzelte Nachricht von Homa. Ein Hilferuf, seine Männer litten an Stress, Erschöpfung und Mangel an Schlaf. Um circa 19 Uhr entsandte Hauptmann Homa einen weiteren Boten ins Alpenrosen-Lager. Sie kam nie an. Der Kurier lag tot am Siefpfad.

»Ich geh' mit meinen Männern rauf.« Von Tschurtschenthaler fühlte es als seine Pflicht, der 5. Kompanie zu Hilfe zu eilen. »Es ist 19.30 Uhr ... 15. April 1916 ... Erst in der folgenden Nacht (vom 16. auf den 17. April) sollte meine 6. Kompanie die 5. Kompanie ablösen. Wie die Lage stand, entschloss ich mich und dies mit der vollen Zustimmung des Bataillonskommandeurs Homas 5. Kompanie abzulösen.«

»Alle, die no' geh'n kenna, mit mir. Mir geh'n auf'n Berg aufi. Und die net geh'n kenna, bleib'n da.« Niemand blieb zurück. Keiner wollte seinen Kameraden verlassen. In der Eile standen sie nicht im Glied und zählten. (Niemand weiß, wie viele diesen Abend auf den Berg stiegen. Von Tschurtschenthalers 6. Kaiserjäger wurden durch eine Gruppe Neuankömmlinge aus Slowenien und außerdem noch ein Kontingent von etwa 100 Enneberger Standschützen auf 300 Mann verstärkt. Darunter waren einige Standschützen, unter anderen zwei Brüder aus Untermoi – die Irscharas.)

»Und die Mine?«, fragte Hauptmann von Gasteiger.

»Da kann i auch nix machen. I lass' meine Leut' in der Höhle, bis der Welsche den Berg aufikummt. I stell' a paar Wachen auf und sieh, wen i oben noch find', der uns aushilft.«

»Hoff'n wir, dass alles gut geht.«

»Ja, hoffen wir es.«

»Es war schon dunkel, als wir vom Ruhelager aufbrachen. Wir waren etwas über halber Höhe, als die ersten schweren Granaten über unsere Köpfe heulten. Das hatte es bisher noch nie gegeben; solch eine hohe Flugbahn war nur mit schwersten Kalibern möglich. Ich erwartete noch Schlimmeres, und es kam auch. Alle zwei bis drei Minuten drückten wir uns gegen die Felswand, als Granaten hoch über uns explodierten und uns mit Felsbrocken überschütteten. Um 23 Uhr erreichte ich mit der ersten Gruppe meiner Kompanie die Schlafhöhle hinter dem Gipfel. Hauptmann Homa war äußerst überrascht, uns zu sehen; nicht aber seine Leute, denn ihre Ablösung war gekommen.

Das erste Licht stieg über die Civetta, als wir Gipfelbefehl wechselten.«

Die Kompanieführer salutierten einander, »Ich übergebe das Kommando«, und der andere, »Ich übernehme das Kommando«. Beide wussten, dass es nicht eine Frage von Tagen, sondern von Stunden – vielleicht Minuten war. Zum Abschied umarmte Hauptmann Homa seinen Ablöser: »Wir sehen uns in drei Tagen.«

Von Tschurtschenthaler gab ihm ein schiefes Lächeln: »Glaubst wirklich, dass wir in drei Tagen noch hier sind?«

»Ich werde mich immer an Hauptmann Homas letzte Worte erinnern«, schrieb Oberleutnant von Tschurtschenthaler: »Auf Wiedersehen, wenn nicht auf dieser Welt, dann im Himmel ...«

16

16. April 1916: Leutnant Karl sah im bleichen Licht des Morgengrauens die Silhouette seines Oberleutnants in der Nähe des Gipfels, er hatte die Hände tief in den Taschen vergraben und das Gesicht zum Himmel gewandt, als sei er in Erwartung eines göttlichen Zeichens. Karl fühlte sich wie ein Eindringling in diesen privaten Moment eines viel geplagten Offiziers. Von Tschurtschenthaler drehte sich um. »Der da oben kommt nicht zu unserem Heil. Wir sind auf uns allein gestellt.«

Toni von Tschurtschenthaler starrte auf die schneebedeckten Gipfel. War dies der letzte Sonnenaufgang, den er erleben würde? Irgendwie fühlte er, dass die nächsten 24 Stunden die Entscheidung bringen mussten. Er konnte nichts tun, um seine Männer zu beschützen. Dafür war es zu spät. Frustration und Verzweiflung waren in sein Gesicht geschrieben. Er zuckte mit den Schultern und stieg die Leiter hinab.

Ein Soldat wartete in der Befehlskabine mit einer Tasse dampfenden Kräutertees.

»Was soll'n wir jetzt tuan, Herr Oberleutnant?«

»Warten. Das ist alles, was uns übrig bleibt.«

Er wartete. Er war nicht der Einzige an diesem Morgen.

Ein anderer Offizier war früh auf den Beinen. Gelasio Caetani drehte sein Gesicht in Richtung der aufgehenden Sonne. Es war dies die gleiche Sonne, die ein österreichischer Oberleutnant sah, eine halbe Meile weiter oben. Caetani blickte starr auf die Spitze des Gipfels, als ob sie den Heiligen Gral enthalte. Er allein dirigierte das Crescendo in dieser Todessymphonie. Mit einem Druck auf den Knopf würde er das Feuer der Furien entfesseln.

Noch einige Stunden und dieser Gipfel würde Geschichte sein – und er, *il piu nobile principe di Sermoneta,* war dafür verantwortlich. Vom Tal kam der anklagende Ton einer Glocke. War es die Stimme des Herrn, der seine Tat verdammte? Und seine Mitmenschen, was würde ihr Urteil sein?

Das Leben glich dem tragischen Schicksal einer Verdi-Oper: *Il forza del destino* – Die Macht des Schicksals.

Langsam stieg Gelasio Caetani den steilen Pfad hoch.

Zerschossen ist die Kabelleitung vom Col di Lana ins Tal. Die einzige Möglichkeit, mit dem Bataillon in Verbindung zu treten, ist die Telefonleitung des Artilleriebeobachters am Monte Sief. Von einer kleinen Holzkabine aus, eingepfercht zwischen zwei Felsen, führt das Kabel zum Bataillon. Funker Hermann Steinlechner, von Beruf Fahrradmechaniker, ist der Einzige, der weiß, welche Taste zu welchem Posten führt. Jemand muss über den Sattel und hinauf auf den Monte Sief. Dazu bedarf es einen Todesmutigen, um entlang des Grats durchzukommen. Wer ist besser für diese Kurieraufgabe geeignet als der junge Leutnant Karl. Er hat bereits einige Male die Gratpassage überquert und kennt jeden Stein.

Karl wischt sich mit der Hand über das Gesicht; seine Bartstoppeln sind hart, und er denkt: »Ich werde eine hässliche Leiche abgeben.« Darauf hält er eine kurze Andacht mit dem Allmächtigen. Wie alle tapferen Männer, so hat auch er einen unerschütterlichen Glauben. In der dunklen Hoffnungslosigkeit sucht jeder ein noch so kleines Licht. Ein Gebet kann es tun.

Karl macht sich auf den Weg. Der gefährlichste Teil des Übergangs ist die im Blickfeld des Feindes liegende Gratpassage bis zum Drahtverhau am Monte Sief. Er hatte diese Stelle erreicht, als er ein dünnes Kreischen hört. Er blickt hoch. Über dem Berg schrauben sich zwei Adler in die blaue Unendlichkeit.

17

16.30 Uhr: Kurz nachdem Leutnant Karl den Situationsbericht vom Monte Sief durchgegeben hatte, gelang es den Pionieren, die Telefonleitung vom Col di Lana zum Bataillon notdürftig zu flicken.

Hauptmann von Gasteigers erste Frage: »Wie steht's oben, was brauchen Sie, um zu halten?« Die Verbindung war schlecht, und seine Stimme knisterte.

Oberleutnant von Tschurtschenthaler verzog sein Gesicht. Was brauchte er? Alles. Besonders Ruhe. »Essen für die Männer wäre bereits ein guter Anfang. Und Ersatz für Leutnant Karl.«

»Gefallen?«

»Nein. Schusswunde am Bein.«

»Wie schlimm?«

»Kann ich nicht sagen. Er ist in der Verbandsstation am Sief. Entweder der Arzt nimmt ihm das Bein ab, oder er kommt in einigen Wochen humpelnd zurück.«

Karl wird nie diesen verhängnisvollen 16. April 1916 vergessen. Als er frühmorgens vor die Tür tritt, ragen noch die umliegenden Gipfel als dunkle Silhouetten in den Himmel. Sein Kompaniekommandant, Oberleutnant von Tschurtschenthaler, steht am Gipfel wie im Gebet. Er konnte fast nicht schlafen. Ein Gefühl der Vorahnung schleicht wie ein Nebel an ihn heran. Im Halbschlaf klammert er sich an das Credo eines Soldaten: »Ich werde es überleben!« Und dann, für nur eine Sekunde, vergisst er die zweite Devise: »Sei jeden Augenblick auf der Hut!« Vielleicht war es doch das Kreischen der Adler …

»Es ist ein klarer Morgen, die ersten Einschläge kommen um 9 Uhr. Die schweren Kaliber wirbeln Fontänen von Schnee und Erde in die Luft. Unsere Kompanie erleidet die ersten Verluste des Tages. Im Nu ist das Telefonkabel durchschnitten. Nun liegt es wieder an mir, die Col-di-Lana-Situationsmeldung an Hauptmann von Gasteiger im Alpenrosen-Lager durchzugeben. Dazu muss ich aber zuerst auf den Monte Sief. Ich bin darin kein Neuling und kenne den Kammweg entlang des Siefgrats.«[22]

Karl befindet sich auf halbem Weg, als die italienischen Batterien ihr Feuer auf den Siefsattel übertragen. Auf dem Kamm nutzt Karl das herumliegende Geröll zur Deckung. Er hat fast den österreichischen Graben erreicht, als es geschieht.

»Um etwa 10.30 Uhr erreiche ich den Sektor, der vom Feind einsehbar ist. Ich bin bereits nahe des österreichischen Vorpostens, als ich einige scharfe Knaller höre. Plötzlich fühle ich, als hätte mich ein Hammer getroffen …«[23]

Karl fällt nach vorne und landet mit dem Gesicht an einem Felsen. Der Schmerz schießt durch seinen Körper. Sterne blitzen hinter seinen Augen. Dann wird alles unscharf und verschwommen. Schmerz … und noch mehr Schmerz. »Das ist gut«, denkt er, »ich fühle Schmerz, und zu fühlen heißt, ich bin noch am Leben.« Er dreht sich auf den Rücken, beißt die Zähne zusammen und fühlt nach einer Brust- oder Bauchwunde. Nichts. Erst als er versucht, seinen Fuß zu heben, wird es ihm klar, wo er getroffen wurde: Blut läuft das Bein hinab. Sein Überlebensinstinkt

22 Aus dem Tagebuch des Leutnants Karl

23 S. o.

schaltet sich ein, und er krabbelt hinter einen Felsblock, denn die nächste gezielte Kugel wird alles beenden. Es gilt zuerst, die Blutung zu stoppen. Er wickelt sein Halstuch straff um das Hosenbein. »Von dort aus zog ich mich mithilfe meines Bajonetts am Schnee entlang … ein paar Meter … dann noch ein paar Meter … ich hinterließ dabei eine Blutspur im Schnee … nahe am Drahtverhau rief ich: »Nicht schießen! Nicht schießen!« Jemand packte mich an meinem Mantelkragen und zog mich wie einen Sack Kartoffeln unter dem Draht durch.«

Karl fand nie heraus, wer ihm das Leben gerettet hatte und wie er in der Verbandsstation auf dem Monte Sief landete. Als er mühsam die Augen öffnete, war ein Mann in einer blutbespritzten Schürze über ihn gebeugt und stocherte mit einer Sonde in dem Wundkanal herum. Blut tropfte vom Tisch auf den Boden. Sein Blut. Der Sanitäter goss Alkohol über die Wunde. Es brannte wie die Hölle, aber es brachte Karl zu vollem Bewusstsein. Er wollte schreien, brüllen, aber ihm fehlte die Kraft.

»Ich hab' sie …«, kam eine hohle Stimme aus weiter Ferne. Mit einem Ploppen fiel die extrahierte Kugel in eine Metallschale.

»Du schafft's schon«, versicherte ihm der Chirurg und wandte sich an einen Assistenten: »Alle vier Stunden den Verband wechseln.«

Nachdem sie ihn auf eine Pritsche gelegt hatten, informierte ihn der Sanitäter: »Heute ist der Wind zu stark für die Seilbahn, aber Sie sind auf der morgigen Liste für die Talabfahrt.«

Karl schloss die Augen … im fiebrigen Schlaf litt er unter Visionen von Explosionen … ich muss zurück auf den Col … sie brauchen mich … und dann ein riesiger Feuerball …

18

Gelasio Caetani steigt in den Schacht für seine letzte Inspektion. Das Licht seiner Kerze reflektiert sich an der Decke des Tunnels. Mit großer Sorgfalt schließt er die einzelnen Zündkabel an die vier Hauptkabel an. Dann begutachtet er sein Werk. Es gibt nichts zu bewundern – es ist das Todesurteil eines prachtvollen Berges.

»Ich, nur ich allein muss die volle Verantwortung tragen.« Er schließt die Augen, sieht einen anderen Gipfel ...

Gusto und Anderl, das waren die Namen seiner ladinischen Bergführeraspiranten aus Cortina. Beide kletterten wie Bergziegen, Anderl vorne am Seil und Gusto als Sicherheitsmann. Und er, Gelasio, in der Mitte. Sie waren in der Nordwand der Gran Tofana. Dann dieser atemberaubende Moment des Triumphs, als sie auf dem Gipfel standen und sich die Hände schüttelten. Es war nie eine Frage der Nationalität, sie waren ein Teil der Bruderschaft der Berge – *tutti compagni delle montagne* ...

Eine Stimme schüttelt Gelasio aus seiner Träumerei. »*Sei pronto* – Bist du bereit?«

Das Grabkommando. Es versiegelt die Sprengkammern im Tunnel mit Dutzenden von Sandsäcken und Querbalken. Die Mine ist bereit. Nun fehlt nur noch der schriftliche Befehl. Mit Datum und Uhrzeit und von einem Kurier gebracht.

Ein Prinz geht langsam dem Licht am Ende des Tunnels zu.

19

Ein neuer Tag bricht an – der 17. April 1916. Die ersten Strahlen legen ihr feuriges Rot über die Spitzen der Dolomiten. Der fiebernde Karl hat es durch die Nacht geschafft. Nicht so der arme Junge, der gestern Abend neben ihm lag. Zwei Männer kamen und trugen ihn weg. Der Donner der Granaten vom Col di Lana ist schlimmer als je zuvor. Karl weiß nicht, wie spät es ist, in seiner Verfassung spielt Zeit keine Rolle. Und doch fühlt er den Höhepunkt nahen. Er liegt in einem Raum, der nach Blut und Erbrochenem riecht. Ein Sanitäter kommt und erneuert seine Bandage. »Sieht gut aus, Herr Leutnant, kein Zeichen von Infektion. Der Puls ist stabil. Nichts, um sich Sorgen zu machen. Ich komme in ein paar Stunden wieder.« Als er Karls enttäuschten Blick sieht, schüttelt er den Kopf: »Die Seilbahn ist schon wieder außer Betrieb.«

So kommt es, dass Leutnant Karl noch immer auf einer Pritsche in einer stinkenden Holzhütte am Monte Sief liegt. Er kann nicht atmen und muss an die frische Luft. Spätnachmittags tragen ihn zwei junge Rekruten und der Sanitäter in einen Unterschlupf, der einst einem Hirten oder Schmuggler als Wetterschutz diente. Die Behausung lehnt an die Felswand und hat zwar keine Tür, ist aber vor dem Wind geschützt und bietet außerdem ein trockenes Lager aus Reisigbündeln. Und es stinkt nicht nach Blut. Karl stützt seinen Rücken an die Felswand und legt sein bandagiertes Bein auf einen flachen Stein, einst der Tisch des Hirten.

»Hier sind Sie besser aufgehoben als in unserer Holzbude. Jetzt schlafen Sie sich erst mal gut aus.« Der Sanitäter wickelt Karl in eine dicke Wolldecke.

Die Nacht ist dunkel und kalt. Erschöpfung und Fieber überkommen den noch immer fiebernden Leutnant ... Sein Körper schwebt im Raum ... der Kopf vom Körper getrennt ... er denkt ans Sterben, allein und eine Million Meilen von zu Hause ... ein Adlerpaar kommt vom Himmel herab, hebt ihn sanft auf und steigt höher ... immer höher ...

*

Gelasio Caetani ist an der Grenze seiner körperlichen und nervlichen Kraft angelangt. Für ihn öffnet sich der Vorhang zu einem Drama. Das Endszenario wurde bereits vor vier Monaten geschrieben. Es begann mit einem im Frust ausgespuckten Satz: »So sprengt doch diesen verdammten Berg in die Luft!« Und es war er, der diese Wahnsinnsidee vorgeschlagen hatte.

Grimaldi Castas Stimme bringt ihn zurück in die Gegenwart. »*Amico*, du siehst wie Scheiße aus.«

»So fühle ich mich auch. Halte mir nur diesen *Colonnello* vom Leib.« Damit fällt Caetani auf sein Bett und schläft ein.

Der erwähnte *Colonnello* macht seine Aufwartung eine Stunde später. Mit dem Fernglas um den Hals erinnert er Grimaldi Casta an einen Arzt mit Stethoskop im Augenblick der Entscheidung über Leben und Tod eines Patienten. Der *Colonnello* sitzt am unteren Teil des Hangs und studiert den Berg mit sichtbarer Nervosität. Haben sie genügend Nitro gestapelt, will er wissen. Niemand hat eine blasse Ahnung, denn keiner hat je zuvor einen Berg gesprengt. Er sieht auf seine Uhr, bereits 9 Uhr. Es ist Zeit ins Hauptquartier zu fahren, um seinen General zu informieren, dass er persönlich die nötigen Vorbereitungen für den Großangriff getroffen hat. Dabei spielt der Propagandawert eine wichtige Rolle; es bedurfte eines Frontfotografen und eines Kamerateams. Die gibt es nicht in Mengen. Wann kann der General darauf zählen? Dies allein entscheidet jetzt die Frage, wann grünes Licht für die Sprengung gegeben wird.

Ohne es zu ahnen, wird diese Entscheidung in diesem Augenblick in der Mine getroffen.

Ein *Sergente* weckt Caetani und überreicht ihm eine Nachricht: »*Vi è bisogno urgente* – Wir brauchen dich dringendst. Komm *pronto*. Grimaldi Casta.«

Als Caetani den Tunnelschacht betritt, riecht er Essig. Er weiß sofort, worum es sich dabei handelt: Das Nitrogelatine hatte zu schwitzen begonnen!

»*Tutti fuori!* – Alle raus!«, ruft Caetani. Die Wachen rennen aus dem Tunnel, froh, dieser Todesfalle entkommen zu sein. Seit Tagen leben sie mit dem höllischen Gedanken, in Stücke gerissen zu werden ... ein Mann mit einer Zigarette – und sie sind Geschichte.

Zwischen Caetani und einer Fahrt in die Hölle liegt ein Haufen von Sandsäcken und dahinter fünf Tonnen Nitrogelatine. Die nächsten Minuten werden zu seiner härtesten Prüfung. Eine verpfuschte Drahtisolierung, eine Bruchstelle in einem der Zündkabel, die sanfteste Berührung zweier nackter Drähte ...

statische Elektrizität ... die Möglichkeiten für eine Katastrophe sind endlos ...

Caetani reißt ein Blatt aus seinem Notizbuch und gibt sie seinem *Sergente*. Seine kurze Nachricht lautet:

»*ESTREMA URGENZA* – HÖCHSTE DRINGLICHKEIT: Nitro instabil. Akute Explosionsgefahr. Sofortige Entscheidung erforderlich. Caetani.«

Er legt den Schwerpunkt auf »sofortige Entscheidung«. Es handelt sich nicht länger um Tage. Dieser Angriff wird sich nicht in einen Propaganda-Schachzug verwandeln – mit Filmkamera und führendem General. Dazu ist keine Zeit.

20

Bisher hatte Caetani seine Pflicht mechanisch erfüllt, und dies ohne besonderen Enthusiasmus; jetzt aber, als er auf den Befehl wartete, denkt er an die Hunderte armer Teufel, die oben am Gipfel dem sicheren Tod preisgegeben sind. Darunter Kameraden der Berge, alle vom Eid besessen, die göttliche Erbschaft der Natur zu bewahren. Wieder sieht er die Gesichter von Anderl und Gusto vor sich, als sie sich auf dem Gipfel ewige Kameradschaft schworen. Auf Befehl eines karrieresüchtigen Sterne-Generals wird er nun sie und ihren majestätischen Berg in die Ewigkeit schicken. Er denkt an die Gräber ohne Namen. Junge Männer, die das Leben vergessen hat, um im Tod vergessen zu werden. Wie viele von ihnen müssen noch für diesen Wahnsinn sterben?

»*Come dolce prima dell'uomo doveva andare il mondo* – Wie schön doch diese Welt vor der Ankunft des ersten Menschen gewesen sein musste.«[24]

---

24 Aus Caetani, Lettere di guerra, Perugia 1919

Die Krone des Siegers

»Dem ersten Mann auf dem Gipfel gehört die Krone des Siegers.«
General Luigi Cadorna, Tagesbefehl vom 17. April 1916

1

Die Geschichte singt Hymnen von jenen, die bereit sind, ohne Hoffnung auf Überleben einer schier unüberwindlichen Übermacht standzuhalten. Ihr individuelles Heldentum inspiriert Generationen. Große Heere kämpfen nie bis zum letzten Mann; denn sollte alles scheitern, und die Situation ist aussichtslos, so ist es keine Schande, die Waffen niederzulegen. Dagegen kämpfen kleine Gruppen von Männern, die sich untereinander kennen, bis zur letzten Patrone. Was motiviert sie? Zorn? Loyalität? Disziplin? Kameradschaft? Das Syndrom »Einer für alle, alle für einen«? All das und noch mehr. Der Wille, Heim und Land bis zum letzten Atemzug zu verteidigen, geht oft tiefer als die Angst vor dem Tod.

Der letzte Stand der Tiroler Standschützen und Kaiserjäger am Col di Lana ist Geschichte.

17. April, 5 Uhr: Oberleutnant von Tschurtschenthaler war von einer Vorahnung geplagt: Heute war »der Tag«. Noch war es dunkel und kalt. Er zog den Mantel eng um sich und kletterte die Gipfelleiter hoch. Er sah in Richtung der oberitalienischen Ebene. Er dachte: »Vielleicht dient dieser Wahnsinn einem Zweck, nur weiß ich nicht welchem.« Seine Männer waren nicht geschockt, sie waren nicht entmutigt. Sie waren einfach abgenutzt – wie die überhitzten Läufe ihrer Gewehre. Die Jungen bluteten ihre Zukunft weg, und die Alten waren auf den Tod vorbereitet. Ein Jahr lang hatten sie einem technisch und zahlenmäßig weit überlegenen Gegner standgehalten. Jetzt aber stand ihnen ein Feind gegenüber, der nicht sichtbar war. Es galt nun, seine Männer lebend durch das kommende Unheil zu lotsen; ihr Überleben lag in seiner Hand. Eine schwere Last.

Vom Planungsraum der 210-mm-Haubitze gab *Capitano* Monticelli das Planquadrat für die nächste Salve durch, ohne dabei zu riskieren, dass eine fehlende Salve die eigenen Einheiten in deren Bereitschaftsstellung treffen würde. Das war allerdings bevor ein *Colonnello,* der nervös über seine Schulter guckte, mit dem Finger auf die Karte stieß. »*Capitano,* meine Männer brauchen direkte Feuerunterstützung, nicht irgendein entferntes Feuerwerk!«

»Das ist zu nahe an unseren Einheiten, *Signor Colonnello.*« Monticelli wusste, dass ein Fehler von einem halben Grad zu katastrophalen Auswirkungen führen konnte. Eines dieser Monstergeschosse inmitten der bereitstehenden *Bersaglieri* ... die moralische Auswirkung wäre verheerend.

»*Obbedire ai vostri ordini* – Gehorchen Sie Ihren Befehlen!«, bellte der zornige *Colonnello.* Der *Capitano* wünschte diesen *Colonnello* in die Hölle, denn er war sich bewusst, ein Fehltreffer, und sein Hals war in der Schlinge und nicht der seines Vorgesetzten. Aber es blieb ihm keine Wahl, und er tat wie befohlen. Der Oberst zündete eine Zigarette an, und obwohl seine Hände zitterten, versuchte er, ruhig zu erscheinen. Alles ging in einem höllischen Getöse unter. Die 210er spuckten meterlange Flammen. Monticellis Zielangaben waren perfekt. Feuer und Rauch stiegen vom Gipfel empor. Der Berg blitzte unter Dutzenden von Einschlägen. Mehr Granaten, als Napoleons Grande Batterie bei Waterloo abfeuerte, landeten auf einem Gipfel der Größe eines halben Fußballfeldes.

Ein monströses Getöse riss am Gipfel das Tor zur Hölle auf. Einschläge rissen die Begrabenen aus ihrem ewigen Schlaf und pulverisierten die Lebenden in den Stellungen. Der Gestank von Kordit brannte in den Kehlen der armen Seelen, die wünschten, ihre Löcher wären 100 Meter tiefer. Eine Stunde und die österreichische Gipfelstellung lag in Trümmern.

»Es wird no vül schlimmer, das ischt, wenn wir's so lang aushalten ...«, fluchte Zugführer Oberlechner. Er übertrieb nicht. In diesen schrecklichen Stunden war Wachdienst gleich einem Todesurteil. Während der kurzen Ruhepausen schleppten die, die dazu noch fähig waren, die Verwundeten zur eisernen Gipfelleiter. Als diese von einer Granate getroffen wurde, mussten sie ihre verwundeten Kameraden per Seil über die Wand hinunterlassen. Kurz nach 10 Uhr schlug eine 210-mm-Granate nahe dem Ostgipfel ein. Dies löste einen Erdrutsch aus, der den Ausgangsschacht der Schlafunterkunft blockierte. Splitter einer Granate durchschnitten den Telefondraht vom Gipfel zum Kommandostand. Unterleutnant Nitsche und Danzer kletterten per Seil auf das Gipfelplateau, um über die Lage zu berichten. Sie war nicht gut. Das Grabensystem war zerstört.

In den nächsten Stunden fielen Granaten nur sporadisch. All jene, die Zuflucht in der fensterlosen Schlafhöhle gefunden hatten, hörten den Donner, konnten aber nicht die Gefahr sehen. Im Freien Wache zu schieben, ist oft besser, als in einem Keller zu sitzen und blind auf den Tod zu warten. Dazu noch saßen sie auf einem Vulkan und warteten darauf, in die Luft zu fliegen. Es war nahezu unerträglich. Selbst einige der härtesten Veteranen waren nahe am nervlichen Zusammenbruch.

Um 11.30 Uhr schrieb von Tschurtschenthaler in sein Tagebuch: »Ich frage mich, was soll dieses höllische Trommelfeuer, wenn die Mine bereitsteht? Könnte es sein, sie haben sich nun doch entschieden, die Mine nicht zu zünden? Dann gäbe es noch Hoffnung für meine Kompanie.«

Hinter dem Ostgipfel hatten einige der Leichtverwundeten in einer Hütte, die mit Drahtseilen an einer Wand verankert war, Zuflucht gefunden. Ein Sanitäter zerschnitt Hemden für Bandagen und knotete daraus Seile, um damit Aderblutungen zu stillen.

»I hab' Angst, i wüll net sterben«, stöhnte ein Neuankömmling.

»Du wirscht a net sterben«, versicherte ihm der Sanitäter.

»Glaubst des wirkli?«

»Ja.« Wirklich glaubte er es nicht. 40 Minuten danach schlug eine Granate in den Grat, löste eine Steinlawine aus und riss die Holzhütte in die Tiefe. Es gab keine Überlebenden.

Während einer kurzen Artilleriepause versuchte Feldwebel Schmelzer den Gipfelgraben so gut wie möglich wieder kampfbereit machen. Mit fünf seiner Pioniere kletterte er die Behelfsleiter hoch. Was sie erwartete, war ein Bild des Grauens. Das Gipfelplateau glich einer Mondlandschaft mit seinen Kratern. Der Stacheldraht hing in Fetzen von Eisenstangen, die Grabenbrüstung war dem Boden gleich. Vorerst galt es, Körperteile aus den Löchern zu entfernen. Der Schaden an den Gräben war zu groß, um sie wieder instand zu setzen; Schmelzers Männer stapelten Steine zu Pyramiden, hoch und breit genug für je zwei Mann. Um 14 Uhr waren zwei Behelfsleitern notdürftig mit Seilen an Eisenstangen befestigt. Sollte der Feind angreifen, so müssten die Verteidiger über zwei Holzleitern in ihre Positionen klettern. Von Tschurtschenthaler schickte einige der Verwundeten, die noch gehen konnten, über Strickleitern den Berg hinunter. Die Schwerverwundeten wurden an Seilen hinuntergelassen. Das Resultat war eine Menschenschlange, in der jeder Leichtverwundete einen Schwerverwundeten auf dem Buckel ins Tal schleppte. Unter den vielen Verwundeten, die noch imstande waren, ein Gewehr zu halten, weigerten sich einige, ihre Kameraden im Stich zu lassen.

Peter Pezzei war einer von ihnen. Der 48 Jahre alte Bauer aus Wengen, Zugführer in der 6. Kompanie, stand trotz seiner Schulterwunde Wache. Granaten schlugen rund um ihn ein. »Seit einer Stunde gibt's nix als Explosionen. Leichenteile von denen, die wir vor ein paar Tagen begraben haben, liegen um mich herum. Eine Granate schlägt in einen Felsen. Es ist nur eine kleine Granate. Viel Lärm und wenig Schaden. Schrapnell explodiert hoch in der Luft. Als Kind hab' ich immer g'spannt aufs Feuerwerk raufgeschaut. Das hier ist ein Feuerwerk anderer Art. Ich lieg' am Bauch, meine Arme über'm Kopf. Um mich herum bricht die Welt zusammen. Ich bin schon oft im Feuer gelegen, aber nicht eines wie dieses. Ein Mann liegt vor mir auf dem Rücken, seine steife Hand zeigt anklagend in den Himmel. Ein anderer stolpert ziellos durch die Rauchschwaden. Mehr Granaten heulen über mich hinweg. Schlafen, alles, was ich will ist schlafen ...«

Peter Pezzeis Wunsch wurde ihm gewährt. Für ewig.

2

Am nahen Monte Sief, in einer winzigen Holzbaracke mit freiem Blick auf den Col di Lana sitzt der Telefonist Hermann Steinlechner; er starrt hypnotisiert auf das höllische Trommelfeuer, das den Blutberg hinter Schwefelrauch verbirgt. Seitdem die Telefonleitung mit dem Col unterbrochen ist, hält Steinlechner das Bataillon mit visuellen Berichten auf dem Laufenden: »Seit den frühen Morgenstunden ist der Gipfel unter schwerem Beschuss ... unsere Verbindung mit der 6. Kompanie ist unterbrochen ...« Ein Soldat lässt sich in die Siefschlucht abseilen, um die Leitung zu reparieren. Er findet die Bruchstelle und wickelt die Drähte behelfsmäßig zusammen. Kurz danach gelingt es von Tschurtschenthaler, einen kurzen Lagebericht an Hauptmann von Gasteiger zu geben.

Ein weiterer Beobachter dieses morbiden Schauspiels ist der verwunderte Leutnant Karl. Sein Fieber hat etwas nachgelassen. Er liegt im Hirtenlager, von einem Felsüberhang geschützt. Das Donnern der Einschläge hält ihn vom Schlaf ab. Wie Irrlichter tanzen die Einschläge in den dicken Pulverschwaden.

»Die armen Sechser ...«, murmelt er.

Der junge Irschara liegt in einem Loch an der äußersten Flanke der Gipfelstellung. Sein Kopf schmerzt. Rote Punkte tanzen vor seinen Augen. Pulverrauch schnürt ihm die Kehle zu, seine Lippen sind ausgetrocknet. Ein Mann mit blutendem Schädel kriecht auf ihn zu, stolpert, rappelt sich hoch, schreit nach Gott und verflucht das Land, den Krieg – und am Ende sich selbst. Dann fällt er um und liegt still. Johann wird es schwarz vor den Augen.

In vielen Fällen ist die Nebenwirkung einer Explosion ebenso tödlich wie ein Volltreffer. Der psychische Schock betäubt den Soldaten oder verwirrt ihn. Dazu noch das ständige Bewusstsein, auf einer Mine zu sitzen, die jeden Augenblick hochgehen kann – und wird. All dies erzeugt in den Männern das Gefühl der Ohnmacht, dem Tod preisgegeben zu sein.

Plötzlich ist es still. Der junge Irschara hält die Hände an die Ohren. »Jetzt endli' ischt der Welsche z' Haus ganga, aber die Stille tuat mia auf die Ohr'n weh.«

»Wart's ab, Bua ... die san nur auf ana Kaffeepaus'n.« Oberlechner soll recht behalten, denn schon 30 Minuten später geht der Lärm wieder los.

Caetani kehrt von der letzten Strategiekonferenz zurück. Boisio sieht das blasse Gesicht seines Freundes. »Was gibt's, Gelasio?«

»Der gutmütige General hat mir eine Stunde Schlaf angeordnet. Ich bin sicher, er ist nicht um meine Gesundheit besorgt, sondern wollte mich nur loswerden.«

»Warum? Was hast du ihm ins Ohr geflüstert?«

»Dass unsere vorderen Einheiten viel zu nahe am Minenperimeter liegen.«

»Und hat er dich angehört?«

Caetani schüttelte den Kopf.

»So, wann geht's los?«

»Diese Nacht.«

3

17. April, 19 Uhr: Kurz vor Einbruch der Dunkelheit zieht Don Gelasio Caetani den Kinnriemen an seinem Helm fest. Er versucht, ruhig zu denken: aber die Wut über diesen sinnlosen Kampf sitzt in ihm. Er denkt: »Gelasio, das kannst du nicht tun, du kannst nicht diesen schönen Berg für immer vernichten und dabei Hunderte töten ... Hast du denn gar kein Gewissen?

Oh Gott, hör doch auf mit deiner Moral!« Er tritt ein letztes Mal aus dem Stollen und starrt auf dieses Monster von einem Berg.

Es ist ihm, als höre er das Röcheln der vielen Opfer, die dieser Berg gekostet hat. »Dieser Wahnsinn muss ein Ende haben!« Mit einem Druck auf den Knopf würde er es erreichen.

Ungefähr um dieselbe Zeit, als Caetani den Kinnriemen festschnallt, klettert von Tschurtschenthaler zum zehnten Mal auf den Gipfel. Er hat eine Entscheidung getroffen; sein Befehl ist, den Col di Lana zu halten. Aber er wird nicht zusehen, wie die Männer sinnlos abgeschlachtet werden. Er holt sie vom Gipfel herunter, denn der Welsche wird nicht in sein eigenes Trommelfeuer stürmen.

»Fünf stehen Wache, alle anderen runter in die Höhle. Und ihr auf Wache, wenn ihr nur die Nase von einem Welschen seht, dann bringt mir einer die Meldung. Verstanden?«

So geschah es, dass Johann und Vinzenz Irschara hinter einer der notdürftigen Steinpyramiden auf der äußersten Flanke liegen, ungefähr 60 Meter vom Ostgipfel entfernt. Die Stellung gibt einen Panoramablick auf den Siefsattel frei, dann über die Edelweiß-Stellung bis zum Valparola. Auf der gegenüberliegenden Seite des tiefen Tals blitzen die Abschussfeuer auf. Sie zählen die Sekunden. »Oans ... zwoa ... drei ...«, bevor die Granate über sie hinwegheult und mit einer gewaltigen Detonation am Westgipfel einschlägt.

Ein heißer Wind peitscht über ihr Loch. Johann wischt sich die Tränen aus den Augen.

»Zenz, schau!« Beide starren und sehen – oder besser gesagt, sie sehen nichts: Ihr allerheiligstes Tabernakel – das Gipfelkreuz – ist weg!

4

Die Verbindung zum Alpenrosen-Lager ist wieder hergestellt. Um 19.45 Uhr spricht von Tschurtschenthaler mit dem Bataillonschef,

Hauptmann von Gasteiger. Von Tschurtschenthaler ist erschöpft, seine Stimme klingt verzweifelt. Die Toten sind tot, und die Überlebenden sitzen eingepfercht in einer Felshöhle und warten auf den Tod. Minuten später kommt ein Anruf vom Kommandeur der k. u. k. Pustertal-Division, Feldmarschall Leutnant Goiginger.

»Von Tschurtschenthaler«, der General hält sich kurz, »wir zählen auf Sie. Der Col di Lana muss bis zum letzten Mann gehalten werden.«

»Es war nicht gerade der Anruf, den ich erhofft hatte«, notiert er in sein Tagebuch. »Aber wie bei den Italienern, so überwog auch bei uns das Prestige gegenüber dem Schicksal meiner braven Kaiserjäger.«

Das kurze Telefonat zwischen von Gasteiger und von Tschurtschenthaler hatte nicht viel dazu beigetragen, die wahre Lage am Gipfel klarzumachen. Dann aber stolpert ein Leichtverwundeter der 6. Kompanie mit einer gekritzelten Meldung ins Bataillonshauptquartier.

»Liegen seit 9 Uhr ununterbrochen unter Beschuss aus 210-mm-Kalibern. Erleiden schwere Verluste. Leitern und Gräben reduziert zu Schrott. Dringende Anweisungen nötig.

Diese Meldung ist nicht in Panik verfasst, sie berücksichtigt nur die wahre Situation.

Von Tschurtschenthaler, Oberleutnant.«

20.30 Uhr: Der Bataillonspriester, Pater Anselm Blumenschein, ist zufällig anwesend, als Tschurtschenthalers schriftliche Meldung eintrifft. Trotz des vehementen Einspruchs des Bataillonskommandeurs besteht der Geistliche auf seine christliche Pflicht, den Sechsern im Augenblick ihrer Not mit geistlichem Trost beizustehen.

Um 21 Uhr verließ Pater Anselm Blumenschein das Hauptquartier und wurde nie wieder gesehen.

(Nach dem Krieg schrieb ein italienischer Hauptmann, dass seine Männer einen österreichischen Offizier mit drei Goldstreifen am Ärmel gefunden hatten. Es musste sich dabei um Pater Anselm Blumenschein gehandelt haben.)

Um 21.05 Uhr fällt die letzte Granate. Die Stille gibt den Zusammengepferchten in der Felshöhle das Gefühl, dass ihre Ewigkeit immer näher rückt.

»Herrgott, vergib mir«, murmelt einer.

»I red' di von deinen Sünden los, aber das kost' dir a Fassl vom Roten.« Selbst in der hoffnungslosesten Situation steht immer ein Spaßvogel auf.

Eine letzte – lakonische – Nachricht erreicht von Gasteiger um 22.30 Uhr: »Die Sache wird ernst.«

5

Die Kanonen schweigen. Neben einem dunklen Schacht stehen drei Offiziere und sehen den Berg hinauf.

»Jetzt beginnt der Zirkus.« Es ruft die Pflicht, und die hat einen sauren Beigeschmack.

»Gelasio, verlier nicht die Konzentration. Entweder sie – oder wir. Eine dritte Möglichkeit gibt es nicht.« Ohne ein weiteres Wort dreht sich Caetani um und geht auf eine letzte Kontrolle in den kurzen Paralleltunnel, den *San-Giulia*-Stollen, der als einsturzsichere Kontrollkammer für Caetani und sein Team vorgesehen ist. Wie eine Reihe von elektrischen Stühlen stehen vier Holzkisten, jede mit zwei blanken Kontakten und einem Stoßhebel. Caetani wischt seine schwitzenden Hände an der Uniform ab, setzt sich auf den Boden und wartet einige Minuten, bis sein Atem ruhig wird und seine Hände nicht mehr zittern. Beim flackernden Licht einer Kerze befestigt er die Hauptzündkabel mit Flügelmuttern an die Vorrichtungen auf den Holzkisten. Damit ist seine Arbeit getan.

Seine letzte Aufgabe, der Druck auf den Hebel, ist reine Pflicht.

*

Die Brüder Irschara haben bis zur Dunkelheit ihre Wache gestanden. Abgelöst liegen sie im Schlaf der Erschöpfung, eingewickelt in ihre Mäntel, aber mit den Bergschuhen an den Füßen. Um 22.30 Uhr kehren sie, zusammen mit Leopold Föderl, einem »Flachländler« aus Wien, in ihre Löcher an die äußerste Flanke des Ostgipfels zurück. Um sie herum herrscht Stille. Der 16-jährige Johann dreht sich zu Föderl: »Hoffentlich kumma aus dem Loch raus, bevur s' uns in die Luft blasen.«

»Es ist net nur das Loch. Unter unsere Füß', da drinnen im Berg ist g'nug Pulver, dass der Berg wia a Vulkan in die Luft geht.«

»Dieser narrische Flachländler«, denkt Johann. Was weiß er schon über Berge. Gott in seiner endlosen Güte hat die Berge aus Fels geschaffen – und Felsgestein ist hart. Das hatte ihm der Herr Lehrer beigebracht und danach auch der Herr Pfarrer. »Kumm scho, Föderl, das gibt's ja net, an ganzen Berg wegblasen.«

»Willst wetten?«

Johann schüttelt den Kopf, es sei denn, er will das Schicksal herausfordern. »Was immer, von oben oder von unten, uns're Lage ischt beschissen.«

Föderl nickt. Er hofft auf ein Wunder. Denn für Wunder ist jeder Krieg bekannt, wenn auch keines für die Tiroler in Aussicht ist.

*

Das gleiche düstere Vorgefühl hing über dem Tal. Die Dorfstraße war leer, die Leute saßen verbarrikadiert hinter ihren Fenstern. Für die Menschenmassen in Innsbruck oder Mailand, Wien und Rom war es nur eine weitere Nacht in einem Krieg, der sich weit entfernt abspielte. Nicht aber für eine Mutter mit zwei Buben oben auf dem Gipfel. Tränen rollten über ihre Wangen, zu viel Schmerz hatte sie schon ertragen. Seit Monaten lebte sie in ständiger Angst, und seit Monaten flehte sie zum Himmel: »Gott erbarme Dich unser …«

Mutter Irschara trat in Mirlis Kammer und fand das schwangere Mädchen, ihre Arme um die Knie geschlungen und den Blick auf den Berg gerichtet.

»Denk an dei Kinderl, du muasst hiatzt schlaf'n.«

»Zenzmuatta, i kann net …« Sie vergrub ihr Gesicht an der Brust der älteren Frau. »'s passiert was Schlimmes da oben, i kann's spüren …«

Diese antwortete nicht. Es war das Schicksal einer Mutter.

6

»Wann?«, fragt Boisio.

Immer dieselbe Frage. Gelasio hebt seine Hände, denn er weiß es nicht. »Jetzt hört mir zu. Falls mir etwas … etwas …«, er sucht das richtige Wort: »Ich meine, wenn ich kampfunfähig werde, so übernehmt ihr. Der Befehl lautet, auf den Knopf zu drücken. Außer bei einer schriftlichen Absage drückt ihr auf den Knopf. *Comprendere* – verstanden?«

Sie nicken. »Aber dir passiert schon nichts.«

Gelasio zuckt mit den Schultern. »Schnallt die Helme fest an und wartet auf mein Signal.«

Um 22.15 Uhr donnern noch einmal schwere Geschütze. Kurz darauf versucht von Tschurtschenthaler eine Verbindung mit seinem Artilleriebeobachter herzustellen. Vergeblich. Einige Minuten zuvor hatte eine Granate einen Volltreffer auf den Beobachterbunker erzielt. Von der Dreimannbesatzung ist einer tot, einer fast tot, und der Dritte liegt auf dem Rücken mit einem Balken quer über der Brust.

Fähnrich Danzer, der die Rolle des verwundeten Leutnants Karl übernommen hat, steigt zum Gipfel. Aus dem Schwefelqualm torkelte eine Gestalt, mit vor Schreck glasigen Augen und offenem Mund im tonlosen Schreien. Der Mann stolpert und verschwindet über den Rand der Schlucht. Danzer erreicht die vorderste Schanze und findet den Graben leer, zumindest ohne ein Zeichen von Leben. Durch ein Loch in den Rauchschwaden sieht er zwei Standschützen am äußersten Flügel. Es sind die Brüder Irschara. In diesem Augenblick sind zwei junge Buben Tirols Vorhut.

»Runter in die Felsenhöhle«, ruft er ihnen zu. Sie schütteln den Kopf und zeigen auf ihre Ohren. Eine Salve heult herein. Sie schlägt ein, wo Fähnrich Danzer steht – stand.

Zwei junge Burschen harren aus und beweisen ihre patriotische Pflicht. Die nächste Ablösung kommt in zwei Stunden. Noch zwei Stunden und jede Sekunde mit der Angst des Ungewissen. Noch zwei Stunden Magenkrämpfe. Das Blut pocht in ihren Ohren und übertönt alle anderen Geräusche. Johann drückt in seiner geballten Faust krampfhaft den Rosenkranz seiner Mutter. »Herr, wenn es Dein Wille ist, dann lass uns durch das Feuer gehen …« Ein letzter Krach, dann nur Stille. Ist es das Signal für den Angriff? Beide halten scharf Ausschau, sehen aber keine Bewegung am Hang.

»Was immer kummt, ischt net guat.« Angriff – oder Mine? Ausharren bis sich die Erde spaltet und alles in ihrem feurigen Schlund verschlingt? Nur das war die Realität. Sie sprechen nicht. Es gibt nichts zu sagen.

7

Um 22 Uhr stehen die »Vier Musketiere« im *San-Giulia*-Stollen und warten auf den schriftlichen Befehl. Grimaldi Casta, Boisio, Maggio und Caetani starren auf die vier Sprengkisten wie der Verurteilte auf die Guillotine. Ihre Gedanken gehen zurück in die Sommer auf dem Land in ihrer Kindheit, das zarte Erwachen der ersten Liebe … Die Minuten schleichen dahin. Sind dies auch ihre letzten Minuten? Niemand hat eine Ahnung über das Ausmaß und

Die Vier Musketiere am Eingang zum San-Andrea-Schacht (Archiv Caetani)

die Macht der Sprengung. Wird ihr Unterschlupf der Explosion standhalten? Oder wird das Gipfelgeröll auf sie heruntersausen und sie im Stollen begraben?

22.30 Uhr ... und noch immer kein schriftlicher Befehl. Caetani sieht auf die Uhr; der Essiggeruch des schwitzenden Nitros dringt zu ihnen durch. Verdammnis!

22.54 Uhr ... ein Läufer erscheint außer Atem am Eingang des Schachtes. Aus seiner Ledertasche nimmt er einen versiegelten Umschlag. Caetani reißt ihn auf.

Zehn Worte. Aber zehn Worte, die das Schicksal eines Berges und aller Menschen auf ihm entscheiden. Gelasios Begleiter sind stumm. Seine Stimme zeigt wenig Emotionen:

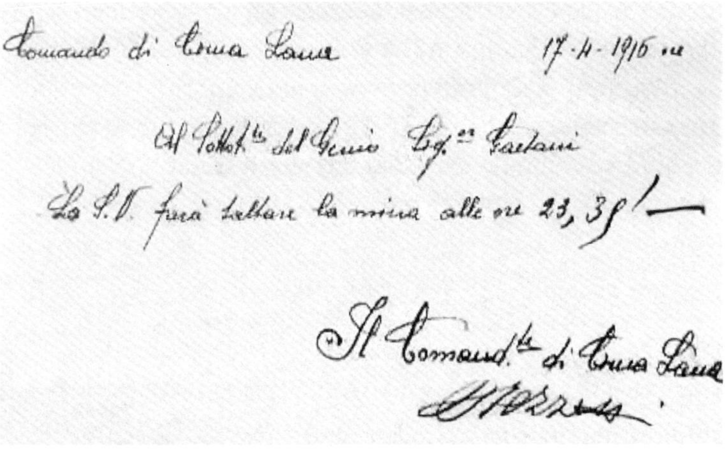

Original des Befehls Mezzettis an Caetani (Foto: Gelasio Caetani, Fondazione C. Caetani, Roma 1919)

Kommando des Col di Lana, 17.4.1916 – 23.00
Für *Sottotenente Signore* Caetani.
Eure Hochgeborene Exzellenz soll die Mine um 23.35 Uhr zünden.
Der Kommandant der *Cima* Lana, Mezzetti

*

Dies ist die Situation auf dem Col di Lana um 23 Uhr am 17. April 1916:

- Eine kleine Gruppe Tiroler hält vom Gipfel aus Ausschau nach feindlichen Aktivitäten.
- Der Rest der 6. Kompanie der Tiroler Kaiserjäger steht zusammen mit einem Kontingent von Enneberger Standschützen in Bereitschaft in der Felsenhöhle.
- 300 bis 400 Meter unter der Gipfelstellung sind weit über 1000 *Alpini* und *Bersaglieri* in Schneetunneln positioniert. Die Explosion der Mine ist ihr Signal: Sieben Minuten danach werden sie in die Höhe stürmen.
- Und im *San-Giulia*-Schacht starren drei Augenpaare auf den Mann mit der Uhr.

*

Aus Aufzeichnungen im Österreichischen Kriegsarchiv:

In der Nacht vom 17. April 1916 bestand die Besatzung des Col di Lana aus Oberleutnants Anton von Tschurtschenthaler 6. k. u. k. Kaiserjäger-Kompanie, fünf Offizieren und Offizierskadetten mit 150 Unteroffizieren und Soldaten. Dazu kamen eine unbekannte Anzahl von Tiroler Standschützen vom Enneberger Standschützenbataillon. Darüber hinaus waren noch elf Mann Besatzung einer 70-mm-Bergkanone, sieben Artilleriekundschafter sowie ein Pionierzug mit einem Offizier und 60 Pionieren und schließlich Tragbahrenträger und Munitionszubringer für die vier Maschinengewehre und zwei Granatwerfer. Dies ergibt eine (angenommene) Zahl von neun Offizieren und 238 Unteroffizieren und Soldaten, ohne Einschluss des Standschützenkontingents (wahrscheinlich 80 bis 100 Mann). Außerdem berücksichtigt

Enneberger am Siefgrat
(Archiv Obwegs)

diese Zahl nicht das Küchenpersonal und die Verwundeten, die auf Abtransport warteten.

Genaue Zahlen sind unbekannt, aber es ist anzunehmen, dass sich die Gesamtzahl der auf dem Gipfel des Col di Lana Verweilenden auf etwa 450 Mann beläuft.

8

»Euer Land Tirol ist stolz auf euch« und »Gott beschütze alle« waren die letzten Worte vom Bataillon, bevor die Leitung endgültig zusammenbrach. Von nun an sind die Sechser auf sich selbst gestellt. Munition wird aus den Patronentaschen der Toten gesammelt und an alle verteilt, die ein Gewehr halten können. 25 Runden für jeden. Sie werden noch einige in den Tod mitnehmen. Nun warten sie auf das Alarmsignal von oben.

»Mander, wann's so weit ischt, dann zielt's ruhig und schiaßts g'radaus«, ist die letzte Anweisung von Zugführer Oberlechner. »Lang leb' unser heilig Land Tirol.«

400 Meter unterhalb des Gipfels besetzt *Capitano* Marinoni mit der 2. *Alpini*-Abteilung seine vorgelagerte Position. Zuvor hatte er für seine Soldaten noch ein paar aufmunternde Worte, in denen die Worte »*mia patria*« ein Dutzend Mal vorkommen. Die Krone des Siegers ist zu gewinnen. Nicht alle wollen diese Ehre; die meisten sind sich bewusst, dass so manche es nicht bis zum Gipfel schaffen werden. »*Non voglio morire per la patria* – Ich will nicht für das Vaterland sterben«, denken sie, aber keiner wagt es auszusprechen. »*Si prega Dio* ... Gott ich bitte Dich, lass es nicht mich sein ...«

Knapp unter dem Westgipfel, direkt hinter dem zertrümmerten Gipfelkreuz, liegen Rupert Schwaighofer und sein Freund Stefan Gräber. Eine der letzten Granaten schlägt hinter dem Duo ein. Ein Stück Schrapnell trifft Gräber in den Rücken. Er starrt geradeaus. Schwaighofer flüstert zu seinem Freund: »Weißt wohl, wir san hiatzt wichtige Leut'. Um den Gipfel z' kriagn, müass'n s' an uns vorbeikumma. Und des derf'n s' net tuan.«

Gräber antwortet nicht mehr.

Capitano Marinoni und seine *Alpini* stehen in offenen Gräben, von wo aus sie alles sehen können. Nicht so die *Bersaglieri*, dicht aneinandergepresst stehen sie in ihrem unterirdischen »Parkplatz«, das Einzige, was sie sehen können, ist Schnee. Dieser macht sie zwar unsichtbar, aber kompensierte nicht die klaustrophobischen Bedingungen: Sie konnten zwar hören, aber wie ein Maulwurf nichts sehen.

Wenn die Pfeifen trillern, wird es zu einem Ansturm auf den Gipfel kommen. Wer wird wohl als Erster die *Tricolore* hissen. *Capitano* Marinonis 2. *Alpini* sind dazu bestens platziert, um dieses Rennen zu gewinnen. Marinoni sendet einen Spähtrupp …

22.55 Uhr: Während der Feuerpause ist es Unterjäger Mutschlechner gelungen, die Position der Irscharabrüder an der extremen Flanke zu erreichen. »Macht's euch fertig für die Ablösung.«

In diesem Moment sieht Vinzenz Irschara eine Bewegung am unteren Hang. »'s ischt z' spät. Honnes, da unten, schau amal … da unten bewegt si was. Hiatzt kumman s'.«

Ich renn' runter und sag's dem Oberleutnant«, ruft Mutschlechner.

»Ja, tua des …«

Rote Leuchtraketen steigen in den Himmel.

23 Uhr. Vom Monte Sief streift ein österreichischer Scheinwerfer über den Hang, der zum Gipfel des Col di Lana führt. Sein Lichtstrahl fängt eine große Anzahl Italiener ein. Es sind die letzten Einheiten, die ihre Angriffspositionen beziehen.

Hermann Steinlechner schreit aufgeregt ins Telefon: »Mein Gott! Es wimmelt nur so von Welschen …«

23.15 Uhr: Am Col di Lana stolpert Mutschlechner in die Felsenhöhle:

»Alaaarm! Der Welsche kimmt!«

Obwohl es ein Fehlalarm ist, denn es handelt sich nur um *Capitano* Marinonis Spähtrupp, steht von Tschurtschenthaler vor einer harten Entscheidung. Er hat keine Wahl.

»Der Gipfel muss gehalten werden! Alle hinauf!«

Die noch dazu Fähigen packen ihre Gewehre und klettern die Holzleitern hinauf. In der Hast denkt niemand daran, die Anzahl derjenigen zu zählen, die auf den Gipfel klettern …

Das Finale zum Totentanz nimmt seinen Anfang …

9

»*Grappa,* Gelasio?« Grimaldi Casta zieht eine flache silberne Flasche aus seiner Tasche.

Gelasio schüttelt den Kopf. »Das ist für morgen – wenn wir noch auf dieser Welt sind.« Wie lange war es schon her, dass er in seiner Hütte im Westen Amerikas etwas über einen Mordanschlag im fernen Sarajevo in der Zeitung gelesen hatte? Ich bin nicht mehr derselbe, der vor einem Jahr den Atlantik überquerte. Der brutale Bergkrieg hat aus mir einen anderen Menschen gemacht. Ich kann mich selbst nicht wiedererkennen …

Seine engsten Freunde sind bei ihm: Boisio, seine Mundwinkel sind scharf nach unten gezogen; Grimaldi Casta, sein verschwitztes Gesicht ist gegen den kalten Felsen gepresst; und Maggio, der wie in Trance neben seiner Sprengkiste steht.

Caetani sieht nur den Zeiger seiner Uhr: 23.30 Uhr. »Noch fünf Minuten, aber Minuten, die wie Stunden erscheinen …« Schweißperlen rinnen in seine Augen. »*Tutti pronti?* – Seid ihr alle bereit?«, ruft er. Ihm antwortet ein Dreifaches: »*Pronti.*«

23.31 … 23.32 … 23.33 … die Uhr in Gelasios Hand tickt … 23.34 … 23:34:45 Sekunden …

»Sicherheitshebel umlegen! Kontakthebel fertig …«

Vier Fäuste umschließen mit festem Griff ihren Hebel.

»… Nie werde ich diese letzten Augenblicke vergessen … in einem Gedankenblitz sah ich nur ein herrliches Alpenpanorama, einen stolzen Berg, Gottes Schöpfung …«

Als der Prinz von Sermoneta die Hand hebt, ist seine Stimme klar … ohne auch nur den Hauch eines Zögerns …

»Preparatevi in … cinque … quattro … tre … duo … uno … – CONTATTO!«

Vier Kontakthebel gehen nach unten.

Ein Funke schießt entlang der Kupferkabel. Ein Augenblick der Stille … dann beben die Wände des *San-Giulia*-Schachts …

Ein riesiger Feuerball steigt über die Gipfel Tirols.

Inferno

»Lasciate ogni speranza voi ch'entrate …
Lasst jede Hoffnung hinter euch, ihr, die ihr hier eintretet …«
Dante Alighieri (1265–1321), Divina Commedia, Kapitel: Inferno

1

Der Lichtblitz blendet ihn wie die Explosion einer Supernova.

Leutnant Karl, fiebernd am nahen Monte Sief liegend, weiß nun, es ist geschehen …

Für einen letzten Augenblick steht ein Gipfel klar gegen den nächtlichen Himmel. Dann geschieht das Unfassbare: Ein feuriger Bolzen spaltet den Berg. Über dem Gipfel steht ein riesiger Heiligenschein von unerträglicher Helligkeit. Eine dunkelrote, bösartig funkelnde Kugel steigt in den Nachthimmel. Das höllische Schauspiel dauert nur Sekunden, aber Sekunden, in welchen der Gipfel des Col di Lana gegen den Himmel steigt und ein Vulkan glühende Felsen und zerrissene Menschenleiber spuckt. Zersplittertes Gestein steigt in einer mächtigen Fontäne empor. Wie ein Fächer breiten sich glühende Felstrümmer und heiße Asche über den Schneehalden aus. Erst dann kommt der rollende Donner eines tausendfachen Echos.

Ein Berg in Wut und Schmerz schreit um Vergeltung.

In diesem Augenblick wird allen die harte Realität offenbar: Ein Vulkanausbruch kennt keine Nationalität, macht keinen Unterschied zwischen Freund und Feind.

Die Österreicher in der Nähe des Epizentrums, spärlich geschützt von ihren Schanzen und Gräben, haben nicht die geringste Chance. Sie werden zerrissen oder verbrennen in einer weißen Stichflamme.

Die italienischen Soldaten in ihren Bereitschaftsstellungen unter der Schneedecke hören zwar den Knall, sehen aber nicht das Feuer auf sich herabkommen. In einem Umkreis von 400 Metern werden sie vom glühenden Material des Ausbruchs erschlagen.

Wie zum Hohn lachend zermalmt die Furie des Krieges Menschen – hüben und drüben.

Schon kommt das nächste Unheil. Der glühende Auswurf hat in Sekundenschnelle den Schnee in siedendes Wasser verwandelt. Reißende Ströme schießen die Hänge hinab. Eine Flutwelle aus schlammigem Wasser fegt Tote wie Lebende über den Rand der Schlucht.

Die Länge eines Atemzugs ist die Spanne zwischen Leben und Tod … … … …

*

Italienischer Militärbericht:

Die Untersuchung einer Militärkommission bewies, dass das Epizentrum der Explosion am Col di Lana direkt unter dem Ostgipfel lag. Es zeigt, dass 5024 Kilogramm Nitrogelatine, die in zwei getrennten Explosionskammern gelagert waren, und *Sottotenente* Gelasio Caetani vom Genio, die Mine um 23.35 Uhr des 17. April 1916, zündete.

2

Der *San-Giulia*-Schacht ist blitzartig mit Licht durchflutet. Mit dem Körper fest an die Tunnelwand gedrückt, hört Caetani etwas wie den tiefen Rülpser eines Riesen. Ein Erdbeben schüttelt den Schacht, und Gestein stürzt von der Decke. »… Mit Grimaldi Casta, Boisio und Maggio renne ich die 15 Meter dem Ausgang zu, als ich etwas wie das rauschende Donnern eines Wasserfalls höre. Daraufhin folgt ein ohrenbetäubender Lärm wie der Hagel von Tausenden Granaten …«

Nie würde Gelasio Caetani diese unheimlichen Augenblicke vergessen. Er sieht glühende Meteore über die Halden tanzen, während die Welt um ihn im Donner der Explosion untergeht.

»Ich klettere über ein Gewirr von Geröll. Vor mir brennt die Hölle. Brandherde umringen den Berg mit seiner flammenden

Krone. Es erinnert mich an Dantes »Inferno«. Wie der Atem eines Drachens dringt der ätzende Rauch in meine Lungen. Das Zischen der schmelzenden Schneemassen ist das einzige Geräusch; ich höre keine Hilferufe.

Ein blutender *Capitano* Marinoni stolpert auf mich zu: »... *miei uomini sono seppelliti nella trincea* – ... meine Männer sind tot, im Graben erschlagen.«

Der aufsteigende Dampf vom schmelzenden Schnee verbirgt das Grauen.

Als der Vorhang aufgeht, gibt es keinen Gipfel mehr.

*

Von seiner Warte am Monte Sief sieht Hermann Steinlechner drei Feuersäulen in den Nachthimmel schießen: »... ein Dröhnen und Beben ... die Erde rüttelt um mich herum ...« Er sieht glühende Mondkugeln in die Luft steigen, um als leuchtende Kometen im Schnee zu landen. Wo immer sie einschlagen, dampft es. Das Wasser verwandelt sich in kürzester Zeit in monströse Schlammlawinen.

Kaiserschützenfähnrich Erich Mann befindet sich auf dem Siefgrat.

»Ein Poltern erschreckt mich ... ich sehe auf den Gipfel hinauf, und vor mir spaltet sich der Berg ... eine Feuerzunge schießt heraus ... in Sekundenschnelle dehnt sich eine flammende, blitzende Wolke über den Berg aus ... mir scheint, als brenne der Berg.«

Kaiserjäger Leopold Föderl ist in der Nähe des Gipfels, als der Grund unter ihm plötzlich verschwindet. Die Explosion hat ihn in die Luft geschleudert. Sein letzter Gedanke gilt seiner Mutter: Er hört, wie sie nach ihm ruft.

(Föderls Flug endete in einer Schneehalde. Er überlebte, um die schier unglaubliche Geschichte seinen Enkeln erzählen zu können.)

Ein weiterer Augenzeuge sitzt in einem Hirtenunterstand an der Felswand des Monte Sief mit einem dick bandagierten Oberschenkel. Den Tag lang hatte er auf seine Evakuierung gewartet. Niemand kam, außer einem Sanitäter, um seine Bandage zu erneuern. So kommt es, dass Leutnant Karl Augenzeuge der Explosion wird. Der Lichtblitz reißt ihn aus seinem fiebrigen Schlaf. Die Detonation zündet wie eine Bombe in seinem Schädel. Alles ging so schnell, und er kann sich nur an wenig erinnern. »Ein grelles Licht … in meiner Schlaftrunkenheit verweigert mein Hirn alle Gedanken, es versteht nicht das Ausmaß der Katastrophe … Der Boden bebt, und ein Windstoß presst mich gegen die Wand … Ich höre einen Schrei: »O Gott! Die Sechser!« … Es ist meine eigene Stimme. Ein Schmerz schießt durch mein verletztes Bein … Dabei wird mir plötzlich klar, wie nahe ich dem Tode war und entronnen bin – die Kugel des Feindes hat mir das Leben gerettet!«

3

Das Schicksal will es, dass in der Nacht vom 17. April 1916 die 6. k. u. k. Kaiserjäger-Kompanie die Gipfelwache hat. Alle noch Kampffähigen sind in ihren Positionen rund um den Gipfel verteilt. Nur 70 Träger, Köche und Leichtverwundete haben in der erweiterten Schlafhöhle Zuflucht gefunden. Sollte es dem Feind gelingen durchzubrechen, stellen diese 70 »Köche« Von Tschurtschenthalers letzte Reserve dar. Dazu kommt es aber nie …

… ein dumpfes Grollen kommt aus dem Inneren des Berges, dann hebt sich der Boden. Felswände splittern. Männer werden wild herumgeschleudert. Jemand ruft nach der heiligen Maria. Durch Lücken im Gestein dringt Staub und zersetzender Rauch in die Höhle. Chaos herrscht. Verwundete stöhnen. Jeder ist sich selbst der Nächste. Alle wollen raus. Aber das ist nicht mehr möglich, denn ein massiver Felssturz versperrt den Ausgangstunnel. 70 verzweifelte Männer sind in einem mit Rauch gefüllten Grab gefangen.

Von Tschurtschenthaler tastet blind um sich. Der Gestank von verbranntem Nitro brennt in seiner Kehle. Verzweifelt denkt er an das schier unvermeidliche Schicksal all derer, die nur Augenblicke zuvor am Gipfel Wache standen.

*

Zwei Frauen stehen vor der Tür ihres Bauernhofs. Wie vom Blitz gelähmt starrt die Jüngere auf den brennenden Berg. Der Col di Lana ist ein einziger, gigantischer Scheiterhaufen. Sie sinkt langsam nieder, ihre Arme fest um den Leib gepresst. Groß sind der Druck auf ihrer Brust und das Pochen im Blut. Sie hat Angst um das noch ungeborene Leben – und das Leben ihres geliebten Mannes. Die ältere der Frauen wischt sich mit dem Ärmel über die Augen. Dann streckt sie ihre Hand aus und legt sie schützend auf das Haupt des Mädchens. Sie trägt nun die einzige Hoffnung des Campidellhofs in ihrem Leib.

4

»*Alpini seguami* … mir nach!« *Capitano* Fiorina deutet mit dem Revolver auf den Gipfel.

15 Minuten sind seit der Explosion vergangen. 15 lange Minuten, in denen viele ihr Leben verloren haben. Österreicher wie Italiener.

Maggiore Mezzetti hat ein verspätetes Signal zum Angriff auf den Gipfel gegeben. Fünf Kompanien klettern den langen Hang hinauf. Ihre Position lag außerhalb des Auswurfradius, dadurch haben sie den tödlichen Geröllhagel gesund überstanden. 640 Männer stürmen in der ersten Welle bergan, weitere sieben Kompanien kurz dahinter.

Capitano Fiorinas Männer erreichen die Stelle, wo ein Erdrutsch und das Wasser eine komplette Kompanie *Bersaglieri* in den Tod gerissen haben. Weiter oben am Hang liegen riesige Trümmer des zischenden Niederschlags neben grässlich verbrannten und verstümmelten Leichen. Hier ragt ein Paar Schnürstiefel von einem Felsbrocken hervor; dort zeigt ein aufgepflanztes Bajonett anklagend auf den Himmel. Fiorinas *Alpini* tun ihr Bestes, um den Anblick des Grauens zu ignorieren. Wie lange klettern sie schon durch dieses Feld des Todes? Eine Stunde – oder waren es nur wenige Minuten? Wer nimmt Zeit? Wichtig ist, dass sie diesmal keine feindlichen Scharfschützen zu fürchten haben, denn alle sind mit diesem höllischen Berg in die Luft geflogen. Der Graben der *Austriaci* ist nichts als ein dampfender Krater. Kein Graben, keine Waffen, keine Toten ... Einfach nichts!

Die Szene ist, wie es die Zeitung »Mirador« später beschreibt: »*Loro non trovarono nessuna Piastrina di riconoscimento* – Sie fanden nicht einmal eine Erkennungsmarke ...«

5

»Vier Musketiere« stehen stumm vor dem *San-Giulia*-Schacht. Grimaldi Casta deutet mit dem Kopf bergauf. »Gehst du nach oben?«

»Ich muss«, antwortet der Mann, der das Kommando gab, auf den Hebel zu drücken. »Kommt ihr mit?«

Grimaldi Casta schüttelt den Kopf. Er hat genug.

»Ich gehe mit«, nickt Boisio.

»Ich auch«, sagt Maggio.

Für das Trio gibt es keinen Grund zur Eile. Der Weg zum Gipfel ist frei und die Verwüstung grauenhaft. Die Hitze und sekundäre Explosionen verursachen weiteren Lärm und noch mehr Leid. Giftige Rauchschwaden liegen über dem Hang der Toten. Die *Tenenti* Caetani, Maggio und Boisio erreichen den rauchenden Krater. Beim Anblick seines Werkes steht Caetani wie angenagelt. Alles ist weg. Die Schützengräben sowie die Männer, die darin Wache standen. Feinde wohl, aber auch Menschen, Väter, Brüder. Niemand wird ihre Überreste finden, niemand sie begraben.

Das Grauenvolle wird zur Anklage. In Gedanken versucht Caetani, wenn auch vergeblich, die Schuld auf jene zu schieben, die ihm den Befehl gaben. War dies die einzige Lösung, um dem Wahnsinn ein Ende zu setzen? Mussten Hunderte sterben, damit Tausende leben würden? Er findet keine Antwort.

Im Laufe des erstarrten Stellungskampfes mit seinem verbissenen Ringen um einen Gipfel hat der einfache Soldat das richtige Augenmaß für die Bedeutung dieses Berges verloren. Ihre Generäle haben ihnen den Gipfel auf die Seele gebunden. So wie den Österreichern das Festklammern am Gipfel zur heiligen Pflicht wurde. Jeder Stein, jede Felsspalte galt als ihre teure Fahne, die man bis zur Weißglut verteidigt, solange noch ein Schütze den Abzug seines Gewehrs bedienen konnte. Caetani blickt um sich: Es ist ein Besuch wie auf einem erloschenen Planeten.

All das ist nun Geschichte. Zu Anfang war dieser Berg in vier Stunden zu nehmen. Doch es dauerte neun Monate. Jeder Meter Bodengewinn war mit dem Blut der tapferen Infanterie getränkt. Nur der Erfolg entschuldigt. Selbst einem Heerführer wird man die blutigsten Verluste verzeihen.

Verwundert, danach siegesbewusst, erreichen mehr Kompanien den dampfenden Krater. *Capitano* Fiorinas Soldaten haben den Offizier erkannt, der maßgeblich an der Planung und Durchführung ihres Triumphes beteiligt war. »Bravo Caetani! *Viva la vittoria!*«

Fünf *Alpini* haben den höchsten Kraterrand erreicht. Sie knüpfen ihre Flagge an die Trümmer des zersplitterten Gipfelkreuzes. Der Mann, den man feiert, berichtet an seinen Vater, den *Duca di Sermoneta*:

»*Abbiamo vinto! Cima Lana è nostra!* – Wir haben gesiegt! Der Col di Lana ist unser!«

Nach 296 Kampftagen flattert die *Tricolore* vom Col di Lana.

*

Totentanz

»Es war dies die Nacht der Apokalypse. Heulende Furien spielten die Musik zum Tanz.«
Aus den Erinnerungen des Leutnants Karl D., k. u. k. Kaiserjäger-Regiment Nr. 3

1

»Honnes! Der Gipfel ischt weg!«

Johann starrt verwirrt umher. Ein Windstoß zerreißt die qualmende Wolke. Um sie herum dampft der Boden. »Mei Gott, Zenz, der Gipfel ischt wirkli weg!«

Der Herr sei gelobt – Er hat ihnen beigestanden! Aber jetzt sind sie allein. Nichts bewegt sich um sie herum. Kein Geschrei, kein Gestöhne. Ihre Kameraden sind Staub im Jenseits!

Zwei Jungen in einem Loch 60 Meter vor dem Ostgipfel ... ein sengender Blitz, eine Stichflamme ... ein Schwall heißer Luft, dann nichts ... Langsam kommt die Erinnerung zurück an den schrecklichen Anblick, als der Berg aufbrach und Feuer und Felsen über sie hinwegflogen ... Johanns Rücken ist brennend heiß, als er denkt: »So – es ist wirklich geschehen.« Nur langsam öffnet er die Augen, denn er fürchtet, er sei blind geworden. Er hebt den Kopf, sucht nach seinem Bruder. Öliger Rauch verwischt ihm den Blick. Er streckt die Hand aus, fühlt Stoff.

»Zenz ... Zenz!«

Eine Stimme antwortete: »I bin da, Bruader ...«

In ihren Augen spiegelt sich die Fassungslosigkeit, noch glauben sie nicht an ihr wundersames Überleben. Sie sehen grässlich aus: Brandblasen im Gesicht und versengtes Haar. Schüttelnd halten sie aneinander fest, schnappen nach Luft. Blut rinnt über Johanns Wange. »Um Gottes willen ... bischt guat, Bruder ... bischt verletzt?«

»'s ischt nix ... nur a Kratzer ...«

Minuten vergehen, bevor sie aus ihrem Loch kriechen. Nicht weit von ihnen liegt ein Kaiserjäger; seine gebrochenen Augen starren ins Nichts.

»Hörst's Zenz, da ruft einer.

»Sei stad … 's ischt a Welscher!«

»*Viva l'Italia!*«, kommt durch den Rauch.

Der Feind ist da. Johann schaut auf den toten Kaiserjäger, aber gleichzeitig sieht er die Gesichter aller seiner Freunde und Kameraden.« I kauf' mir an von de Welschen …«, flucht er und hebt das Gewehr. Vinzenz schiebt den Lauf nach unten. »Hör auf, sei net narrisch. Die sehen uns, und für uns ischt's a vorbei.«

Gestalten erscheinen durch die Rauchschwaden. Vinzenz zieht Johann hinter einen Felsen. Sie können hierbleiben und sterben, oder sie können versuchen, den Monte Sief zu erreichen.

»Kumm, Honnes, geh'n ma …«, flüstert Vinzenz. Sie stolpern über Geröll in Richtung des Kammwegs. Der Rauch hilft bei der Flucht, aber es behindert auch ihre Sicht. Kleine Flammen lecken an ihren Knöcheln, und Hitze versengt ihre Lungen. Der Atem kommt mühsam.

»Aaiiii …«, Johann geht auf die Knie. Blut tropft auf seine Jacke.

»Mei Jesus, hat's di erwischt?«

Nichts Ernstes, nach vorne gebeugt hat er eine verbogene Eisenstange vom Drahtverhau übersehen. Johann hat einen dicken Schädel. Vinzenz nimmt sein Taschentuch und windet es um den Kopf seines Bruders, als er eine Bewegung bemerkt. Er zieht Johann auf die Beine. »Kumm scho … sie san bald da …« Mit »sie« deutet er auf eine Gruppe von *Alpini,* die sich jetzt mit lautem »*Viva l'Italia*« um den Krater drängen.

Das Paar stolpert weiter über den zischenden, dampfenden Auswurf. Sie erreichen den Gipfelpfad und entdecken zu ihrem Schmerz, dass die Italiener bereits im Besitz des Kammgrats sind. Es bleibt ihnen nur eine Route offen, eine hochgefährliche Traverse über die Südostwand, die 800 Meter weiter unten im Vallone della Morte endet. Sie steigen in die Wand ein …

2

Bis zu diesem Zeitpunkt ist das österreichische Bataillonskommando im Dunkeln über die Situation am Col di Lana. Diese Ungewissheit endet um 0.35 Uhr, als der Telefonist vom Monte Sief einen Augenzeugenbericht durchgibt. Mit bebender Stimme beschreibt Hermann Steinlechner, wie er zusah, als drei Feuersäulen in den Himmel stiegen. Auf die Frage, wer von den 6. Kaiserjägern überlebt hat, kann Steinlechner allerdings keine Antwort geben. Seiner Beschreibung nach ist es unwahrscheinlich, dass überhaupt jemand die Explosion überstanden hat. Nach Steinlechners letzter Information sind die Italiener im Besitz des Gipfels.

»Ich kann ihre Jubelschreie hören.«

Bataillonskommandeur Erich von Gasteiger erwartet den sofortigen italienischen Vorstoß auf die österreichische Schlüsselstellung in der Verteidigungskette. Der Fall des Monte Sief würde den Einbruch in die gesamte Dolomitenfront bedeuten. Im Augenblick sind es nur 50 Gewehre der Buchensteiner Standschützen, um dies zu verhindern. Standschützenmajor Kostners eiserne Reserve von 200 Standschützen ist auf dem Anstieg zur Siefsattelsperre. Er kann aber bestens in zwei Stunden in Position sein. Sollten die Italiener sofort angreifen, dann kämen Kostners 200 zu spät, um den Unterschied zu machen.

Acht Kilometer vom Gipfel entfernt steht *Colonnello* Pandolfini und hat den Blick auf den Nachthimmel gerichtet. Er sieht die riesige Flamme und ruft: »Der Berg ist unser.« Alle sind so überwältigt vom sicheren Erfolg, dass niemand daran denkt, einen Befehl zur sofortigen Ausweitung des Dolomitendurchbruchs zu formulieren. Sie profitieren nicht von der gegebenen Dynamik mit einem Angriff auf den Monte Sief. *Comandante* Marras, der den Befehl am Gipfel des Col hat, wartet auf den Angriffsbefehl von *Comandante* Mezzetti. Mezzetti wartet auf das Okay von Pandolfini. Und der wartet auf die Anweisung seines Generals. Bis dieser Befehl kommt, gestattet Marras seinen Männern die

Zeit, ihren Sieg gebührend zu feiern, denn »mit der Eroberung des Col di Lana ist der Kampf um die österreichische Gipfellinie so gut wie gewonnen.«

Nichts ist im Krieg verhängnisvoller, als den Kampfeswillen des Feindes zu unterschätzen.

In Augenblicken der Siegeseuphorie bleibt oft vieles unbemerkt – nicht aber der Donner einer sekundären Detonation. Eine Stunde nach der Sprengung, die Sieger sind jubelnd um den Krater versammelt, schießt eine Flamme 60 Meter in den Nachthimmel. Caetanis erster Gedanke ist, dass es sich um eine Fehlzündung einer seiner Ladungen handelt. Es herrscht Chaos, Hilferufe, Verwirrung, Panik. Männer richten ihre Gewehre in alle und keine Richtung. Wo ist der Feind, woher die Gefahr? Die raue Wirklichkeit ist – fast könnte man sagen – banal. Ein *Alpini* hat ein Loch entdeckt und wirft eine Handgranate hinein. Es ist zwar kein Feind im Loch, dafür aber das Hauptdepot der Handgranaten. Sie fliegen alle in die Luft. Die Herumstehenden werden verwundet oder getötet.

Als Caetani hineilt, hört er eine rasselnde Stimme: »Gelasio ...«

Eine Gestalt liegt am Boden, die Hände über dem Bauch haltend.

»Maggio ...«, Caetani sieht, wie Blut durch die Finger seines Freundes sprudelt. Er öffnet seine Uniform und weiß, das es nichts zu verbinden gibt.

»Bleib bei mir ... verlass mich nicht ...«, flüstert Maggio.

»Ich werde dich nie verlassen, *mio amico* ...«

»Gib mir Wasser ...«

»Gleich, gleich ... wir haben dich gleich unten«, verspricht Caetani, obwohl er weiß, dass seinem Freund nicht mehr zu helfen ist.

Maggios Gesicht wird fahl. »Halte mich!«

Caetani wiegt seinen Freund in den Armen. Dieser dreimal verfluchte Berg. Er verschont keinen. Am Ende ist es der Tod von allen.

»Gelasio ... *amico* ... *vado* ...« Eine letztes Rasseln in der Kehle ...

Mit blutigen Fingern setzt Caetani das Zeichen des Kreuzes auf die Stirn seines Freundes.

»Avere la pace, il mio amico caro – Hab Frieden, mein teurer Freund.«

3

Nicht alle Österreicher finden den Tod. 70, die sich zur Zeit der Explosion in der Schlafhöhle befinden, kommen mit dem Leben davon, obwohl der Sprengeffekt viele an die Felswände wirft und Kopfverletzungen verursacht. Jetzt stolpern sie blind und blutend herum und suchen im kalkigen Staub den Ausgang. Ein neuer Schock, fast so groß wie die Explosion selbst: Der Ausgang ist von den Trümmern einer Steinlawine blockiert. Haben sie die Explosion überlebt, um in einem dunklen Keller elendig zu ersticken? Einige graben wie besessen in den Steintrümmern. Ihre Mühe ist nicht umsonst, denn es gelingt ihnen, ein Loch durch das Geröll freizulegen. Da geschieht das Wunder: Frischluft dringt in die Höhle. Doch ihr Leiden ist noch nicht vorbei. Der Grat gegenüber des Ausgangs ist bereits in den Händen der *Alpini,* die nun auf die schmale Öffnung schießen. Querschläger surren durch die Höhle und verletzen drei Kaiserjäger.

»Die nächsten Minuten sind ohne Zweifel die schwierigsten, die ich je zu überwinden hatte. Mir ist bewusst, sollte der Feind durch unser Atemloch Granaten werfen, wird es in einem Blutbad enden.«

Tod durch Ersticken oder Tod durch Granaten? Die Minuten vergehen. Es zwingt von Tschurtschenthaler zu einer harten Entscheidung. »Die Situation ist hoffnungslos. Ersticken hat nichts mit Mut und patriotischem Gelübde zu tun. Ich befehle meinem italienisch sprechenden Oberjäger Galvanini, unsere Kapitulation zu verhandeln.«

Capitano Fiorina akzeptiert die Kapitulation. Er ordnet seinen Männern an, bei der Freilegung des Ausgangs zu helfen.

Bleiche Gesichter starren ihren Oberleutnant an, als er zu ihnen ein letztes Mal spricht: »Wir haben unsere Pflicht getan. Jetzt ist es vorbei.«

Durch eine enge Spalte verlassen die Männer einzeln die Höhle. Entlang der mit Seilen an der Wand befestigten Galerie ziehen die Letzten der »Sechser« in die Gefangenschaft. Vorerst die Krankenträger mit den Schwerverwundeten, dann die Leichtverletzten. Sie alle werfen ihre Waffen in die Schlucht. Von Tschurtschenthaler verlässt als Letzter die Felsenhöhle.

»Mani in alto!«, bellt eine Stimme. Langsam hebt er die Hände. Jetzt erst wird es ihm voll bewusst: Es ist vorbei. Auf einer Holzgalerie am Col di Lana endet der Krieg des Tiroler Oberleutnants Anton von Tschurtschenthaler.

4

Eine Kolonne von bandagierten und nervlich zerrütteten Gefangenen humpelt an einem riesigen Krater vorbei; der Gipfel, um den sie so hart kämpften, ist »ein Porträt der Hölle« – so beschreibt es Toni von Tschurtschenthaler. »Wo sind meine tapferen Kaiserjäger. Ich sehe nur einen rauchenden Krater. Wir werden von wild jubelnden Italienern umringt.«

Ein hochgewachsener Offizier bahnt sich den Weg durch die Sieger. Beim Anblick der Kolonne der Blutenden, Bandagierten und emotional Ausgelaugten, schüttelt er den Kopf. Einige stöhnen, einige schluchzen. Aber sie sind am Leben.

»Wo liegt der Unterschied zwischen ihnen und mir?«, fragt er sich. »Wir sind verantwortlich für alles, was wir tun. Wenn meine Zeit kommt und ich vor dem Herrn stehe, kann ich dann wahrlich sagen, ich hätte nur Befehlen gehorcht?«

Gelasio Caetani hält vor Toni von Tschurtschenthaler. Für einen Augenblick sehen sich ein italienischer und ein österreichischer Offizier in die Augen. Zwei Adelige mit nobler Erziehung, zwei Kameraden der Berge. Caetani war es nicht erlaubt, seine Gefühle gegenüber seinem mutigen Gegner zur Schau zu stellen. Hätten Könige und Politiker anders entschieden, die beiden würden in einer Seilmannschaft den Gran Lagazuoi oder die Tofana besteigen. Ein brutaler Krieg hatte dies verhindert. Vielleicht, so Gott will, würden sie in einer noch unvorhersehbaren Zukunft wieder Kameraden der Berge sein.

»Ich sah ihn und wusste, wer dieser Mann war«, schrieb von Tschurtschenthaler später. »Er drehte sich zu mir, legte seinen Arm auf meine Schulter und sprach nur drei Worte: »*Guerra è guerra* – Krieg ist Krieg.«

Bevor die Gruppe der Gefangenen das Tal erreicht, wird der Oberleutnant von seinen Männern getrennt.[25] Eine lange Gefangenenkolonne wandert in eine endlose Nacht. Ein letzter Blick auf den Berg, wo Buben ihre Männlichkeit fanden und den Alten ihre Erinnerungen verblieben. Ihr Leben würde für ewig mit einem Dolomitengipfel verbunden bleiben.

Der Col di Lana ist ihre Geschichte.

5

Quer über dem mit losem Geröll übersäten Siefsattel liegen acht Vorposten, besetzt von einem Fähnrich, vier Feldwebeln und 48 Männern. Alles zusammen 52 Gewehre. In diesem Augenblick ist diese dünne Schützenlinie alles, was zwischen einer italienischen Division und Tirol steht.

Während Kostners letzte Reserve in Richtung Siefsattel aufsteigt, steht *Comandante* Mezzetti neben seinem Telefon und wartet auf *Colonnello* Pandolfinis Angriffsbefehl. In der Euphorie über die Eroberung des Col di Lana wird Pandolfinis Anfrage an den Divisionskommandeur entweder nicht weitergeleitet –

25 Von Tschurtschenthaler beendete den Krieg in einem Kriegsgefangenenlager für »Sonderfälle«.

oder vielleicht weitergeleitet, aber dann ignoriert. Denn was sind schon ein paar Hundert *Contadini*? Nichts, eine Bagatelle, eine Sache von 15 Minuten.

Mezzetti wartet noch immer. Er gibt eine neue Meldung durch:

»URGENTE. ANGRIFF AUF DIE MONTE-SIEF-POSITION WIRD ZUM DURCHBRUCH FÜHREN. DAZU FREIGABE DER RESERVEN NÖTIG. ERWARTE DRINGENDEN BEFEHL. MEZZETTI.«

Auch der österreichische Bataillonskommandeur von Gasteiger wartet auf Nachricht; sein einziges Auge ist ein Telefonist am Monte Sief. Über eine Stunde ist vergangen seit Steinlechners Beschreibung vom Gipfelsturm – und noch immer kein Zeichen eines Angriffs auf die Position. Als ihm dann Funker Steinlechner die Siegesszenen auf dem Col di Lana beschreibt und ihm bewusst wird, dass es keine Überlebenden am Gipfel gibt, reagiert Hauptmann von Gasteiger. Sein nächster Befehl erweist sich als ausschlaggebend.

60 Minuten dauert es, bevor ein Befehl vom Kommandierenden die Division erreicht. *Comandante* Mezzetti: »RESERVEN FREIGEGEBEN. ANGRIFF AUF MONTE SIEF. SUBITO! PANDOLFINI.«

Subito! – Sofort! ... Selbst das Genie Napoleons konnte nichts *subito* bewirken. Sofort auf dem qualmenden, glühenden Col di Lana seine Sturmkompanien in ihre Ausgangsstellung zu bringen, heißt noch mindestens 60 Minuten Aufmarsch der Reservebataillone. Diese weitere Verzögerung führt zu Konsequenzen, die kein Italiener erwartet hatte.

Bataillonskommandeur von Gasteiger muss den erwarteten feindlichen Angriff auf den Siefsattel verzögern, um für die aufsteigende Reserve der Standschützen Zeit zu gewinnen. Dazu steht nur eine Waffe zu seiner Verfügung. Ein wahres Monster, versteckt im Wald nahe am Nachschublager Pederü:

ein 30,5-cm-Skoda-Mörser mit Bomben vom Kaliber einer Schlachtschiffkanone. Sechs Mann und ein Kran sind nötig, um das Geschoss zu laden. Der Riesenmörser zeigt allerdings ein wirkliches Problem: Das Rohr überhitzt mit jedem Abschuss. Danach müssen die Kanoniere eine Stunde warten, bis das Rohr genügend ausgekühlt ist, um die nächste Bombe zu laden. Die Abschüsse haben das Rohr so mitgenommen, dass mit jedem neuen Abschuss die akute Gefahr eines Rohrplatzers besteht. Deshalb haben die Österreicher diesen Mörser seit über einem Monat nicht in Aktion gebracht. Doch dies ist nicht der Augenblick zum Zögern, denn außer der direkten Einschlagwirkung kommt noch ein sekundärer Effekt: Durch den gewaltigen Luftdruck der Explosion platzt das Trommelfell der Nahestehenden. Und auf diesen betäubenden Effekt zählt der Bataillonskommandeur.

»Feuer!« Der Mörser donnert. Eine Bombe heult durch die Lüfte, hinauf auf den Zugang zum Siefsattel. Der Einschlag dieser Riesenbombe nahe der Kompanien, die bereit zum Angriff sind, erzielt Chaos. Männer wälzen sich schreiend am Boden, die Hände über ihre Ohren geklemmt. Von einem bereits abgeschriebenen Feind plötzlich beschossen zu werden, verursacht eine allgemeine Panik.

Diese Verwirrung bringt Kostners 200 Standschützen die Zeit, um die dünne rote Linie der Verteidiger zu erreichen. Außerdem bringen sie ein Spandau-Maschinengewehr und Kisten mit Patronen und Handgranaten mit, vor allem als moralische Rückenstärkung. Noch etwas läuft zugunsten der Tiroler: In den letzten zwei Stunden hat der glühende Auswurf den Schnee in Schlamm verwandelt. Dieser klebrige Morast wird zum Verbündeten der Verteidiger; es verwandelt den leicht ansteigenden Sattelhang in eine Rutschbahn. Die Situation der Tiroler ist nicht länger hoffnungslos.

»Bis hierher und nicht weiter!« Standschützenmajor Kostner, einer der Ersten, die den Siefsattel erreichen, betrachtet nüchtern die Situation. Mit Bauernschläue, ein bisschen Glück und dem Herrn an ihrer Seite – wer weiß? Sein Verteidigungsplan baut auf seine besondere Kenntnis des Sattels auf. »Jetzt hört's mia guat zua. Der Welsche muass durch die Mitt'n kumma, denn anders geht's net. Versteckt's eure Leut' in U-Form auf beiden Seiten hinter Felsbrocken, aber so dass der Welsche euch net siacht. Dann lasst ihn in die Mitt'n reinkumma, und wenn er dann im Schlamm steckt und i euch das Zeichen gib', dann lasst's es ihm hab'n. Ihr wisst's, um was es geht.«

Der alte Tiroler Schlachtruf geht von Mann zu Mann: »Mander 's ischt Zeit ...«

Die Männer von Enneberg und Silz, von Buchenstein und Bruneck krümmen die Schultern, schieben ihre Kiefer nach vorn, geben einen Fünferrahmen in die Gewehrkammer und spannen die Abzüge ...

6

Hoch über ihnen tasten sich zwei Brüder entlang einer Traverse, die kaum einen Fuß breit ist. Mit klammen Fingern suchen sie Halt in Felsspalten. Sie probieren jeden Tritt, bevor sie ihren Fuß fest niedersetzen. Wann immer sich die Gelegenheit ergibt und sie auf eine etwas breitere Stelle der Wand kommen, wechseln sie sich in der Führung ab. Ihre Finger bluten, ihre Wadenmuskeln fühlen sich an wie Stacheldraht. Und all das in der Hoffnung, dass die Traverse nicht in einer glatten, grifflosen Wand endet.

90 Minuten später haben sie es geschafft. Zwei todmüde Burschen steigen aus der Wand und setzen sich keuchend auf einen Felsüberhang. Vor ihnen liegt das grandiose Panorama der Dolomiten und unter ihnen, wie die Bühne in einem Amphitheater, der Siefsattel. Im fahlen Licht des Morgens sehen sie Hunderte von *Alpini* langsam den Sattelhang emporklettern – und kein Tiroler in Sicht.

Was Kostner vorausgesehen hat, geschieht. Wie eine griechische Phalanx treten 800 Mann unter *Comandante* Marras zum

Angriff auf das Zentrum des österreichischen Sattelgrabens an. Der *Comandante* hatte seinen Truppen versichert, dass die Sprengung die letzten Reserven der *Austriaci* erledigt und damit jeglichen Widerstand beseitigt hat. Zwei Kompanien mit je 400 Mann trampeln fluchend ihren Weg durch ein Gewirr von Steinen, verbogenen Metallstangen und wadentiefem Schlamm. Vor ihnen liegt eine hüfthohe Steinbarriere ...

... der Zentralgraben ist nur leicht von zwei Dutzend Standschützen besetzt. Aber eine Stellung muss hier sein, um die Italiener in die Falle zu locken. Mit der Siefzahnwand im Rücken und der Schlucht an ihrer Flanke gibt es für sie keine Chance für einen Rückzug. Ist es Vaterlandstreue? Selbstaufopferung? Verzweiflung? Ausschlaggebend ist, dass alle aus dem gleichen Tal, dem gleichen Dorf kommen, sich gegenseitig kennen und wissen, dass jeder auf seinen Nachbarn zählen kann.

Große Armeen kämpfen nie bis zum letzten Mann. Kleine, engmaschige Einheiten tun es. Wie schon einst die heldenhaften 300 Spartaner, die am Pass der Thermopylen tagelang der persischen Übermacht standhielten, so werden auch die Tiroler am Siefsattel stehen.

»Hier steh' ich, ich kann nicht anders!«

Ihr letzter Stand. Totentanz.

7

Olivgrüne Sturmlinien klettern den Sattel hoch. Noch kämpft die Dunkelheit mit dem Licht, Nacht mit Tag. Noch ist die Sicht beschränkt. Der Zeitpunkt für eine Attacke ist den Italienern günstig. Die erste Welle klettert fast ohne Widerstand über das erste Hindernis. So wie es aussieht, haben die *Austriaci* ihre vorderste Grabenlinie aufgegeben und weiter oben nur eine dünne Reihe Schützen hinterlassen. Auf diese schwachen Posten stoßen nun die Elite-Sturmkompanien des *Comandante* Marras. Meldungen schwirren nach hinten. Die Generäle im italienischen Hauptquartier jubeln.

»*Vittoria!* Das ist der Sieg!«

»ERFOLG SOFORT AUSBEUTEN! DURCHBRUCH NACH TIROL.« Mehr Angriffskompanien sind bereits im Anzug, so wie es General Cadorna befiehlt. General De Bernardis Eliteformationen werden mit den paar noch lebenden *Tirolesi* Schluss machen. Er wird aufgefordert, den erfolgten Durchbruch sofort durchzugeben.

»*Avanti!*« Heute, heute ist der Tag! Der Durchbruch, und damit das Ende der *Tirolesi*.

Ein fahler grauer Tag bricht an. Schneetreiben setzt ein. Eisig peitscht der Sturm das Wetter quer über den Siefsattel. Die Nässe setzt sich in den Mänteln der *Alpini* fest, macht sie schwer. Klumpen von zähem Schlamm an den Schuhen machen die Angreifer unbeholfen und langsam. Die vordersten Elemente von Marras Infanterie haben sich bis auf 100 Meter an eine Reihe von massiven Felsblöcken herangearbeitet, als etwas Unerwartetes geschieht: Die *Alpini* hören den Kampfschrei derer, die sie tot und begraben dachten. »Tirol! Tirol! Tirol!«

Gespenster sind es, da rechts und dort links, Dreckklumpen, die mit rotmüden Augen über Kimme und Korn starren. Aus allen Mündungen blitzt es. Mit einem höllischen Getöse spucken die Buchensteiner Gewehre konzentrierte Salven in die vorrückenden Massen. Hinter jedem Stein sitzen zwei oder drei der *Contadini*, todesmutige, entschlossene Männer. Ihr Feuer mahlt und knistert, ihr Kugelhagel trifft die tapferen *Alpini* in die Seite, ins Gesicht. Von überall pfeifen die Kugeln, krachen die Handgranaten. Die Tiroler Standschützen entladen ihren Zorn, ihr gezieltes Feuer verriegelt den Sattel. Maschinengewehr-Sperrfeuer peitscht und wühlt sich in den vorrückenden Menschenhaufen. Die Standschützen schieben den zweiten, den dritten Fünferrahmen in die Gewehrkammer. Der Tod singt ein kicherndes Lied …

»Ritarsi – Zurück!«, schreit der Erste mit einer Rabenfeder am Hut. »Zurück!«, grölen Hunderte. »*Non vado lassu* – Ich gehe nicht hoch!« Eine knappe Viertelstunde hat der Angriff gedauert.

8

»*Morte sulla Montagna Sacra* – Tod am heiligen Berg.«

Ob Kaiserjäger oder *Alpini, Bersaglieri* oder Standschütze, jeder, der heil durch diese verzweifelten Stunden kam, erlitt psychische Schäden, die nie mehr heilen würden. Ihre Uniformmäntel sind schmierig von Pulverruß und getrocknetem Blut. Über Tote spricht man nicht. Heilige Scheu verbietet es. »Ich hab's überlebt.« Das ist genug. Unter ihnen sind zwei Brüder. Von ihrer hohen Warte haben Vinzenz und Johann Irschara den verzweifelten Kampf am Siefsattel miterlebt.

In diesem Augenblick erfährt General De Bernardis, dass es seiner tapferen Infanterie – trotz rücksichtlosem Einsatz – nicht gelungen ist, die Tiroler Linie zu durchbrechen. Er muss diese Meldung an das Armeehauptquartier weiterleiten. Doch zuvor gibt er seiner 240-mm-Bergmörserbatterie den Befehl, den Hang unter einem Granatenhagel zu begraben. »Batterie ... Schnellfeuer, eine Salve alle 30 Sekunden.«

»*Signor Generale,* die Rohre glühen ...«

»Zur Hölle mit den Rohren ... wenn sie platzen, dann platzen sie eben ... eine Salve alle 30 Sekunden. Hören Sie mich? Dreißig Sekunden! Ausführung!«

Tenente De Amici, der Artilleriekommandeur auf dem Falzaregopass, gibt seiner Batterie die Zielkoordinaten durch. »Fuoco!«

Der Morgen leuchtet auf mit dem Mündungsfeuer der schweren Geschütze ...

Als die Verteidiger ihrem Herrn danken und denken, es sei vorbei, kommt auf sie ein Hagel von italienischen Mörserbomben herab. Noch nie haben 240-mm-Mörser so schnell gefeuert. Innerhalb von drei Minuten sind die Rohre unverwendbar. Zu heiß sogar für eine reduzierte Feuerrate. Aber sie feuern ununterbrochen weiter ... Mörserbomben sausen auf den Sattel ... Sie zermalmen die Gefallenen am Hang und die Lebenden hinter den Brustwerken.

Eine dieser Einschläge wirft Standschütze Johann Irschara zu Boden ... Wie lange er dort liegt, weiß er nicht, aber er erwacht in einer Welt von Flammen. Neben ihm liegt sein Bruder Vinzenz. Ein dunkler Fleck breitet sich auf seinem Mantel aus ...

»Zenz!«, schreit Johann, »Zenz!« O Herr, bitte, lass ihn nicht tot sein. Nein! Das kann nicht wahr sein. Der Mutigste, der Unverwundbare ... Dann bewegt Vinzenz seine Hand. Ehre sei Gott, Vinzenz lebt! Johann hebt ihn auf und legt ihn über seine Schulter. Die nächste Verbandsstation ist am Monte Sief. Mit seiner schweren Last stolpert Johann den Kammpfad entlang.

»Nie und nimmer lasse ich meinen Zenz sterben ...« Das Blut des Bruders tropft in seinen Nacken, läuft ihm den Rücken hinab wie Perlen von Schweiß. Johann taumelt bergauf, jeder Schritt eine Qual ... Er pumpt Luft in seine berstenden Lungen, seine Kraft lässt nach ... er beißt die Zähne zusammen... »Geh ... geh ... geh ... sein Leben hängt von mir ab ... stirb' mir nicht, Bruder ...«

Leutnant Karl sitzt, in Decken eingehüllt, in seiner Hirtenbehausung, als die Welt um ihn herum zerplatzt und eine Kaskade von Steinen über ihn hinwegpoltert. Der Felsüberhang ist sein Heil. Ein göttliches Wunder hat ihn ein zweites Mal in dieser Nacht verschont!

Die erste Salve der mächtigen Granaten hat zu hoch eingeschlagen. *Tenente* De Amici gibt eine Zielkorrektur durch. Kurbeln drehen, Geschütze schwenken. Die Rohre sinken. *»Fuoco!«*

... Hermann Steinlechner, seine Augen auf einen Mann mit einem Verwundeten am Kammpfad fixiert, hört das mächtige Heulen. Eine Stichflamme blüht in den Himmel ...

... Es war dies die Granate, die auf die Irscharabrüder niederkam ...

Dies Irae

Dies irae![26] Tag des Zorns! Die blasse Morgensonne steigt über einen geplagten Berg. Gestern noch eine prachtvolle, schneebedeckte Pyramide, ist sie heute ein von Schutt geschwärzter Grabstein. Ein Krater verbleibt als Mahnung an den Wahnsinn des Krieges.

Innerhalb von Stunden läuft die Siegesbotschaft vom Erfolg auf dem Col di Lana um den halben Erdkreis. In Italien läuten die Glocken. Zeitungsjungen schreien: »Extra! Extra!«

»*VITTORIA! COL DI LANA CONQUISTATO!*«

Mit dieser – einmal positiven – Nachricht im Frühjahr 1916 lenkt die Londoner und Pariser Presse die Aufmerksamkeit ihrer Nationen vom Abschlachten bei Verdun ab.

Der deutsche Heeresbericht ignoriert die Dolomiten überhaupt. Und in der österreichischen Presse wird ein kurzes Kommuniqué abgedruckt: »K. u. k. Militärkommando, 18. April 1916 … an der Dolomitenfront steigert sich das Feuer zu stärkster Wirkung … Der Ansturm auf unsere Hauptgipfellinie ist am zähen Widerstand unserer tapferen Alpentruppen gescheitert … Unsere Kaiserjäger vollführen auf den hohen Bergen stündlich Heldentaten … die k. u. k. Armee hat die Situation stabilisiert und seine Frontlinie verkürzt …«

Kein Wort über den Col di Lana.

26 Dies Irae, eine lateinische Hymne, als Totenmesse gesungen

»*Sempre caro mi fu quest'ermo colle* – Ich habe ihn immer geliebt, diesen einsamen Berg. Um ihn zu erobern mussten wir ihn zerstören«, schreibt der Mann, der auf den Knopf drückte. Am Tag nach der Sprengung starrt *Tenente* Gelasio Caetani auf eine *Tricolore*. Wie viele tapfere Männer hält die blutgetränkte Erde wohl in ihrer Umarmung?

... und ewig sind die Berge ...

Zwei Mütter, die Köpfe mit schwarzen Tüchern bedeckt, sitzen auf der Holzbank vor dem Campidellhof – und warten. Tage vergehen, dann Wochen, Monate. Sommer wird zu Winter – und niemand kommt nach Hause.

Das Lied einer jungen Mutter steigt klar in die Höhe – hinauf zu den Gipfeln der Dolomiten:

»Schlafe, mein Kindchen, schlaf' ein ...«

Ein neues Leben beginnt.

Col di Lana zwei Tage nach der Sprengung (Foto: Caetani, 19. April 1916)

Epilog

»Den Lebenden zeigen wir Respekt, den Toten schulden wir nur die Wahrheit.«
Voltaire

»Die Wahrheit ist ...«, spricht zögernd der Soldat.

»Die Wahrheit ist, was ich bestimme, die Wahrheit zu sein«, schnappt der General.

Historische Wahrheit – das große Dilemma. Was einst wirklich geschah ist ein verblassendes Echo. Im Buch der Geschichte steht geschrieben, dass in einer Nacht im April 1916 der Kampf um die Dolomitengipfel zu seinem Höhepunkt kam – und zu seinem Ende. Dass in dieser einen Nacht italienische Einheiten einen symbolischen Gipfel eroberten. Dass danach ihre Offensive ins Stocken geriet. Die Geschichte wird außerdem berichten, dass ein Jahr später die italienische Armee den so blutig eroberten Berg kampflos wieder aufgab.

Das Nachwort blieb dem Prinzen von Sermoneta, Gelasio Caetani, überlassen:

»Es steht ein Berg in den Dolomiten, den unsere tapferen Soldaten eroberten, unsere Generäle wieder aufgaben, und heute sitzen die Österreicher wieder auf dem Col di Lana.«

Versunken im Schoß der Vergangenheit sind die tragischen Tage auf einem Berg in den Dolomiten. Nur die tiefen Narben der Feuerwalze und der systematische Beschuss einer Berglandschaft bleiben bis heute noch sichtbar. Und die Gräber, Zeugnis eines rücksichtslosen Einsatzes massenhafter Kräfte.

Als dann der Krieg vorbei war und die Welt auf eine unsichere Zukunft blickte, erinnerte sich niemand mehr der Männer, die ein Jahr lang um diesen Gipfel kämpften. Niemand, außer den Müttern und Frauen, die Blumen auf die Gräber jener legten, die ihr Leben opferten für *la Patria*, für das Vaterland oder für eine Sache, wessen Sache es auch immer war. Denn es gibt keinen Wahnsinn, der nicht gerechtfertigt werden kann, sofern es im Namen eines »patriotischen Grundes« geschieht.

*

Das Edelweiß wächst wieder, wo einst Männer kämpften und starben. Dieser Berg ist den Tirolern und Italienern heilig. Ein Kreuz aus Eisen, braun vom Rost eines Jahrhunderts, markiert die Stelle, wo einst der Gipfel war. Und darunter eine Tafel. Sie erinnert den Bergsteiger an die Helden dieser glorreichen Tage:

*

Ein Mann und ein kleiner Bub sitzen auf einem Stein. Der Junge starrt in Ehrfurcht auf die sagenumwobenen Gipfel: Marmolada ... Lagazuoi ... Tofana ... magische Namen.

Der Mann sieht nur einen Berg, den Col di Lana. Der Klang vergangener Stimmen schwebt in den Lüften. Es sind dies die Stimmen seiner Kameraden ...

... du, Kamerad der Berge, steh, kämpf, stirb. Wer gestern nicht fiel, wird heute fallen ... Wie nahe er selbst dem Tod kam, an diesem Apriltag – wäre da nicht die Kugel eines Feindes gewesen, die ihm das Leben rettete ...

Er nimmt die Hand seines Sohnes und hält sie fest. Sie steigen den steilen Grat hinab: die Vergangenheit – und die Zukunft.

Der Mann war mein Vater.

Was wurde aus ihnen?

Von Tschurtschenthaler, Anton, verbrachte den Rest des Krieges in einem Gefangenenlager. Er kehrte zurück in ein am grünen Tisch geteiltes Heimatland: Tirol und Alto Adige.

Karl D., Leutnant, kehrte nach Wien zurück. Nach den Statuten des Friedensvertrages von Saint-Germain (1919) hatte die junge Republik Österreich keine weitere Verwendung für Berufsoffiziere.

Caetani, Gelasio, Prinz von Sermoneta, als Held des Col di Lana gefeiert, wurde Italiens Botschafter in den USA (TIME Magazin Titelbild) und endete als römischer Senator.

Der Prinz von Sermoneta Gelasio Caetani (Archiv Caetani)

Cadorna, Luigi, General, seine Fixierung auf den Ruhm machte ihn unfähig, die Komplexität des Gebirgskrieges zu bewältigen. Im Jahre 1917 wurde er von General Armando Diaz ersetzt.

Irschara, Vinzenz und Johann, liegen in einem gemeinsamen Grab in ihrem Heimatland.

Auf ihrer Gedenktafel steht zu lesen: Col di Lana, 18. April 1916.

Nachwort und Danksagung

Viele Jahre nachdem ein Vater seinem kleinen Sohn diesen »heiligen« Berg aus der Ferne gezeigt hatte, erstieg ich selbst auf steilem Weg den Gipfel des Col di Lana. Ich hatte keine Vorstellung von dem, was mich oben erwartete. Fast ein Jahrhundert nach den beschriebenen Ereignissen stolperte ich über rostige Schrapnelle, Kugelhülsen und nicht explodierte Granaten auf den Gipfel zu. Schnell bekam ich einen Eindruck, was es bedeutet haben musste: für die, die diese steile Pyramide stürmen mussten – und für die, die diesen Gipfel verteidigten. Verwitterte Holzkreuze gaben Zeugnis von der Wucht des Kampfes.

In einer Kapelle fand ich eine Tafel mit den ausgeblichenen Fotografien von zwei jungen Burschen, die stolz ihre Mützen mit dem Edelweiß tragen:

Vinzenz Irschara, Col di Lana, 18. April 1916.
Johann Irschara, Col di Lana, 18. April 1916.

Der Historiker schaut, »wie es war«, und schafft dann ein Bild, das eine dauerhafte Erinnerung bietet. Er kann die Vergangenheit nicht ändern, aber er kann den Ereignissen auf den Grund gehen – und vielleicht erklären, warum sie stattgefunden haben. Er beschreibt die Erfahrung der Menschen im Krieg sowie ihre Ängste und Leiden, das blendende Bild des Krieges und dessen Horror und den Geruch des Blutes.

Die Erzählungen meines Vaters waren der Beginn zu einer langen Reise bis auf diesen Gipfel. Im Laufe der Jahre hatte ich die einmalige Gelegenheit mit den letzten Überlebenden dieses dramatischen Ereignisses zu sprechen. Ich fand es wichtig, ihre Geschichte zu erzählen, damit wir nicht vergessen. Bei meinen Recherchen zu diesen dramatischen Ereignissen öffnete die Bevölkerung der Alpentäler Tirols ihre Türen und nahm mich mit offenen Armen auf. Ich danke ihnen für ihre Offenheit, diese schmerzlichen Erinnerungen zu teilen.

Ein großes Dankeschön geht an Günther Obwegs. In ihm vereinte sich das historische Gewissen seiner Bergheimat. Er nahm mich mit auf die Schlachtplätze, gab mir seine Notizen und Fotografien. Günther starb leider viel zu jung. Meine Gedanken gehen zu seiner Witwe Sabine und ihren Kindern.

Arthur Fillipin und Silvano Surarui waren meine Kameraden am Berg. Sie brachten mich zum verschütteten Minenschacht.

Großer Dank gebührt Gerlinde Steiner, die mich beim deutschen Text weitaus unterstützte.

Eine besondere Erwähnung gilt Elke Wasmund vom Athesia-Tappeiner Verlag, die an dieses Buch glaubte und die Fülle von Einzelheiten in eine schlüssige Geschichte verwandelte.

Allzu oft lebt die Vergangenheit in der heldischen Saga weiter. So ist es auch mit dem Col di Lana. Ich hoffe, dass eines Tages meine Enkel diesen majestätischen Gipfel besteigen, ohne bittere Gedanken an eine jahrhundertealte tragische Vergangenheit.

Valensole, im Frühjahr 2017

Truppenverteilung in den Dolomiten (Mai 1915–April 1916)

Österreich	**Italien**
Sektor V (Grödner Tal, Gadertal, Pustertal):	
Division »Pustertal« (FML Goiginger)	4. Armee (Nava), mit dem
96. Inf.-Brigade (Vonbank)	1. Korps (Ragni)
51. Mountain-Brigade (von Sparber)	9. Korps (Marini)
mit 6,5 Battaillonen Standschützen (Militär)	vier Divisionen mit voller Artillerie
und 3. k. u. k. Tiroler Kaiserjäger-Regiment (Lauer)	
Im Campolongo-Valparola-Sektor:	
Vier Enneberger Standschützen-Kompanien (Heimwehr)	9. Korps (Lt. Gen. Marinoni) mit:
mit regulären Armeeoffizieren,	17. Division (Lt. Gen. Savieri)
3. k. u. k. Kaiserjäger-Regiment,	18. Division (Lt. Gen. Carpi)
2. Königlich-Bayerisches Jägerbataillon	
	17. Division (Savieri) mit zwei Brigaden:
	Brigade Torino (Maj. Gen. Ferrari)
	mit Inf.-Regiment 81 und 82
	Brigade Reggio (Maj. Gen. Panicali)
	mit Inf.-Regiment 45 und 46
	18. Division (Carpi) mit zwei Brigaden:
	Brigade Alpi (Maj. Gen. Serra)
	mit Inf.-Regiment 51 und 52
	Brigade Calabria (De Bernardis)
	mit Inf.-Regiment 59 und 60
	zusätzl.: Brigade Garibaldi (Col Garibaldi)

Bibliografie

Tagebücher und Fotos des Enneberger Standschützenbataillons (mit Erlaubnis von Günther Obwegs)

Heeresgeschichtliches Museum Wien, Arsenal

Deutsches Historisches Institut, Paris

Museo Storico Italiano della Guerra, Rovereto

Fondazione Camillo Caetani, Catherina Fiorani, Direktorin Archiv, Rom

Günther Obwegs, Das Standschützenbataillon Enneberg, Enneberg 2005

Günther Obwegs, Er ging an meiner Seite, Bruneck 2005

Generalmajor Victor Schemfil, Col di Lana – Geschichte der Kämpfe um den Dolomitengipfel, Innsbruck 1935

Hauptmann Anton von Tschurtschenthaler, Erinnerungen des letzten Verteidigers, Innsbruck 1924

Hauptmann Adalbert Homa, Schriften, Innsbruck 1923

Tagebuch des österreichischen Offiziers Ebner, gefallen am 29. Oktober 1915 (zitiert von G. Caetani)

Klebelsberg, Raimund von, Anton von Tschurtschenthaler Erinnerungen, Schlern-Schriften, 1957

Don Gelasio Caetani, Lettre di guerra di un ufficiale del Genio, Perugia 1919

Capitano Damiano Badini, La Conquista del Col di Lana, Roma 1925

Col di Lana, Col di Sangue, Roma 1921

Albert Reich, Dolomitenwacht, Ein Werk zur Erinnerung an die gemeinsame Verteidigung Tirols durch österreichische und deutsche Truppen 1915/16, München 1920

Aldo Barbaro, Col di Lana, La Guerra sul Calvario del Cadore, Bologna 1920

Generalmajor Ludwig Pengow, Die Kämpfe um den Col di Lana, 1923

Pichler, Cletus, Der Krieg in Tirol 1915/16, Innsbruck 1924

Rudolf von Sparber, Tagebuch der 51. Gebirgsbrigade, Bozen 1926

Major Erich von Gasteiger, Tagebuch des II. Tiroler Kaiserjäger Regiments

Ministerio della Guerra, La Conquista di Col di Lana, Roma 1925

Lt. General Ottorino Mezzetti, Dal piede alla cima del Col di Lana, Roma 1934

Capitano (Prof.) Piero Pieri, 77. *Alpini* Company, Napoli 1933

Aldo Valor, La guerra italo-austriaca, 1915–1918, Bologna 1920)

Luigi Cadorna, La Guerra alla fronte italiana, Milano 1921

Robert Striffler, Der Minenkrieg in Ladinien

Karl Ginskey, Die Front in Tirol, Berlin 1916

Karl Müller, An der Kampffront in Südtirol, Bielefeld 1916

Star Evening, Prince Caetani and his famous exploit of Blowing up the Col di Lana, Washington, DC 1922

D'Artagnan, Prince Gelasio Caetani, destructeur de la montagne, Paris 1934

Mirador, Herois del Nostre Temps, Roma 1934

LIFE, A Prince's Prince, 1934

Ministerio della Guerra, Bollettino Ufficiale

Gespräche und Korrespondenz mit Günther Obwegs, Verena Obwegs, Siegfried Irschara

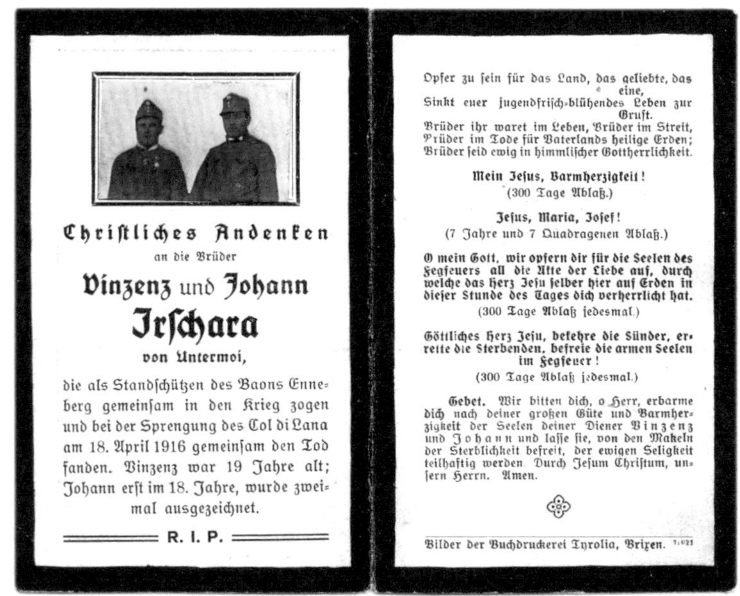

Christliches Andenken

an die Brüder

Vinzenz und Johann

Irschara

von Untermoi,

die als Standschützen des Baons Enneberg gemeinsam in den Krieg zogen und bei der Sprengung des Col di Lana am 18. April 1916 gemeinsam den Tod fanden. Vinzenz war 19 Jahre alt; Johann erst im 18. Jahre, wurde zweimal ausgezeichnet.

R. I. P.

Opfer zu sein für das Land, das geliebte, das eine,
Sinkt euer jugendfrisch-blühendes Leben zur Gruft.
Brüder ihr waret im Leben, Brüder im Streit,
Brüder im Tode für Vaterlands heilige Erden;
Brüder seid ewig in himmlischer Gottherrlichkeit.

Mein Jesus, Barmherzigkeit!

(300 Tage Ablaß.)

Jesus, Maria, Josef!

(7 Jahre und 7 Quadragenen Ablaß.)

O mein Gott, wir opfern dir für die Seelen des Fegfeuers all die Akte der Liebe auf, durch welche das Herz Jesu selber hier auf Erden in dieser Stunde des Tages dich verherrlicht hat.

(300 Tage Ablaß jedesmal.)

Göttliches Herz Jesu, bekehre die Sünder, errette die Sterbenden, befreie die armen Seelen im Fegfeuer!

(300 Tage Ablaß jedesmal.)

Gebet. Wir bitten dich, o Herr, erbarme dich nach deiner großen Güte und Barmherzigkeit der Seelen deiner Diener Vinzenz und Johann und lasse sie, von den Makeln der Sterblichkeit befreit, der ewigen Seligkeit teilhaftig werden. Durch Jesum Christum, unsern Herrn. Amen.

Bilder der Buchdruckerei Tyrolia, Brixen.

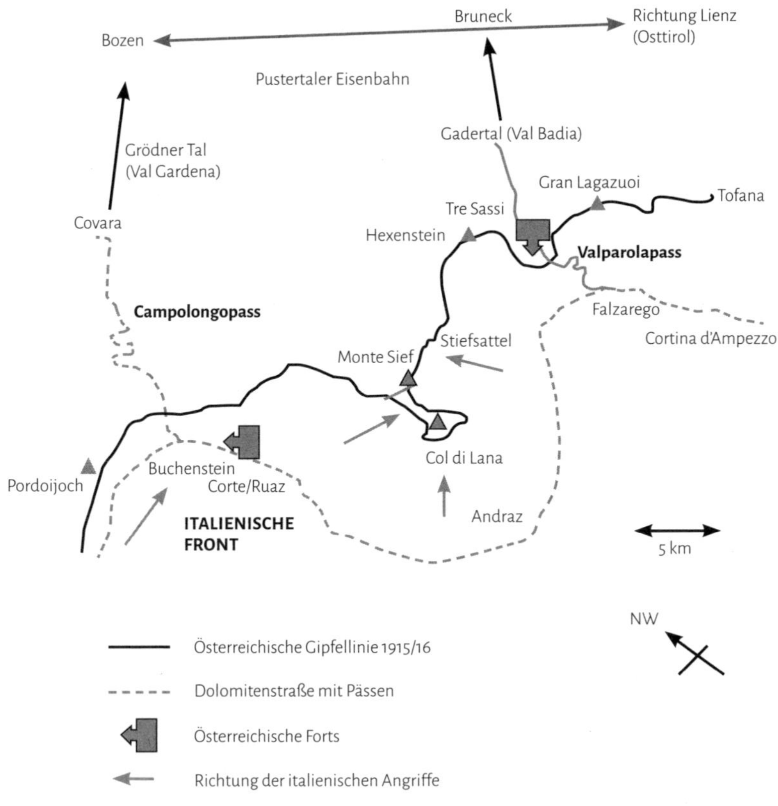

Karte auf Basis von Karten aus österreichischen Militärarchiven

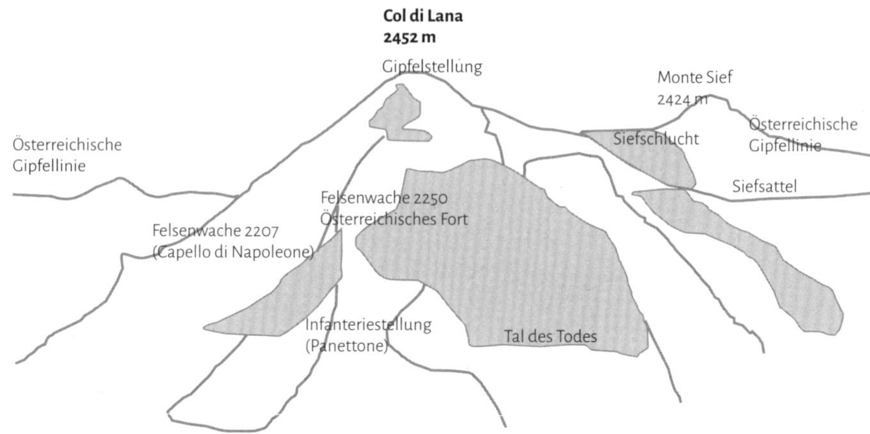

Karte auf Basis von Karten aus österreichischen Militärarchiven
© Erik Durschmied/Athesia-Tappeiner Verlag

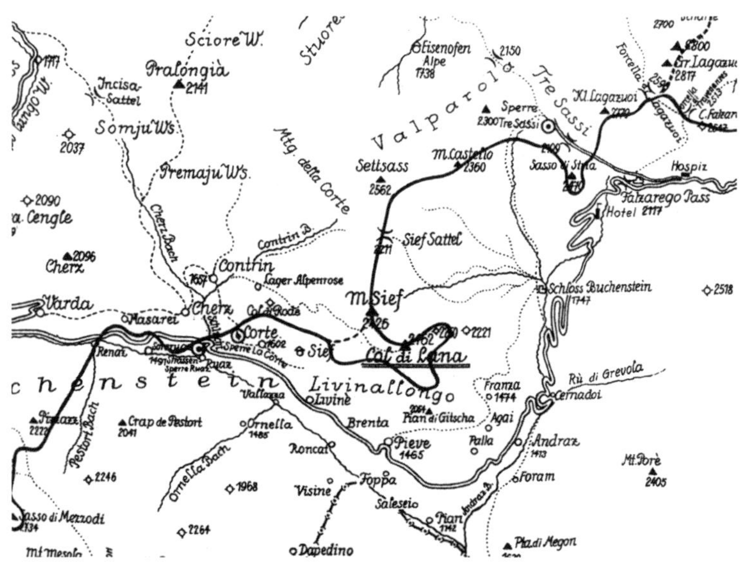

Verlauf der österreichischen Stellung, Originalkarte von 1915

Col di Lana

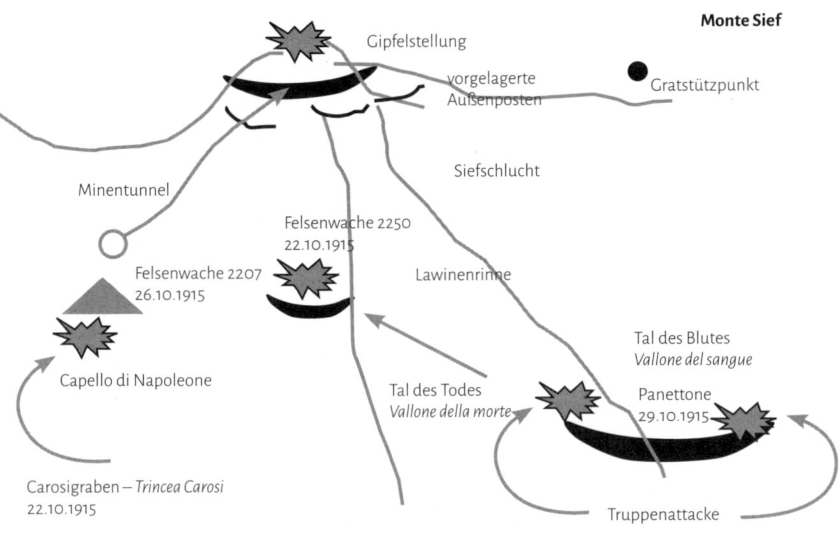

Italienische Angriffe 22.–29. Oktober 1915
22.10. Felsenwache 2250 – *Fortino austriaci*
26.10. Felsenwache 2207 – *Capello di Napoleone*
29.10. Infanteriestellung – Panettone

Nach einer Zeichnung von
Gelasio Caetani, Oktober 1915

Karte auf Basis von Karten aus österreichischen Militärarchiven

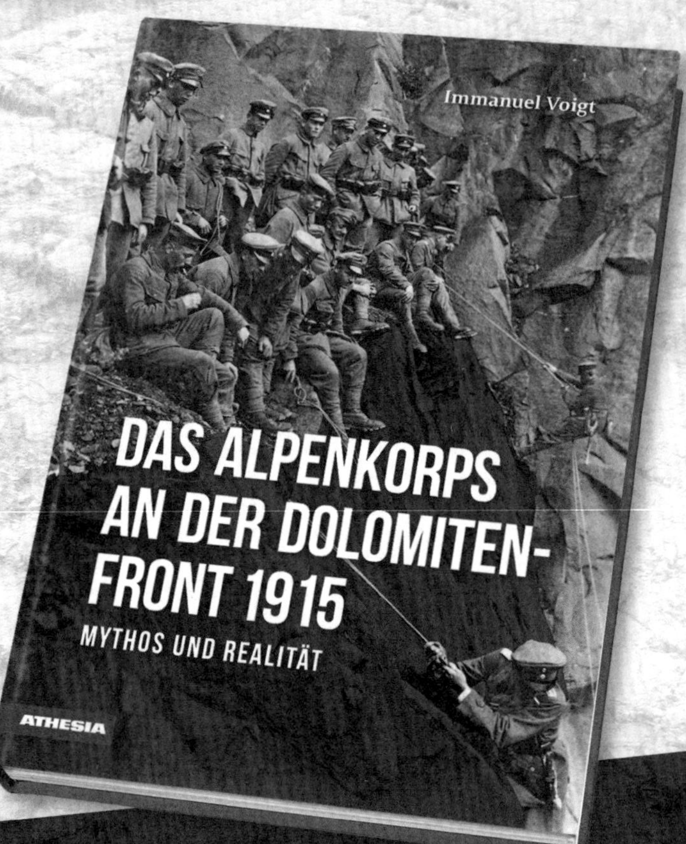

Wie konnte aus den bisher im Gebirge unerfahrenen Männern des Alpenkorps eine schlagfertige, „elitäre" Truppe werden? Welche Rolle spielte dabei der Einsatz in Südtirol, und wie wurden die deutschen „Bundesbrüder" in der Erinnerung der Zwischenkriegs- und NS-Zeit dargestellt? Das vorliegende Buch stellt erstmals die Frage nach der Wahrnehmung des Alpenkorps in der Literatur zwischen 1916 und 1939 und setzt sie in Beziehung zu den vorhandenen Archivmaterialien. Die Untersuchung liefert eine realistische Einschätzung der Verhältnisse, unter denen das Alpenkorps 1915 in Südtirol eingesetzt wurde, und rückt damit den „Mythos", mit dem die erste deutsche Gebirgstruppe bis heute umgeben wird, zurecht.

ISBN 978-88-6839-117-1